한국어 교육을 위한

응용언어학 개론

이승연(Lee, Seungyeon)

삼육대학교 스미스부대학 조교수. 고려대학교 언어학과를 졸업하고 고려대학교 대학원 국어국문학과에서 석사 및 박사학위를 받았다. 고려대학교 한국어센터 강사, 하와이대학교(University of Hawaiʻi) 조교수, 한국학중앙연구원 선임연구원, 세종대학교 국어국문학과 초빙교수, 고려대학교 언어정보연구소 연구교수, 서울시립대학교 자유융합대학 객원교수를 역임했다. 역서로『제2언어습득: 여덟 개의 핵심 주제들』(2021), 공저로『한국문화교육론』(2021) 등이 있다.

한국어 교육을 위한

응용언어학 개론

초판   1쇄 발행 2012년 8월 7일
개정판 1쇄 발행 2021년 3월 10일
개정판 3쇄 발행 2024년 2월 20일

지은이 | 이승연

펴낸곳 | (주)태학사
등록 | 제406-2020-000008호
주소 | 경기도 파주시 광인사길 217
전화 | 031-955-7580
전송 | 031-955-0910
전자우편 | thspub@daum.net
홈페이지 | www.thaehaksa.com

편집 | 조윤형 여미숙 김태훈
마케팅 | 김일신
경영지원 | 김영지
인쇄·제책 | 신화프린팅

ⓒ 이승연, 2021. Printed in Korea.

값 16,000원

ISBN 979-11-90727-58-7 93710

- 개정판 -

한국어 교육을 위한

응용언어학 개론

이승연 지음

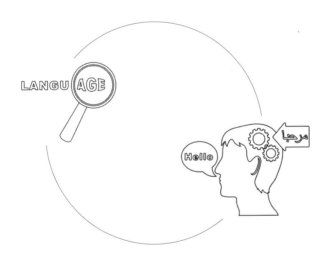

태학사

서문

이 책은 대학이나 대학원에서 한국어 교육을 전공하는 학생 또는 한국어 교원 자격 취득을 목표로 공부하고 있는 예비 한국어 교사를 위한 책이다. 언어학이나 다른 외국어 교육을 전공하는 학생도 응용언어학에 입문하기 위한 발판으로 이 책을 이용할 수 있다. 이 책은 응용언어학의 다양한 분야 가운데 언어 교육과 밀접하게 관련된 아홉 분야를 소개하는 내용을 한데 모았다. 언어학에 대한 사전 지식이 있는 독자뿐 아니라 언어학을 아직 공부해 보지 못한 독자들도 이해할 수 있도록 쉽게 기술하려고 노력하였다.

2012년에 이 책의 초판을 내놓은 후 8년이 지나서야 책의 오류를 고치고 새로운 정보를 더하는 수정 작업을 시작할 수 있었다. 초판에 미진한 부분이 많아 이 책으로 공부하는 학생들에게 미안한 마음이 컸다. 또한 이 책을 강의에 써 주시는 동료 교수님들께는 송구한 마음뿐이었다. 특히 시의성이 있는 주제들은 이 책의 내용이 너무 오래전 이야기가 되어 버렸기에 수정하지 않을 수가 없었다. 또한 학계의 변화만이 아니라 저자 스스로도 새로 배우고 깨친 부분들이 있어 내용 수정을 꼭 해야 했다.

초판에 비해 가장 많이 수정된 부분은 코퍼스 언어학과 언어 정책론 중 한국어 정책 부분이다. 이른바 4차 산업혁명 시대에 이르러 언어 자료의 가치가 재평가되고 국내외 코퍼스 언어학이 외연을 크게 확장하고 있다. 특히 국내에서는 국가 주도로 코퍼스 구축과 분석에 총력을 다하고 있는 상황이다. 따라서 이 분야의 성과와 연구의 흐름을 반영하고자 하였다. 또한 초판을 쓸 당시만 해도 국내 이주 외국인의 수는 150만 명 남짓하였으나 지금은 거기에 다시 백만을 더해 250만

명이 넘었다. 이러한 변화는 한국어 교육 정책의 대상과 내용의 구체화를 가져왔으므로 이에 대해서도 다시 정리할 필요가 있었다. 다른 분야의 내용들도 각 분야가 겪어온 변화를 반영하고자 최대한 노력하였다.

응용언어학의 더 많은 분야를 살펴보고 싶었으나 한 권의 책에서 모두 다루기에는 한계가 있어 초판과 마찬가지로 여덟 분야에 대해 한 장(章)씩 할애하였다. 이 책으로 대학이나 대학원 강의를 준비한다면 3장과 4장은 두 주에 걸쳐 다룰 것을 권한다. 모어 습득론과 제2언어 습득론은 다른 장에 비해 내용이 조금 많은 편이기 때문이다. 이 책에서 다루는 여덟 분야의 학문은 다음과 같다.

- 심리언어학(psycholinguistics)
- 모어 습득(first language acquisition)
- 제2언어 습득(second language acquisition)
- 대조언어학(contrastive linguistics)
- 학습자 언어 연구(learner language studies)
- 코퍼스 언어학(corpus linguistics)
- 사회언어학(sociolinguistics)
- 언어 정책론(language policy)

응용언어학의 본질은 시대의 요구에 민감하고 진취적일 수밖에 없다. 그리고 이 분야의 학문들은 우리에게 언제나 새 방향을 제시해 준다. 비록 이 책은 응용언어학의 여덟 분야를 제한적으로 담고 있지만 독자 여러분은 이 책을 발판으로 언어학을 실세계에 응용하는 데 더 많은 관심을 갖게 되기를 바란다.

2021년 3월
이승연

차례

제1장

언어학과 응용언어학

응용언어학 탐구를 위해 언어와 언어학에 대한 기초 지식을 쌓는다.
- 언어란 무엇이며 언어의 특성은 무엇인가.
- 언어학의 연구 분야에는 무엇이 있는가.
- 응용언어학 연구의 세부 주제는 무엇인가.

주요 용어

언어(language), 언어학(linguistics), 언어 과학(science of language), 일반언어학 (general linguistics), 이론언어학(theoretical linguistics), 응용언어학(applied linguistics)

1. 언어와 언어학

1.1. 언어란 무엇인가

우리는 이 책을 통해 응용언어학은 어떤 학문이며 주로 어떤 분야에서 연구를 수행하는지 살펴볼 것이다. 그리고 더 나아가 응용언어학의 다양한 이론들과 한국어 교수, 학습 및 한국어 습득이 지니는 관련성에 대해 탐구하고 응용언어학 연구 성과나 방법론 등을 한국어 교육에 접목시킬 방안을 논의할 것이다.

응용언어학에 대한 논의에 앞서 짚고 넘어가야 할 두 가지 개념이 있다. 하나는 응용언어학을 포함하고 있는 상위 학문인 언어학이며, 또 다른 하나는 그 언어학의 핵심 연구 대상인 언어이다. 두 개념 중 먼저 언어학의 연구 대상인 언어에 대해 살펴보도록 한다.

언어(language)가 무엇인지 한 마디로 정의를 내리는 것은 매우 조심스럽고 어려운 일이다. 수많은 언어학 개론서에서도 '언어는 무엇인가'라는 질문에 대해 '삶이 무엇이냐'고 묻는 것만큼 본질적이고 어려운 질문이라고 운을 뗀 뒤에 논의를 시작한다. '언어란 무엇인가'에 답하기 위해서는 '언어는 어디에서 기원하였는가', '언어는 오랜 시간 동안 어떻게 변화 발전하였는가', '전 세계적으로 다양한 언어의 변이형들이 존재하는데 그것들의 공통점과 차이점은 무엇인가'와 같은 질문에 대한 분명한 답이 있어야 한다. 그러나 아쉽게도 이러한 질문들에 대해 모두가 수긍할 만한 답은 준비되어 있지 않다. 오히려 수많은 학자들이 그 해답을 찾기 위해 오랜 시간 동안 끊임없이 이 주제에 대해 탐구하고 있는 실정이다. 이러한 상황 속에서 그래도 막연하게나마 다음 사전 속 정의들을 통해 언어의 본질과 속성에 대해 생각해 볼 수 있다.

생각, 느낌 따위를 나타내거나 전달하는 데에 쓰는 음성, 문자 따위의 수단. 또는 그 음성이나 문자 따위의 사회 관습적인 체계.

표준국어대사전(1999)

인간의 사상이나 감정을 표현하고, 의사를 소통하기 위한 소리나 문자 따위의 수단.

고려대 사전(2009)

임의적인 부호를 사용하고 이러한 부호를 규칙적으로 결합하여 개념을 표시한다. 이렇게 하기 위하여 사회적으로 관습화된 체계나 공유된 부호를 사용하는데 이러한 부호를 언어라고 한다. 언어음들을 체계적으로 정렬하여 보다 큰 단위인 형태소, 단어, 문장, 발화를 만드는 인간 의사소통의 체계.

응용언어학 사전(2001)

인간의 의사표현 및 소통의 가장 근본적인 수단으로서 언어학의 제1차적 연구대상이다. 소리와 의미 사이를 맺는 규칙체계로서의 인간의 자연언어(natural language)를 흔히 가리키며, 이는 수학이나 논리학 등에서 쓰는 형식언어(formal language)와 대조된다. 언어 공동체라는 사회적 맥락 속에서의 언어 사용의 측면을 중요시하는 경향과, 모어 화자의 앎이라는 인지적 측면을 중요시하는 경향(Chomsky 등), 수리적 경향, 그 밖에도 여러 다른 관점에서의 '언어'에 대한 접근방식이 있다.

언어학 사전(2000)

한 국가, 국민 또는 민족이 사용하는 단어들과 그 단어들을 조합하는 방법의 총체, 말(tongue)   The Oxford English Dictionary(1989)

소리(혹은 그것을 문자화한 것)와 그것을 구조적으로 배열한 더 큰 단위인 형태소(morpheme), 단어(words), 문장(sentences), 발화(utterances)로 구성된 인간의 의사소통 체계. 꿀벌의 '언어', 돌고래의 '언어'와 같이, 인간 이외의 의사소통 체계를 가리킬 때도 사용된다.

Longman Dictionary of Language Teaching and Applied Linguistics(2010)

이러한 정의들을 종합해 볼 때, 언어의 속성에는 '생각이나 느낌의

표현', '의사소통의 수단', '임의적이지만 관습화된 부호의 사용', '음성
또는 문자 매체', '국가나 민족 등의 **언어 집단**(speech community)',
'단어들', 그리고 '그 단어들을 조합하는 체계적 방법' 등이 포함된다.
언어는 이러한 속성을 공통적으로 지닌 채 인간에 의해 영위되고 구
사되는 체계인 것이다.[1]

언어는 흔히 물이나 공기에 비유된다. 물과 공기가 인간 삶에 필수
적인 것처럼 언어도 인간이 삶을 영위하는 데 매우 중대한 역할을 하
고 있음을 나타낸다. 그런데 다른 측면에서 생각해 보면, 물과 공기가
늘 우리 주변에 있어 왔기 때문에 그다지 특별한 존재로 인식되지 않
는 것처럼 언어 역시 그 습득과 사용에 있어 일상성을 띠고 있기에
대단한 존재로 인식되지 않는다는 것에 대한 비유 같기도 하다. 실제
로 우리는 새로 개발된 기기들이 우리의 생활을 변화시킨 것에 찬사
를 보내는 데 비해 언어가 우리 삶과 역사를 바꿔 온 것에 대해서는
특별히 감사하게 생각하는 것 같지 않다. 그것은 아마도 언어가 가져
온 변화가 한순간에 일어난 혁신이 아니기 때문에 그 혜택을 인지하
기 어려워서일 수도 있고, 인간에게 언어는 그 자체가 성취라기보다는
다른 것을 성취하기 위한 수단이나 도구로 사용되는 경향이 있기 때
문일 수도 있다.

---

[1] 음성이나 문자를 이용하는 의사소통을 '언어적 의사소통', 몸짓이나 손짓 등을 이용
해 의사를 전달하는 것을 '비언어적 의사소통'이라 한다. 수어(sign language)의 경우
비록 손짓을 이용하지만 언어와 마찬가지로 체계적 어휘·문법 구조를 지니므로
언어와 동등한 지위를 갖는다고 볼 수 있다. 이 때문에 언어에 관한 최근 논의에
서는 언어를 음성 언어(말), 문자 언어(글), 몸짓 언어(수어)로 구분하기도 한다.

1.2. 언어학의 성립과 학문적 성격

언어학(linguistics)은 언어를 과학적으로 연구하는 학문이라는 뜻에서 **언어 과학**(the science of language, linguistic science)으로도 불린다. 여기서 과학적이라는 말의 뜻은 다음과 같다. 언어학자는 언어 사실을 관찰한 뒤 관찰된 언어 사실을 바탕으로 가설을 세운다. 그리고 이 가설에 따라 언어 사실을 해석해 가는 작업을 한다. 이러한 과정은 마치 과학 탐구의 절차처럼 직접 관찰하기 어려운 대상에 대해 가설을 세우고, 관찰 가능한 데이터로부터 설명을 이끌어 낸 뒤 추론을 통해 이론을 확립한다. 이런 이유로 언어학이 과학적 연구의 속성을 지녔다고 하는 것이다.

언어학은 인간에 의해 탐구되어 온 여러 학문 중에서는 비교적 최근에 정립된 학문이라고 할 수 있다. 언어학이라는 용어 자체는 19세기 초에 등장하였으나,2) 이론으로 성장하고 독립적인 학문 분야로 인정받기 시작한 것은 19세기 말 비교언어학(혹은 비교 문법) 연구가 크게 유행하면서부터였다.

비교언어학(comparative linguistics)은 역사비교언어학으로도 불린다. 18세기 영국인 윌리엄 존스(William Jones, 1746~1794)는 인도의 캘커타 고등법원 판사로 재직하면서 영국인으로서는 최초로 인도의 옛 언어인 산스크리트(Sanskrit)를 연구하였다. 그는 산스크리트가 그리스어, 라틴어와 유사하다는 사실을 발견한 뒤 이들 언어가 동일한 언어로부터 발달했으리라는 가설을 세웠다. 그의 주장은 1816년, 역사비교언어학의

---

2) 언어학이라는 용어는 기존의 언어의 역사적 연구를 지칭하던 **문헌학**(philology)과 구별하기 위해 사용하였다. 당시에 언어학은 개별 언어의 공시적 특성을 연구하는 학문을 지칭하는 것이다. 언어학의 초기 연구에서는 '언어를 연구하는 학문'을 뜻하는 'the science of languages'로 불리다가 훗날 'linguistics'라는 용어가 자리를 잡았다.

시조(始祖)로 일컬어지는 보프(F. Bopp, 1791~1867)에 의해 학계에 공표되었고 이것이 '언어학'의 시작을 알리는 계기가 되었다.

비교언어학은 어떤 언어들이 하나의 공통 조상 언어로부터 기원했을 것이라는 가정 하에 언어의 친족 관계에 대해 연구하였다. 그 결과 다양한 언어들이 계통적으로 서로 밀접한 관계에 있다는 것이 밝혀졌다. 이는 언어에 대한 관심을 개별 언어의 역사에 대한 연구로 전환시켰으며, 이때 시작된 언어의 계통 연구는 20세기 초까지 언어학의 주류를 이루었다.

언어학은 20세기 초 **구조주의 언어학**(structural linguistics)이 정립되면서 본격적으로 발달하기 시작했다. 구조주의 언어학은 '언어의 각 요소들은 독립적으로 존재하는 것이 아니며, 상호 간의 밀접한 관계 하에 보다 큰 조직체를 이루고 있다'는 생각을 근간으로 한다. 따라서 특정 언어 현상을 기술하는 데 있어서도 그것과 관련 있는 다른 현상이나 관련 요소들을 함께 밝혀내야 한다고 주장한다.

이러한 관점은 스위스의 언어학자 소쉬르(F. de Saussure)에 의해 처음 정립되었으며 이후 프라하, 코펜하겐, 미국 등에서의 구조주의 언어학 발달에 큰 영향을 미쳤다.[3] 구조주의 언어학의 성과는 미국의 언어학자 블룸필드(L. Bloomfield)가 저술한 *Language*(1933)에 이르러 집대성되었다고 평가된다. 그리고 구조주의는 촘스키의 생성문법 이전까지 언어학 분야에서 가장 영향력 있는 관점이었다.

---

3) 프라하 학파는 프라그 학파(école de Prague)라고도 하며 로만 야콥슨과 트루베츠코이가 주도하였다. 코펜하겐 학파(école de Copenhague)는 덴마크의 언어학자 브뢴달(V. Brondal Brondal)이 주도하였으며, 미국에서는 블룸필드가 주도한 예일 학파(école de Yale)에서 구조 및 구조주의라는 용어를 사용하였다(문학비평용어사전, 2006).

촘스키(N. Chomsky)의 **생성문법**(generative grammar)이 등장하면서 언어학 연구의 관점과 방법은 큰 변화를 겪었다. 촘스키는 언어학의 역사에 한 획을 긋는다고 평가되는 *Syntactic Structures*(1957)를 출판하였는데,4) 이 책에서 그는 미국 구조주의 언어학이 안고 있는 이론적 모순을 지적하고 이른바 '변형생성문법'을 소개하였다.

그는 인간이 자신의 모어를 자유자재로 구사하고 이전에 한 번도 들어본 적 없는 문장을 포함하여 무한히 많은 수의 문장을

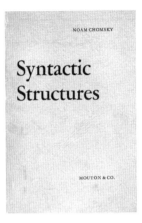

〈그림 1〉 촘스키의 저서
Syntactic Structures

생성하고 이해하는 능력이 있다는 데 주목하였다. 그리고 이러한 능력을 '언어 능력'이라고 칭하고 언어학의 목적은 인간의 언어 능력을 규명하는 데 있다고 주장하였다. 또한 구조주의의 귀납적 문법 연구에서 벗어나, 인간에 의해 만들어질 가능성이 있는 모든 문장들을 연구 대상으로 하였다. 그는 인간이 어떤 규칙에 따라 문장의 문법성을 판단하고 문법적으로 옳은 문장을 생성해내는지를 밝히고 그 규칙 체계를 찾으려 노력하였다. 촘스키의 생성문법은 이후 다양한 이론으로 변화하였으며 오늘날까지도 언어학 연구에 크게 영향을 미치고 있다.

---

4) www.chomsky.info에서 촘스키 교수에 관한 더 많은 정보를 찾아볼 수 있다.

소쉬르와 촘스키

소쉬르(Ferdinand de Saussure, 1857~1913)

페르디낭 드 소쉬르
ⓒ Frank Henri Jullien

일반언어학의 창시자이자 구조주의 언어학의 선구자로 알려진 소쉬르는 스위스 제네바에서 태어났다. 그는 라이프치히 대학교에 다닐 당시 21세의 나이로 〈Mémoire sur le système primitif des voyelles dans les langues indo-européennes (인도유럽어 원시 모음 체계에 관한 논문)〉을 저술하여 학계의 주목을 받았다. 만년에는 고향 인 제네바로 돌아가 제네바대학의 교수로 재직 (1901~1913)하면서 일반언어학 강의를 하였는 데, 그의 강의는 매우 독창적 언어 이론을 담고 있었다고 한다.

그는 인간이 사용하는 언어를 언어 사회 구성원에 의해 공유되는 지식으로서의 언어 즉, **랑그**(langue)와 실제 발화, 즉 **파롤**(parole)로 구분하였다. 또한 언어를 바라보는 두 가지 관점인 공시태와 통시태를 구별하여 이후의 언어학 연구와 그 발달에 지대한 영향을 미쳤다. 그러나 불행히도 소쉬르는 자신의 탁월한 언어 이론을 직접 저서로 엮어내지는 못하였다. 오늘날 잘 알려진 그의 저서 *Cours de Linguistique Générale* (일반언어학 강의)는 소쉬르의 사후인 1916년에 그의 제자들이 스승의 강의 노트 초고와 자신들이 수업 중에 필기한 내용을 바탕으로 엮어낸 것이라고 한다. 소쉬르의 언어학 이론은 촘스키의 변형생성문법과 함께 지금까지도 언어학 연구에 가장 크게 영향을 미치고 있다.

촘스키(Avram Noam Chomsky, 1928~)

미국에서 유대계 러시아 이민자 가정의 자녀로 태어난 촘스키는 저명한 히브리어 연구자인 아버지 윌리엄 촘스키(William Chomsky)의 뒤를 이어 언어학자의 길을 걸었다. 그는 MIT의 언어학 교수로 50년간 재직했으며, 같은 학교의 명예교수로서 현재까지도 왕성하게 활동하고 있

노암 촘스키
ⓒ Augusto Starita

다.[5] 1951년부터 1955년까지 하버드 대학의 특별 연구원으로 재직하는 동안 박사학위논문 〈Transformational Analysis〉를 발표하고 이 논문의 이론으로부터 **변형생성문법**(trans-formational generative grammar)의 기틀을 확립하였다. 그는 인간의 언어를 **언어 능력**(language competence)과 **언어 수행**(language performance)으로 구분하고, 언어학 연구의 대상을 인간에 내재한 언어 규칙, 즉 언어 능력으로 전환하였다. 그는 *Syntactic Structure*(1957), *Aspects of the Theory of Syntax*(1965), *Topics in the Theory of Generative Grammar*(1966), Morris Hall과 함께 쓴 *Sound Pattern of English*(1968) 등 다수의 언어학 저서를 남겼으며 *The minimalist program*(1995)에 이르기까지 변형생성문법 이론을 지속적으로 변화시키면서 언어학의 발전을 이끌어 왔다. 그는 현대 언어학의 아버지로 불리고 있다.

두 학자의 언어 이론은 언어학뿐만 아니라 언어 교육에도 지대한 영향을 미쳤다. 1950년대에 크게 유행한 언어 교수 방법인 **청각구두식 교수법**(Audiolingual Method)의 시작은 대조언어학, 대조 분석의 발달에 힘입었다고 할 수 있다. 그런데 대조언어학, 대조 분석의 발달은 구조주의 언어학에서 밝혀 놓은 언어 체계와 구조에 대한 기술 없이는 불가능한 일이었다. 또한 촘스키의 언어학 이론에서는 인간 내면에 존재하는 선천적, 생물학적 능력이 언어를 습득할 수 있게 하는 가장 핵심적 요소라고 보았다. 이는 인간의 언어 습득이 언어 환경에 의존한다는 기존의 행동주의적 관점을 뒤집고 언어 사용자가 타고난 능력에 초점을 맞추었다는 점에서 의의를 갖는다.

---

5) 2021년 1월 현재, 그는 유튜브 채널 Chomsky's Philosophy에 '이데올로기, 정치, 경제, 사회운동, 계급투쟁, 심리학, 생물학, 전쟁, 테러리즘, 미디어 등 다방면에 관한 자신의

2. 언어학의 하위 분야

언어학은 언어를 연구하는 관점과 태도, 구체적 연구 대상과 방법 등에 따라 일반언어학, 개별언어학, 공시언어학, 통시언어학, 이론언어학, 응용언어학 등으로 구별된다. 이 책에서 다루고자 하는 응용언어학에 대해 본격적으로 논하기에 앞서 일반언어학과 개별언어학, 공시언어학과 통시언어학에 대해 살펴보고 이론언어학의 연구 분야에 대해 살펴보겠다.

2.1. 일반언어학과 개별언어학

일반언어학(general linguisitics)은 언어라면 모두 가지고 있는 보편적 속성을 탐구하는 언어학을 일컫는다. 예를 들어 언어에 사용되는 기호 체계, 기호와 의미의 관계, 언어음과 그것의 변동 규칙, 단어 형성의 과정, 문장 구성의 원리 등이 일반언어학 연구의 범주에 들어간다. 이 밖에 언어의 변화, 역사, 계통, 유형에 관한 연구들도 다룬다.

개별언어학(individual languages)은 한국어, 영어, 중국어, 일본어 등과 같은 개개의 언어에서 드러나는 특성을 연구하는 학문이다. 앞서 열거한 일반언어학의 주제들이 각 개별 언어에 대해 연구되면 이것이 개별언어학의 영역에 들어가는 것이다. 예를 들어 '언어유형론', '언어학사', '음운론', '통사론', '의미론' 등은 일반언어학으로, '한국어 음운론', '한국어 의미론', '영어 통사론' 등은 개별언어학으로 분류된다.

견해를 영상으로 제공하고 있다.

2.2. 공시언어학과 통시언어학

앞서 언급한 대로 소쉬르는 언어 연구자가 언어를 분석함에 있어 두 가지 태도를 취할 수 있다고 보았다. 그 하나는 특정한 시점의 언어를 분석하여 그 시기의 언어 사용자들이 지닌 언어 체계에 관한 지식을 밝히는 것이다. 그는 이를 공시적 접근이라고 하였으며 이때 언어 연구자가 취하는 태도를 **공시태**(synchrony, 共時態)라 하였다. 다른 하나는 언어가 변화하는 역동적 특성을 포착하여 시간의 흐름에 따른 언어의 변화 과정을 고찰하는 방식이다. 소쉬르는 이를 통시적 접근, **통시태**(diachrony, 通時態)라 하였다.[6]

이러한 구분에 따른다면 '현대 한국어의 음운 체계 연구'와 같은 연구는 공시적 연구에 속하며 '고대부터 현대에 이르기까지 한국어 음운이 변화한 양상'을 탐구한 연구라면 통시적 연구에 속한다.

2.3. 이론언어학

이론언어학(theoretical linguistics)은 언어학에서 학문적 핵심을 이루는 부분으로 언어학적 지식을 이론화하는 것을 목표로 하는 학문을 말한다. 이론언어학의 주요 분야는 음운론, 형태론, 통사론, 어휘론, 의미론과 화용론 등이다. 각 영역에 대해 개략적으로 살펴보도록 한다.

---

6) 소쉬르 이전의 언어학에서는 역사비교언어학으로 대표되는 통시적 연구가 주를 이루었다. 그러나 소쉬르는 언어 구조란 해당 언어 사회의 화자들에게 공유되는 것이므로 공시적 태도로 접근해야 한다고 주장하였다. 소쉬르의 연구를 기점으로 공시적 연구가 활기를 띠었다.

1) 음운론

음운론(phonology)은 어떤 언어의 사용자가 언어를 구사할 때 심리적으로 구분하는 소리(음운)들에 대해 연구하는 학문이다. 쉽게 말해 언어의 소리 체계를 연구하는 분야라고 할 수 있다. 실제로 음운론에서 다루는 영역은 화자가 말소리를 만들어 내는 방법, 변별적 자질(distinctive features)에 의한 음소(phoneme)의 확립과 기술, 음절, 강세 등의 운율 단위, 문장 내에서 단어끼리 결합할 때 발생하는 음 패턴의 변화에 관한 연구까지 소리와 관련된 주제들을 아우른다. 음운론에서는 공시적 관점의 연구뿐 아니라 통시적 관점에서 음운 체계의 변천도 다룬다.

▌ 음운론과 음성학

넓은 의미의 음운론은 **음소론**(phonemics)과 **음성학**(phonetics)을 아우르는 개념이다. 음소론이라는 용어는 주로 미국의 구조주의 언어학에서 사용되었으며, 최근에는 음운론이라는 용어가 더 널리 쓰이고 있다. 음운과 음성의 구별은 소쉬르가 주창한 랑그와 파롤의 관계를 생각하면 이해하기 쉽다. 음운은 그 언어를 사용하는 화자들이 공유하고 있는 추상적 소리의 체계이며, 음성은 상황에 따라 제각각 다르게 실현되는 소리들이다.

음운론은 변별적 자질을 이용하여 한 언어의 음소를 설정하고 기술하는 학문이다. 반면에 음성학은 인간의 발성 기관에서 산출되는 소리(음성)를 연구한다. 음성학은 구체적인 연구 대상이나 방법에 따라 다음과 같이 하위 구분된다.

첫째, **조음음성학**(articulatory phonetics)은 혀, 입술, 성대 등의 발성 기관을 통해 소리가 만들어지는 과정을 연구한다.

둘째, **음향음성학**(acoustic phonetics)은 음성 자체에 관심을 가지며, 말에서 산출되는 음향 파장의 물리적 자질을 연구한다.

셋째, **청각음성학**(auditory phonetics)은 청취자가 음향 파장을 풀이할 때 귀와 두뇌를 이용하는 방식, 즉 음성이 감지되는 방식을 연구한다.

2) 형태론

형태론(mophology)은 한 언어에서 형태소들이 결합하여 낱말을 형성하는 규칙에 대해 연구하는 학문이다. 전통문법에서는 형태론과 통사론을 아울러 **문법론**(grammar)이라고 칭한다. 어느 언어에서나 문장은 그것을 구성하고 있는 세부 요소들로 나뉘는데, 세부 요소들 가운데 의미를 더 이상 쪼갤 수 없는 단위를 형태소(morpheme)라 한다. 즉 형태소는 의미의 최소 단위(minimal unit of meaning)이다.

형태론에서는 형태소와 단어를 주요 연구 대상으로 하며, 그것들이 언어 체계 내에서 서로 어떤 관계를 맺으면서 사용되는지 연구한다. 한 언어의 일반 화자에게는 모어의 음운 결합과 음운 규칙에 관한 지식이 내재화되어 있다. 이처럼 언어 사용자의 정신에는 형태소 결합 및 형태 규칙에 관한 지식도 내재되어 있다. 형태론에서는 형태소의 인식과 분류, 전통적으로는 품사(parts of speech)라고 불려왔던 단어 부류(word classes), 그리고 단어 형성법 즉, 조어법(word formation)을 주요 연구 대상으로 한다.

3) 통사론

일반적으로 문법론이라 할 때 그 하위 부문으로 형태론과 통사론을 든다.[7] 앞서 살펴본 대로 형태론이 형태소와 단어의 기능과 구성 방

---

7) 문법의 범위를 어디까지로 무엇으로 보는지는 학자마다 달라서 형태, 통사 외에 발음까지 포함하여 문법을 포괄적으로 보는 이들도 있다.

식 등을 다루는 분야라면, **통사론**(syntax)은 문장 혹은 구, 절 단위의 구조나 성분의 배열에 주목하는 분야이다.

문장 구조에 대한 연구는 문장을 구성하는 요소들 사이의 관계 및 요소의 배열 형태에 관한 연구를 포함한다. 통사론에서는 문장이 수행하는 기능에 따라 문장을 명령문, 청유문, 의문문, 평서문 등으로 유형화시키기도 한다. 또한 생성문법에서는 표면 형식이 다른 다음 두 문장 '명수가 학교에 갔어.'와 '명수 학교에 갔지?'가 사실상 동일한 기저형으로부터 나왔음을 인지하여, 우리가 사용하는 문장을 **표층 구조**(surface structure)와 **심층 구조**(deep structure)로 나누어 살피기도 한다.

4) 의미론

의미론(semantics)은 단어, 구, 문장의 의미를 연구하는 분야이다. 의미에 대한 연구는 크게 두 가지 차원에서 이루어진다. 첫째, 상황이나 문맥과 관련 없이 해석되는 단어나 문장의 의미, 둘째, 화자의 의도에 따라 혹은 상황에 따라 다르게 해석되는 의미이다. 의미론은 이 가운데 전자를 연구하는 데 중점을 둔다. 즉, 상황과 문맥에 따라 달라지는 의미가 아니라 단어나 문장이 지닌 일반적 의미를 연구하는 것이다.

의미론에서는 언어 기호(symbol)와 지시 대상(referent), 지시(reference), 심상(thought) 사이의 관계를 통해 의미가 무엇인지 연구한다. 또한 의미론에서는 단어의 의미를 개념적 의미(conceptual meaning)와 연상적 의미(associative meaning) 등으로 나누어 살피며, 의미의 변화에 대해서는 일반화, 특수화, 전용 등으로 유형화하여 연구하기도 한다. 의미론에서는 단어들 사이의 의미 관계를 연구하며 그 관계에 따라 유의어, 반의어, 상위어/동위어/하위어, 동형이의어 등으로 단어를 분류하기도 한다. 또한 한 단어가 여러 가지 관련된 의미를 지닐 때 이를 다의성(polysemy)이라는 개념으로 설명한다.

5) 화용론

화용론(pragmatics)은 언어학적 지식만으로 예측할 수 없는, 화자들의 언어 사용법을 다루는 학문이다. 의미론과 화용론은 인간 언어의 의미를 연구한다는 점에서 공통점을 지닌다. 그러나 앞서 살펴본 대로 의미론 연구자들이 문장 혹은 구의 의미를 파악할 때 문맥이 중요하지 않다면 화용론에서는 화자의 의도나 상황에 따라 주어진 발화의 의미가 다르게 해석되는 현상을 다룬다.

1950~60년대의 언어 철학자들은, 특정 단어의 의미를 안다는 것은 그 단어의 개념적 의미뿐 아니라 그 언어 사회 내에서 약속한 방식으로 단어를 사용할 줄 아는 것도 포함한다고 보았다. 언어 지식에 대한 관점이 이렇게 변하면서 언어를 설명하는 데 문맥(context)이 중요해졌고, 이것이 1960년대 화용론의 발전을 이끌었다.

화용론에서는 생산된 발화 그 자체만 탐구는 것이 아니라, 그 언어를 있게 한 맥락과 사회적 요인을 함께 살핀다. 따라서 함축(implication), 전제(presupposition), 암시(suggestion) 등이 매우 중요한 개념이다. 화용론은 사람들이 서로 소통할 때 따르는 일반적인 원칙을 연구하며 언어 행위가 인간관계에 미치는 영향을 탐구하기도 한다.

누군가 불이 꺼진 강의실에 들어가서 "강의실이 어둡네"라고 했을 때 이 말을 듣는 사람들은 다양한 반응을 보일 수 있다. 만약 "응, 진짜 그렇네"라고 말하고 별다른 행동을 취하지 않는다면, 그 사람은 강의실이 어둡다는 말이 의미론적으로 참이라는 데 반응을 보인 것이라고 할 수 있다. 그러나 실제 상황에서 대부분의 사람들은 이러한 말에 적절히 응답하면서 동시에 스위치를 올려 불을 켤 것이다. 그 이유는 "강의실이 어둡네"라는 말에 직접 언급되어 있지는 않지만, 상황과 맥락에 의해 '어두우니 불을 켜면 좋겠다'는 의미를 암시한다고 생각했기 때문일 것이다. 이렇게 대화 상황을 화용적으로 분석할 때는 언어가 현실 세계를 기술할 뿐 아니라 현실 세계에 일정한 작용을 한다는 원칙을 갖고 청자와 화자가 수행하는 언어 행위의 의도를 파악하고 이해하려고 노력한다.

3. 응용언어학의 하위 분야

응용언어학(applied linguistics)은 언어학을 통해 얻은 성과를 언어 습득, 언어 교육, 작문·문체 교육, 번역 등 다양한 실용적 상황에 적용한 학문이다.

응용언어학의 범위가 어디에서 어디까지인지를 규정하는 일 역시 매우 어렵다. 이 책에서는 앞서 살핀 이론 언어학의 핵심 분야인 음운론, 형태론, 통사론, 의미론, 화용론 외에, 언어학의 전통적 연구 분야인 **어휘론**(lexicology), **어원론**(etymology), **텍스트 언어학**(text linguistics), **방언학**(dialectology), **언어유형론**(linguistic typology), **비교언어학** 정도를 제외하면 모두 응용언어학의 범주에 들어간다고 본다.

응용언어학은 종종 이론언어학과 대비되는 분야로 인식되며, 사회학, 심리학, 인류학, 전산학, 통계학 등의 인접 학문과 함께 학제간 연구(interdisciplinary study)의 성격을 띠고 수행된다. 언어학의 연구 성과를 이용하여 실생활의 문제를 해결한다는 것이 응용언어학의 본질적인 측면이지만, 반대로 응용언어학의 방법론으로 언어와 언어 사용에 대한 이론 모형을 개발하거나 기존의 언어학 이론을 강화하기도 한다.

일반적으로 applied linguistics라는 용어는 프라이즈(C. Fries)와 라도(R. Lado)가 학술지 *Language Learning: A Journal of Applied Linguistics*를 발간한 1948년부터 사용되었다고 본다.[8] 또한 미국에 응용언어학 센터(Center for Applied Linguistics, CAL)가 설립된 1959년을 응용언어학이 하나의 학문 분야로 독립된 시기로 본다.

▌ 응용언어학은 고대에도 존재하였다?

응용언어학의 기원을 멀리 고대 그리스의 플라톤과 아리스토텔레스까지 올려 보는 이들도 있다(Catford, 1998). 당시 철학자들은 '능숙한 글쓰기와 효과적인 웅변을 통해 철학적 사고와 사유를 발전시킬 수 있다'고 주장하였고, 이러한 능력을 강화하기 위한 교육과정 개발에 주력했다는 데 주목한 것이다. 철학자들이 '설득력 있게 글을 쓰고 말하도록 지도하는 방법을 모색'한 것은 현대적 의미의 응용언어학과 통하는 면이 있다고 할 수 있다.

---

8) 그러나 응용언어학(applied linguistics)이라는 용어가 최초로 사용된 것은 1931년 록하트(L. W. Lockhart)의 저서 *Word Economy: A Study in Applied Linguistics*에서이다. 이 밖에 블룸필드가 저서 *Language*(1933)의 '응용과 전망(Application and Outlook)'이라는 장에서 '언어학적 성과를 외국어 교육에 응용할 수 있다'는 가능성을 논하면서 언어학과 언어 교육의 접목에 대한 논의가 시작되었다. 따라서 실제로는 1948년보다 훨씬 전에 이미 응용언어학에 대한 인식이 싹텄다고 할 수 있다.

응용언어학의 학문적 성격과 연구의 목적을 살피기 위해 응용언어학에 대한 정의들을 소개한다.

넓은 의미에서 응용언어학은, 인간사에서 언어가 차지하는 중요성에 대한 인식이 점차 높아짐에 따라 발달한 학문이며, 거기에는 교실, 직장, 법정 혹은 연구실 등에서 벌어지는 언어 관련 문제를 책임지는 사람들에게 필요한 지식을 제공하는 일이 관련된다.   Wilkins(1999)

응용언어학에서의 과제는 언어학과 언어 사용을 중재하는 일이다. 응용언어학은 언어에 대한 지식과 현실 세계에서의 의사결정을 연관 짓는 일에 관여하는 학문 분야이다.   Guy Cook(2003)

응용언어학은 실생활에서 특정 목적을 성취하거나 문제를 해결하기 위해, 우리가 언어와 그것이 습득되는 방법, 그리고 그것이 사용되는 방법에 대해 알고 있는 지식 등을 이용하는 것이다.

Schmitt & Celce-Murcia(2010)

언어가 이용되는 분야와 그 과정 및 방법을 연구하는 학문분야로서 (1) 제2언어 학습과 교육 그리고 외국어학습과 교육에 대한 연구, (2) 사전편찬학(lexicography) 등과 같은 실질적인 문제와 연관된 언어학과 언어에 대한 연구를 말한다.   응용언어학사전(1987)

응용언어학은 언어 문제에 대한 해결, 혹은 언어와 언어 사용자, 혹은 그 사용과 관련된 상황의 개선에 관한 광범위한 분야의 학제간 연구로 규정할 수 있다. 활용에 중점을 두고 있다는 점에서 일반언어학 혹은 이론언어학과 구별된다.

Concise Encyclopedia of Applied Linguistics(2010)

1. 제2언어/외국어의 학습과 교수를 연구하는 분야
2. 사전학, 번역학, 언어병리학 등과 같은 실제적인 문제와 관련한 언어 및 언어학 연구
3. 응용언어학은 언어와 언어 사용에 대해 독자적인 이론 모델을 개발

> 하기 위해 언어학뿐만 아니라, 사회학, 심리학, 인류학, 정보이론으
> 로부터 얻은 정보를 이용하여 그것을 교수요목 설계나 언어장애 치
> 료, 어문 정책, 문체론 등과 같은 실용적 분야에 활용한다.
> 언어교육·응용언어학사전(2016)

응용언어학에 대한 여러 정의에서 공통된 부분은 응용언어학이 '언어와 관련된 실질적이고 실용적인 문제를 해결하는 일에 관련된다'는 점이다. 언어와 관련된 실질적 문제는 언어 교재 및 언어 교수법 개발, 통번역, 사전 편찬, 언어 치료, 언어 정책, 언어 평가에 이르기까지 다양하다. 최근 들어 많은 연구 개발이 이루어지고 있는 빅데이터 활용 자동 번역, 음성 인식, 자연어 처리 등과 인공지능 기술을 기반으로 하는 클라우드 컴퓨팅 플랫폼, 즉 인공지능(AI) 플랫폼 개발도 응용언어학의 범주에 들어간다고 할 수 있다.

이 책의 각 장에서는 응용언어학의 영역별로 그 성립과 발달, 주요 연구 주제와 언어 교육 분야에서의 활용 등을 다룰 것이다. 그에 앞서 응용언어학의 하위 분야를 먼저 개략적으로 소개하도록 한다.

3.1. 심리언어학

심리언어학(psycholinguistics)에서는 아동의 모어 습득 뿐 아니라, 언어의 기억과 학습, 언어의 산출(production)과 지각(perception), **이중 언어 사용**(bilingualism) 등 언어 사용에서 발생하는 인지적 처리 과정을 탐구한다. 이 밖에도 실어증(aphasia), 난독증(dyslexia) 같은 언어 장애, 언어와 정신 혹은 뇌의 연관성에 집중한 병리학적 연구까지도 연구 영역에 포함된다.

심리언어학은 1950년대에 언어학자와 심리학자, 인지과학자, 병리

학자들의 협동 작업에서 학문의 기초를 다졌다. 심리언어학은 기존 언어학과 심리학에서 정립한 이론 및 방법을 접목하여 연구를 진행했다. 예를 들어 '제한된 지식과 기억 용량에도 불구하고 아동은 어떻게 6~7세 가량이 되면 누구나 모어의 문법을 잘 이해하고 사용하게 되는가'라는 심리언어학의 연구 주제를 생각해 보자. 이에 대한 답은 아동 발달에 대한 지식(심리학의 영역)과 그들의 모어에 대한 언어학적 지식(언어학의 영역)이 함께 활용될 때 얻어질 것이다. 즉, 언어학과 심리학 연구가 심리언어학 연구의 토대를 암묵적으로 제공하고 있는 셈이다.

▌심리언어학과 언어심리학

심리언어학은 **언어심리학**(psychology of language)과 유사한 학문으로, 이 두 명칭은 구별되지 않고 쓰이기도 한다. 그러나 언어심리학은 의사전달 행위, 인간관계와 언어, 언어 문화와 심리 등을 주로 연구하며, 심리언어학은 음운, 문법, 의미 등의 언어 구조와 연상, 의미 차이, 언어 습득, 실어증, 이중 언어 사용, 의사소통 행위 등을 주제로 삼는다는 점에서 차별화된다. 즉, 언어심리학이 인간을 탐구하기 위해 인간의 언어 행위를 관찰하고 연구하는 학문이라면, 심리언어학은 인간의 언어 사용과 관련된 심리적·정신적 요인들을 탐구하는 학문이라고 할 수 있다.

3.2. 언어 습득론

'인간은 언어를 어떻게 습득하는가'에 관한 연구는 심리언어학, 언어 교육 및 학습에 관한 연구와 더불어 가장 활발히 연구되고 있는 응용 언어학 분야 중 하나이다. **언어 습득**(language acquisition)이란 인간이 언어를 인지하고 사용하여 의사소통을 할 수 있는 능력을 키우는 과정을 말한다. 이러한 능력은 보통 특정 언어에 대한 지식, 즉 그 언어의 소리 체계, 어휘, 문장 구조 등에 대한 이해를 쌓아 가면서 이루어진다.

또한 언어 습득은 일차적으로는 아동의 모어(mother tongue, 또는 native language) 습득을 가리키지만 더 나아가 제2언어를 학습하고 습득하는 과정까지도 포함한다. 이 둘은 학문적으로는 **제1언어 습득**(first language acquisition)과 **제2언어 습득**(second language acquisition)으로 구별된다.

3.3. 대조언어학

대조언어학(contrastive linguistics)은 둘 이상의 언어를 비교하여 유사점과 차이점을 발견하는 것을 목적으로 한다. 일반적으로 언어 교육이나 통·번역에서 겪는 '언어 대응'의 문제를 해결하려는 목적에서 연구되기 때문에 응용언어학 연구에 포함한다. 그러나 대조언어학 연구가 언어의 보편성, 즉 언어의 일반적 특성과 원리들을 발견하여 언어학적 지식 체계를 구축하는 것을 목표로 하기도 하므로 이 경우에는 일반언어학으로 분류할 수도 있다.

제2언어 교육에서 대조언어학은 대조 분석이라는 연구 방법을 탄생시켰다는 점에서 중요하다. **대조 분석**(contrastive analysis)이란 둘 이상의 언어에 대해 음운, 어휘, 문법 등의 언어 구조, 혹은 더 나아가 그것을 실제로 사용하는 언어 행동의 다양한 측면을 비교하여 대상 간에 어느 부분이 서로 대응하는지 혹은 대응하지 않는지를 밝히는 분석 방법이다. 대조 분석 가설에서는 학습자의 모어와 목표어 사이에 존재하는 차이점이 제2언어 학습에서 오류를 발생시키는 요인이라고 보았다. 따라서 두 언어의 차이를 밝히고, 그에 대해 학습을 강화하면 학습자들이 오류 없이 발화할 것이라는 믿음을 갖고 있었다. 그리나 이러한 가설은 제2언어 습득에 영향을 미치는 요인이 단순히 학습자 모어만은 아니라는 사실이 밝혀지면서 비판을 받았고, 이후 **언어 간 영향론**(cross-linguistic influence)으로 이어졌다.[9]

▌ 대조언어학과 비교언어학

둘 이상의 언어를 연구 대상으로 한다는 점에서 (역사)비교언어학과 대조언어학은 공통점이 있다. 그러나 두 분야는 연구 태도와 관점, 대상 등에서 차이가 있다. 비교언어학은 둘 이상의 언어를 통시적으로 비교하여 공통점을 찾는데, 그 목적은 언어 사이의 친족 관계를 밝히는 데 있다. 반면에 대조언어학은 특히 외국어 교육에서 학습자의 모어와 목표어(학습 대상어)를 대조하고 그 결과를 활용함으로써 언어 교육의 효율성을 높이는 데 목적을 둔다. 그리고 이때 대조언어학은 공시적 관점의 연구이다. 언어 교육을 위해서는 현재 사용하는 언어 간 비교가 기본이 되기 때문이다. 따라서 비교언어학과 대조언어학은 연구의 목적과 관점에서 차이가 있다고 할 수 있다.

3.4. 사회언어학

사회언어학(sociolinguistics)은 언어와 사회와의 관계, 사회라는 맥락 속에서 언어가 갖는 특성과 문제들, 언어에 반영되는 사회 문화적 현상들을 연구하는 학문이다. 사회언어학은 언어가 사회에 미치는 영향, 혹은 그 반대로 사회가 언어에 미치는 영향 등을 밝히는 것을 목적으로 하며, 이를 위해 언어 현상을 언어 외적 자료들로부터 도움을 얻어 설명하고자 한다.

---

9) 언어 간 영향론에 대해서는 이 책의 5장에서 자세히 다룬다.

사회언어학 연구는 언어 내에서 발견되는 **언어 변이**(language variation)에 관심을 갖기도 하고 개인 간 혹은 집단 간 의사소통 방식을 연구하기도 한다. 또한 더 나아가 국가의 **언어 정책**과 **언어 계획**, 언어와 문화의 관계까지도 연구 대상으로 하는 방대한 학문이다.

> **▮ 사회언어학과 언어사회학**
>
> 사회언어학과 언어사회학(sociology of language)은 언어와 사회의 관계를 바라보는 관점, 그리고 그 관계에서 어디에 중점을 두느냐에 따라 구별된다. 사회언어학은 연구의 초점이 언어적 요소에 맞추어져 있으며 언어와 사회의 관계를 통해 언어 이론을 정립하려는 목적을 갖는다. 반면에 언어사회학은 언어 현상을 통해 사회 현상을 해석하고 더 나아가 그와 관련된 문제를 해결하고자 한다. 두 분야의 연구가 지향하는 목적은 다르지만, 사회와 언어를 뗄 수 없는 관계로 본다는 점에서 언어사회학과 사회언어학 두 분야는 밀접한 관계에 있다고 할 수 있다.

3.5. 코퍼스 언어학

코퍼스 언어학(corpus linguistics) 또는 **말뭉치 언어학**에서는 언어 사용자들에 의해 생산된 언어 자료, 즉 실제 발화 자료를 이용하여 언어 현상을 연구한다. **코퍼스**(corpus)는 '**말뭉치**' 또는 '**말모둠**'이라고 부른다. 코퍼스 언어학의 초기에는 데이터 구축을 위한 언어 자료 수집을 수작업으로 진행하여 많은 양을 수집하고 처리하기 어려웠다. 그러나 오늘날은 기술 발달에 힘입어 방대한 양의 발화 자료를 신속하게 수집하고 이를 효율적으로 처리할 수 있다.

코퍼스를 분석하여 얻을 수 있는 가장 유용한 정보는 빈도(frequency)이다. 즉, 특정 어휘나 문법 요소가 코퍼스 내에서 얼마나 많이 등장하였느냐를 관찰하여 다양한 연구를 수행할 수 있다. 특히 언어 교육 분야에서는 코퍼스 검색에서 얻어진 어휘, 문법 및 표현의 사용 빈도를, 교육 내용을 선정하고 배열하는 데 중요한 근거로 삼는다. 또한 그 언어를 배우는 학습자들이 발화한 자료를 분석하여 학습자 언어가 지닌 특성을 밝히거나 제2언어 습득의 단계를 관찰하기도 한다.

코퍼스 언어학은 응용언어학이므로 연구의 목적이 언어학적 이론을 수립하는 데 있지는 않다. 그러나 코퍼스를 통해 관찰된 결과는 언어학적 가설을 검증하고 이론을 정립할 때 매우 강력한 근거를 제공해 줄 수 있다. 이런 점에서 볼 때, 코퍼스 언어학은 응용 학문이지만 언어학의 이론 연구에도 중요한 역할을 한다고 할 수 있다.

3.6. 언어 정책

1950~60년대에 사회언어학자들은, 한 사회 내에서 언어를 선택하고 조정하는 데 관여하려 노력이 존재한다는 점에 주목하였다. 이렇게 언어 형태나 용법을 조정하는 모든 행위를 **언어 계획**(language planning)이라고 한다. 1980년대에 이르러 좀 더 중립적 용어를 찾는 과정에서 **언어 정책**(language policy)이라는 명칭이 제안되었다.

당시 사회언어학자들이 언어 선택과 조정이라는 문제에 관심을 갖게 된 이유는 언어가 개인의 일상생활에서 중요한 역할을 할 뿐 아니라, 사회 내에서 구성원들 간의 계층을 구분 짓는다는 사실을 파악했기 때문이다. 또한 사회 구성원들이 사용하는 언어가 그들의 민족 정체성을 결정하는 데 중요한 영향을 미친다는 점과, 타인의 정체성을 판단할 때도 사용 언어가 중요한 기준이 된다는 점에 주목하였다. 오늘날 많은 국가나 지역에서는 사회의 통합과 발전에 언어가 기여하는 바가 크다는 사실을 인지하고 언어 정책 및 언어 계획에 대한 연구를 활발히 진행하고 있다.

3.7. 기타

이 밖에도 사전학(lexicography), 통·번역학(interpretation/translation), 담화분석(discourse analysis), 문체론(stylistics), 언어인류학(linguistic anthropology), 법언어학(forensic linguistics), 언어 평가(language assessment) 등이 응용언어학에 속한다. 그러나 현재도 응용언어학과 관련하여 새로운 연구 분야가 생겨나고 있으며 앞으로 이 학문이 확장될 범위는 무궁무진하다고 할 수 있다.

┃ 법언어학

응용언어학의 하위 분야로 법언어학(forensic linguistics)이 자주 언급된다. 법언어학이라는 명칭은 다소 생소하지만 법의학이나 법심리학 등을 생각해보면 법언어학이 어떤 학문인지 대강을 파악할 수 있을 것이다. 법언어학은 법조문 해석, 수사에 사용되는 언어적 증거의 신빙성, 재판 절차에 사용하는 언어, 어떤 언어 행위가 범죄 행위가 될 수 있는지 등을 언어학적 지식과 방법, 통찰력 등을 적용하여 연구한다. 쉬운 예로 인터넷에서 타인을 비방한 게시물이 있을 때 이를 단순 비난 행위와 명예 훼손 행위, 모욕 행위 등으로 구별해내야 한다면 그 기준을 어디에서 마련할 것인가. 법언어학자들은 기존의 언어학 연구, 특히 화용론 연구로부터 이러한 문제를 해결하는 방안을 찾고 있다. 이처럼 법언어학은 법이나 범죄와 언어 행위에 대한 연구를 망라한 분야이며 언어학과 밀접한 학문이라고 할 수 있다.

┃ 언어 평가

이 책에서 다루고 있지 않으나 언어 평가 역시 중요한 응용언어학의 한 분야이다. 언어 평가에 있어서 다양한 용어들이 사용되고 있는데 영어로는 주로 'testing', 'assessment', 'evaluation' 등이 쓰인다. 이들을 구별하자면 다음과 같다. test(ing)은 종래에 평가를 의미하는 용어로 자주 쓰였으며, 객관적 지식에 대해 단기적으로 실시되는 도구나 절차를 의미한다. 1940년대 이후 언어학과 심리학의 영향으로 객관식, 선다형, 단답형 등 문항 위주의 평가가 개발되었으며, 오늘날도 폭넓게 활용되고 있다. 이러한 평가에 대해서는 testing이라는 용어를 사용하는 것이 적합하다. 그러나 assessment는 그보다 넓은 범위에 걸쳐 있으며, 객관적 지식뿐 아니라 주관적 수행을 대상으로 좀 더 긴 시간 동안 평가한다는 점에서 testing과 다르다. assessment는 우리말 '사정(査定)'과 개념이 유사하다. 마지막으로 evaluation은 과거에는 testing보다 넓은 의미의 평가를 의미하였는데, 현재는 주로 수험자의 능력에 대한 평가보다는 교육 자체에 대한 평가(program evaluation)를 가리킬 때 사용된다.

4. 응용언어학의 연구 주제

응용언어학의 연구 주제들을 좀 더 자세히 살피기 위해 미국응용언어학회(American Association of Applied Linguistics, AAAL)에서 제시한 2021년도 학회 발표 모집 공고의 연구 주제들을 아래와 같이 열거하였다.

- 담화와 상호작용 분석(Analysis of Discourse and Interaction, DIS)
- 언어 사정과 평가(Assessment and Evaluation, ASE)
- 이중 언어, 몰입 교육, 계승어, 소수 언어 교육(Bilingual, Immersion, Heritage, and Minority Education, BIH)
- 코퍼스 언어학(Corpus Linguistics, COR)
- 교육 언어학(Educational Linguistics, EDU)
- 언어와 이념(Language and Ideology, LID)
- 언어와 기술(Language and Technology, TEC)
- 언어, 인지, 뇌 연구(Language Cognition and Brain Research, COG)
- 언어, 문화, 사회(Language, Culture, and Socialization, LCS)
- 언어 유지와 언어 복구(Language Maintenance and Revitalization, LMR)[10]

- 언어 계획과 언어 정책(Language Planning and Policy, LPP)
- 음운론/음성학과 구어 의사소통(Phonology/Phonetics and Oral Communication, POC)
- 화용론(Pragmatics, PRG)
- 읽기, 쓰기와 문식성(Reading, Writing, and Literacy, RWL)
- 연구 방법론(Research Methodology, REM)
- 제2언어와 외국어 교육(Second and Foreign Language Pedagogy PED)
- 제2언어 습득, 언어 습득과 언어 상실(Second Language Acquisition, Language Acquisition, and Attrition, SLA)[11]
- 사회언어학(Sociolinguistics, SOC)
- 교사 교육, 신념, 정체성(Teacher Education, Beliefs, and Identities, TED)
- 텍스트 분석(Text Analysis/Written Discourse, TXT)
- 통·번역(Translation, Interpretation and Language Access (TRI))
- 어휘 연구(Vocabulary and Lexical Studies, VOC)

이 목록을 통해 현재 응용언어학계의 주요 관심사가 무엇인지 대략 파악할 수 있다. 또한 연구의 주제 범위가 시간이 지나면서 점차 확장되는 것도 확인할 수 있다. Schmitt & Celce-Murcia(2010:124~125)에서 인용한 AAAL의 발표 모집(2010년도 공고)에는 없던 주제인 '코퍼스 언어학', '교육 언어학', '언어와 인지', '언어와 기술' 등의 분야가 추가된 것을 볼 때 응용언어학의 외연이 확장되어 감을 알 수 있다.

---

10) '언어 복구'란 특정 언어 사용이 제한되었던 분야나 지역에서 언어가 다시 회복되어 사용되는 것을 말한다.
11) '언어 상실'이란 화자가 습득했던 언어가 시간이 지나거나 오랫동안 사용하지 않아서 기억에서 소멸되고 잊히는 것을 말한다. 사회적 차원에서는 문법적, 어휘적, 음성적 자질 등이 언어 집단에서 사라지는 현상을 가리키기도 하고, 개인적 차원에서는 기억의 한계나 뇌 손상 등으로 앞서 말한 자질들을 상실하는 것을 가리킨다.

그러면 국내의 응용언어학계에서는 어떤 주제를 다루고 있는지 살펴보자. 한국응용인어학회(Applied Linguistics Association of Korea, ALAK)에서 간행하는 학회지에서는 다음 주제의 논문을 모집한다고 공고하고 있다.

제1언어 습득, 제2언어 습득, 담화 분석, 언어 병리학, 제2/외국어로서의 한국어, 언어 처리 과정, 언어 교육, 신경언어학, 전산언어학, 심리언어학 등

그런데 주제가 비교적 간단히 기술되어 있어 상세한 면을 살피기 어렵다. 이에 2020년에 발간된 학술지 중 두 편에 실린 논문의 제목들을 살펴보았다.

〈응용언어학 36권 3호, 2020년 9월〉
- Effects of Prior Topic Knowledge and English Language Proficiency on EFL ReadingComprehension of Two Types of Expository Text
- Directives in One-to-Many Interactions: The Case of Korean EFL Classroom Interaction
- The Analysis of Students' Responses to Affective Domains and Their Achievement inNAEA English by Using Motivation Theory
- Trend Analysis of World Englishes Research Published in Korean Domestic Journals

〈응용언어학 36권 4호, 2020년 12월〉
- Distance Learning and Shifts in Language Learning Strategies Used by EFL Learners
- Enhancing Explicitness Through Self-Repair Practices in English as a Lingua Franca(ELF) Communication
- The Efficacy of Multimodal Texts on Korean Elementary School Learners' L2 Incidental Vocabulary Learning

- A Comparative Analysis of the Genres in Korean Textbooks Using a Korean Analysis Tool
- The Perception and Evaluation of Online Classes by Primary English Teachers in the Era of COVID-19

학술지 논문 목록을 통해 응용언어학이 당대의 언어 관련 문제 해결에 많은 관심을 기울인다는 것을 확인할 수 있다. '원격 언어 학습', '온라인 수업 관련 영어 교사의 인식 연구', '독해와 장르', '외국어 교실에서의 상호작용', '학습자의 동기와 정서' 등으로 다양한 연구가 이루어지고 있다. 즉, 언어 습득, 언어 교육, 교육 공학 등 응용언어학의 관심 분야는 당시 언어학이나 언어 교육계의 관심에 따라 약간씩 변화를 겪고 있다. 그러나 근본적으로 언어 사용 및 언어 교육의 효율을 높이는 방법을 연구하는 학문이라는 데는 큰 차이가 없다.

▌언어학과 응용언어학

지금까지 이야기한 언어학과 응용언어학의 범주에 대해서는 Jean Aitchison이 *Linguistics*(1999)에서 도식화한 다음 그림으로 간략히 설명할 수 있다.

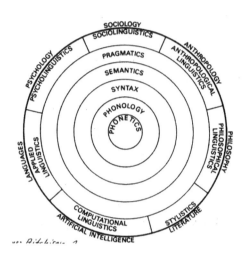

Aitchison은 언어학의 핵심 부분에 음성학, 음운론, 통사론, 의미론, 화용론을 두었으며, 그 테두리에는 언어학과 인접 학문이 연계된 심리언어학, 사회언어학, 응용언어학, 컴퓨터 언어학, 문체론, 인류언어학, 철학언어학 등을 두었다. 이 도식에서 응용언어학은 언어 교수에 언어학 이론을 접목한 학문으로, 다소 좁은 의미로 규정되었다. 그러나 실제로 응용언어학은 심리언어학, 사회언어학, 컴퓨터 언어학, 문체론 등을 모두 아우르는 개념이며, 이러한 학문 분야는 언어 사용에서 나타나는 실제적인 문제들을 다룬다는 점에서 공통된다.

■ 언어와 언어학, 응용언어학에 대해 좀 더 자세히 공부하고 싶으면 다음의
책을 참고하시오.

강명윤(2003), 『언어와 세계 - 초보 언어학 산책』, 한신문화사.

강범모(2005), 『언어 - 풀어 쓴 언어학 개론』, 한국문화사.

강옥미(2009), 『언어여행』, 태학사.

권재일(2013), 『세계 언어의 이모저모』, 박이정.

김종복·이성하 역(2007), 『언어의 신비 - 그 비밀을 찾아서』, D. J. Napoli(2003),
     Language Matters: A guide to everyday questions about language, 태학사.

김종현(2009), 『언어의 이해』, 태학사.

김진우(2004), 『언어 - 이론과 그 응용(깁더본)』, 탑출판사.

노진서·고현아 역(2009), 『율이 들려주는 언어학 강의』, G. Yule(2006), *The Study
     of Language*, 케임브리지.

변광수 편(2003), 『세계 주요 언어』, 한국외국어대학교 외국학종합연구센터, 역락.

송향근·김형덕(2006), 『언어의 신비』, 부산외국어대학교 출판부.

이선경·황원미 역(2005), 『언어학 이해를 위한 주제 100선』, Siouffi, G. & van
     Raemdonck(1999), *100 fiches pour comprendre la linguistique*, 동문선.

임지룡 역(2003), 『언어학개론』, J. Aitchison(1999), *Linguistcs*. 한국문화사.

Chomsky, N.(1957), *Syntactic Structures*, London: Mouton.

Corder, S. P.(1975), *Introducing Applied Linguistics*, Penguin Books.

Davies, A.(2007), *An Introduction to Applied Linguistics*: from practice to
     theory, 2nd ed. Edinburgh University press.

Kaplan, R. B. ed.(1980), *On the Scope of Applied Linguistics*, Newbury House
     Publishers, Inc.

Saussure, F. de(1966), (transl. Baskin, W.) *Course in General Linguistics*, New
     York. NY: McGrow-Hill.

- 다양한 언어학/응용언어학 용어와 개념에 대해 알고 싶으면 다음 사진을 참고하시오.

『사회언어학사전』(2012), 한국사회언어학회, 소통.

『언어교육·응용언어학 사전』(2016), 김창구 역, J. C. Richards and R. W. Schmidt (2013), *Longman Dictionary of Language Teaching and Applied Linguistics*, 글로벌콘텐츠.

『언어학사전』(2000), 이정민, 박영사.

『영어학사전』(1990), 조성식 편, 신아사.

『응용언어학사전』(2001), 박경자 외, 경진문화사.

『인지언어학 용어사전』(2010), 임지룡 역, V. Evans(2008), *Cognitive Linguistics: A Complete Guide*, 경진문화사.

A Dictionary of Sociolinguistics, J. Swann et al.(2004), The University of Alabama Press, Tuscaloosa.

Concise Encyclopedia of Applied Linguistics, M. Berns ed.(2010), Elsevier Ltd.

Dictionary of Language Teaching & Applied Linguistics, 3rd ed.(1995), Richards, J. C. & R. Schmidt, Longman.

- 참고문헌

한국문화평론가협회(2006), 『문학비평용어사전』, 국학자료원.

Bloomfield, L.(1933), *Language*, University of Chicago Press.

Catford, J. C.(1998), Language learning and applied linguistics: a historical sketch. *Language Learning* 48(4), 465-496.

Cook, G.(2003), *Applied Linguistics*, Oxford University Press.

Schmitt, N., & Celce-Murcia, M.(2010), Overview of Applied linguistics. In *An Introduction to Applied Linguistics*, 2nd ed. Hodder Education.

Wilkins, D. A.(1999), Applied linguistics. In Spolsky, B. ed. *Concise Encyclopedia of Educational Linguistics*, Amsterdam: Elsevier, 6-17.

제2장

심리언어학

심리언어학의 학문적 특성과 연구의 목적 및 대상, 연구 범위를 이해한다.
- 심리언어학의 학문적 성격은 어떠하며 연구의 주제는 무엇인가.
- 언어 습득과 소실, 발화 산출 및 이해는 어떤 과정을 거쳐 일어나는가.
- 심리언어학 연구의 주요 성과에는 무엇이 있는가.

주요 용어

언어 행위(verbal behavior), 언어 습득(language acquisition), 결정적 시기 가설
(critical period hypothesis), 뇌 가소성(brain plasticity), 반구 편재화(lateralization),
언어 장애(language disability), FOXP2, 브로카 영역(Broca's area), 베르니케 영역
(Wernicke's area), 실어증(aphasia)

1. 심리언어학이란

1.1. 심리언어학의 정의와 연구 대상

심리언어학(psycholinguistics)은 인간이 언어를 습득하고 그것을 사용할 때 나타나는 정신적·인지적 과정(mental cognitive process)에 대해 연구하는 학문이다(de Bot & Kroll, 2010:124). 심리언어학에서는 일상적 상황에서 일어나는 인간의 언어 수행 뿐 아니라, 뇌 손상으로 인한 언어 소실이나 언어 입력 부재로 인한 불완전한 언어 습득과 같은 비정상적 언어 습득과 사용에 대한 연구도 수행한다.

심리언어학은 아동의 모어 습득과 성인의 발화 생산 및 이해에 주로 관심을 기울여 왔다. 그러나 최근에는 모어 외의 언어를 구사하는 이중 언어 사용이나 다중 언어 사용, 또는 제2언어 학습자의 언어 사용과 이해에 관한 인지적 처리 과정까지 탐구의 영역을 확대하고 있다.

심리언어학에서는 인간의 **언어 행위**(verbal behavior) 혹은 몸짓(gesture) 등을 자료로 하여 언어와 관련된 정신적 기능을 연구한다. 그런데 심리언어학 연구에서 유의해야 할 점은 인간이 생산한 언어 자료라고 하더라도 그것을 단순히 '관찰'하는 것만으로는 사용자의 정신적 기능을 명백하고 온전하게 밝혀내기 어렵다는 점이다. 따라서 심리언어학은 관찰 가능한 언어 행위를 연구 대상으로 하되, 관찰하기 어려운 인간 내면에 존재하는 무의식적인 언어 처리 과정을 과학적으로 밝혀낼 수 있는 방법을 고안해야 한다.

1.2. 심리언어학의 학문적 성격

심리언어학은 심리학과 언어학이라는 두 개의 모(母)학문이 연계된 간학문적(interdisciplinary) 성격을 지닌다. 이러한 학문적 배경으로 인해 심리언어학은 언어 현상에 대해 심리학의 관점과 언어학의 관점을 동시에 지닌다. 언어학은 언어에 관한 학문이며 심리학은 인간의 행위와 경험에 관한 학문이다. 따라서 심리언어학은 '인간의 언어 사용에 관한 학문', 더 구체적으로는 '언어적 행위와 경험을 탐구하는 학문'으로 규정된다.

〈표 1〉 학제간 연구로서의 심리언어학

언어학적 측면	심리학적 측면
• 언어학의 구분 방식에 따라 언어 단위의 다양한 층위를 살핌. • 음성, 단어, 구, 문장, 담화에 이르기까지의 언어 현상을 다룸.	• 언어를 정신 작용으로 파악함. • 인간을 특정한 상황과 의도에 따라 행동하는 개인으로 바라봄. • 객관적으로 관찰할 수 있는 행동과 주관적으로 파악할 수 있는 체험을 다룸.

심리언어학의 형성 배경은 다음과 같다. 심리언어학 이전의 언어학에서는 소쉬르의 랑그 개념을 언어의 본질로 보고 이를 밝히는 것을 목적으로 하였다. 그러다 보니 실제 상황에서의 구체적인 언어 활동인 파롤이나 그에 대한 정보, 혹은 언어 사용자 자체에 대한 탐구는 도외시되었다. 그러나 점차 언어가 그 자체로서 고립적으로 존재하는 것이 아니라 그것을 사용하는 사람들과, 그것이 사용되는 상황이나 맥락이 있어야 존재할 수 있다는 인식이 생겨났다. 즉, 언어를 누가 사용하는지, 어떤 상황에서 쓰이는지가 고려되지 않은 언어 연구는 무의미하다는 성찰이 일면서, 기존의 언어학 연구에서 배제되었던 **언어 사용자**(language user)가 주목을 받게 되었다. 심리언어학은 바로 언어 사용자에 대한 것을 밝히려는 학문이다.[1]

심리학과 언어학의 접목을 통해 우리는 인간의 의사전달 행위, 언상, 언어 습득, 실어증, 복수 언어 사용 등에 대한 연구를 수행할 수 있게 되었으며, 이는 기존의 언어학에서는 탐구하지 못한 인간 언어의 보다 다양한 모습을 발견할 수 있게 하였다.

> **▌ 랑그와 파롤, 언어 능력과 언어 수행**
>
> 프랑스어에서 langue는 '언어' 또는 '혀'를 의미한다. 소쉬르가 정립한 개념인 랑그는 '한 언어의 화자들이 공통적으로 지니고 있는 소리나 배열에 관한 지식, 한 언어의 이상적인 형태'를 뜻한다. 반면에 화자가 자신의 언어 지식을 이용하여 언어를 실제 말이나 글로 표현한 것을 파롤이라고 하였다. 훗날 촘스키가 구별한 언어 능력과 언어 수행이 각각 랑그와 파롤의 개념과 유사하게 대응된다. 다만 소쉬르의 랑그는 '언어 공동체가 공유하고 있는 지식'을 의미하지만 촘스키의 언어 능력은 이른바 '이상적인 화자(ideal speaker), 즉 언어 사용자에 내재된 언어 지식'이라는 점에서 두 개념은 차이가 있다. 이는 언어를 파악하는 데 있어, 소쉬르는 기본적으로 사회언어학적 관점을 지녔고 촘스키는 심리언어학적 관점을 지녔다고도 해석된다.

1.3. 심리언어학의 학문적 정립

심리언어학은 언제부터 연구되기 시작했을까. 1880년경 빌헬름 분트(Wilhelm Wundt, 1832~1920)는 그의 심리학 저서인 『민족심리학(1900)』 총 10권 중 한 권에서 민족 집단이 구사하는 언어와 관련한 복잡한 심리 작용에 대해 탐구한 바가 있다. 이 저서를 심리언어학의 기원으로 보는 사람들도 있다. 그러나 psycholinguistics라는 명칭이 출판

---

1) 같은 시기에 언어의 사용 환경이나 발화가 이루어지는 구체적 상황과 맥락에 대한 탐구는 사회언어학이나 화용론에서 다루어졌다.

물에 처음 등장한 것은 오스굿과 세벅(C. E. Osgood & T. A. Sebeok)이 1954년에 출간한 *Psycholinguistics: A Survey of Theory and Research Problems*이 처음이다. 심리언어학 연구사에서는 이 저서에서의 개념 정립이 의미 있다고 간주하고 이때를 심리언어학이 학문적으로 독립한 시기라고 본다(박경자, 1989:1).

1950년대 이후 심리언어학의 주된 학문적 배경을 이루었던 심리학과 언어학에서의 변화를 바탕으로 심리언어학의 연구 경향이 어떻게 변화되어 왔는지를 살펴보도록 한다.

1) 1950년대 언어 연구와 심리언어학

1950년대에 언어를 연구하는 방법은 크게 두 가지 독립적인 방법으로 이루어졌다. 하나는 행동주의 심리학에 근거를 둔 심리학적인 접근 방식이고 다른 하나는 구조주의 언어학에 근거를 둔 언어학적 접근 방식이었다.

당시 언어학자들은 언어를 연구함에 있어서 어떤 문장이 다른 문장과 같은 종류의 문장인지 아닌지를 밝히는 문장 간의 관련성 문제나, 문장의 문법성을 따지는 연구에 몰두하였다. 한편 당시 심리학자는 언어란 인간의 다른 여러 가지 행위들 중 한 종류일 뿐이며, 단지 '말로 하는 행위(verbal behavior)'라는 점에서 일반 행위와 다르다고 주장하였다. 따라서 심리학에서는 인간의 행위로서의 언어를 다루었으며, 언어 행위와 관련된 동기를 탐구하거나 언어 행위가 다른 행위에 미치는 영향 등을 주제로 연구하였다.

2) 변형생성문법 이후의 심리언어학

촘스키의 변형생성문법은 심리언어학에 큰 영향을 미쳤다. 촘스키 이전의 언어학, 즉 구조주의 언어학에서는 경험주의적 입장을 취하여 실제 발화 자료를 분석하여 언어의 구성 요소와 규칙 체계를 밝히고자 하였다. 그러나 촘스키는 인간의 내면, 즉 언어를 생성하는 '언어 능력', '언어에 대한 지식' 혹은 언어와 관련된 **내적 체계**(internal system of speaker)를 밝히고자 하였다.

또한 그는 기존에 자극, 반응과 강화, 모방, 반복을 통해 언어가 습득된다는 행동주의자들의 언어 습득 이론에도 반론을 제기했다. 그는 행동주의 이론으로는, 아동이 주변 어른들이 제공하는 언어에서 보거나 듣지 못한 문장을 만들어내는 현상을 설명할 수 없다고 지적하였다. 이 밖에도 제각각 다른 언어 환경에서 성장한 아동들이 6~7세 정도 나이가 되면 대체로 비슷한 수준의 모어 구사 능력을 갖추는 것에도 주목하였다. 이러한 내용을 근거로, 촘스키를 비롯한 인지주의 언어학자 및 심리언어학자들은 인간의 언어 습득 능력이 선천적이라고 주장하였다. 그리고 인간의 언어 습득 기제를 설명하는 새로운 관점인 **생득주의**(innatism or nativism)를 정립하였다. 이 시기 심리언어학의 가장 중요한 연구 성과 중 하나가 바로 이것이다.

2. 심리언어학의 연구 방법과 연구 분야

2.1. 연구 방법

인간의 행위(behavior)와 경험(experience)은 어떻게 구별될까. 우선 인간의 행위는 외적 측면과 내적 측면이 있으며 그 중 어느 하나로 통합되지 않는 것이 특징이다. 예를 들면 사람들이 '책을 읽는 행위'를 하는 동안 마음속에는 '상상, 느낌, 감정'과 같은 주관적 산물들이 생성된다. 이때 우리는 그 사람들이 독서하는 모습을 아무리 관찰해도 그들의 마음속에 일어나는 모든 것들을 명료하게 밝혀낼 수는 없다.

아이가 언어를 습득하고 사용하는 과정도 마찬가지이다. 태어나서 옹알이 외에 처음으로 발화하는 단어, '엄마', '맘마' 혹은 그 밖의 어느 것이든 단어를 처음 입 밖으로 내보내는 것은 우연한 일이 아니다. 첫 발화 전까지 아기가 이미 다양한 지식과 경험을 쌓아 두었기에 가능한 일이다. 하지만 우리는 아기가 발화하는 몇 단어만 가지고는 그 내면에 무엇이 존재하며 어떤 경험을 기억하고 있는지 확인할 수 없다. 바꿔 말하면 단순히 물리적으로 관찰 가능한 것들만을 연구해서는 인간이 정신적, 혹은 인지적으로 어떤 과정을 겪고 있는지 명확히 밝힐 수 없다는 것이다.

화자의 발화 행위를 통해 세상에 드러나는 언어의 본질적 실체 역시 감각 기관으로 지각하기는 어렵다. 따라서 보다 과학적인 실험 방식으로 인간의 언어 생산과 사용에 관한 내적 처리 과정을 살펴보는 것이 필요하다. 그렇다면 심리언어학에서는 어떤 방식으로 인간의 인지 과정과 정신세계를 탐구할까.

다음의 몇 가지 실험을 살펴보면 심리언어학이 인간의 정신에서 언어 구조가 운용되는 방식을 어떻게 밝혀내는지 짐작할 수 있을 것이다.

- **실험 1** 언어 구조에 대한 규칙이 인간이 언어 지각에 미치는 영향을 알아보기 위해 피실험자의 왼쪽 귀에는 'banket'을 들려 주고, 오른쪽 귀에는 'lanket'을 들려 주었다.

    실험 결과, 피실험자의 많은 수가 자신이 'blanket'을 들었다고 답했다고 한다. 즉, 실제로 그들이 들은 소리는 'b'와 'l'이 연속된 소리가 아니었지만 영어에 존재하는 음운 연쇄인 'bl-', 그리고 영어 단어인 'blanket'을 들었다고 인식한 것이다. 이 실험을 통해 음소를 지각하는 수준에서부터 언어 구조에 대한 규칙이 영향을 미친다는 사실을 확인할 수 있다.

- **실험 2** 이른바 **딸깍 소리 실험**(click experiment)으로, 통사 구조와 의미가 언어 이해에 미치는 영향을 알아보기 위한 것이다. 피실험자에게 다음 문장을 들려주면서 * 표시한 부분 중 한 부분에서 '딸깍' 소리를 들려 주었다.

    That the girl was happy was evident from the way she laughed.

    위의 별표 중 어느 위치에서 소리를 들려 주었든 간에 피실험자의 많은 수가 happy와 두 번째 was 사이에서 딸칵 소리를 들었다고 답했다고 한다. 즉, 주어진 문장에서 주어와 술어로 일차적으로 나뉘는 부분에 소리가 들어가 있다고 인식한 것이다(Fodor, Bever & Garrett, 1974). 이 실험을 통해 문장의 주요 부분들에 관한 문법 기술이 정신적 실재와 대응된다는 것이 증명되었다.

- **실험 3** 이른바 **음소 복원 효과**(phonemic restoration effect)로, 음소의 음향적 신호가 백색 소음이나 기침 소리 등으로 누락되어도 맥락을 통해 단어

내의 음소를 지각해내는 것을 밝힌 실험이다.

"The state governors met with their respective legislatures convening in the capital city."

Warren(1970)에서는 위의 문장을 녹음하여 들려 줄 때 'legislatures'의 첫 번째 /s/ 자리에는 기침 소리를 대신 넣었다. 피실험자들에게 무엇을 들었는 지 질문한 결과, 대부분이 legislatures라는 단어를 문제 없이 지각하고 의미를 파악했다고 답했다. 한편 그들은 기침 소리가 난 위치를 정확히 기억하지 못했다. 이를 통해 사람들이 '실제로 들은 소리'보다는 '들었다고 생각한 소리'에 더 의존한다는 것을 알 수 있다.

간단하게나마 세 가지 실험을 통해 인간이 언어 자료를 객관적, 물리적으로 지각하고 이해하지 않는다는 사실을 확인할 수 있다. 즉, 우리는 자신이 사용하고 있는 언어에 존재하는 규칙에 따라 언어 자료를 처리하고 해석하는 것이다. 이러한 사실은 그저 인간의 행동이나 발화를 관찰만 해서는 알아낼 수 없다. 심리언어학에서는 이처럼 언어와 관련된 다양한 실험을 고안하여 언어 사용과 인간 내면에서 일어나는 변화를 추론 가능하게 만든다.

심리언어학 연구의 본질

이승복(1994)에서는 심리언어학(언어심리학) 연구에 대해 다음과 같이 비유하고 있다.

"직접 들여다보고 경험할 수 없는 언어 구조와, 과정으로 드러나는 인간의 마음을 다룬다는 것은 물리학에서 원자 구조에 관한 이론을 세우는 것과 마찬가지의 작업이다. 원자를 이루고 있는 물질을 직접 눈으

로 볼 수는 없지만, 밖으로 드러나는 물리 현상으로 유추해 보는 원자
구조에 내한 이론을 가지고 물질의 성질에 관해서 적절히 설명해 보고,
예언할 수도 있다. (중략) 언어의 연구도 밖으로 드러나는 언어 현상을
올바로 이해하기 위해서는 표면적인 모습을 꿰뚫고 뿌리가 되는 보다
깊은 실체로 들어가야 한다. 언어심리학에서 언어 수행과 언어 능력을
구별하는 이유가 이것이다."

2.2. 연구 분야

그렇다면 심리언어학의 연구 주제에는 어떤 것들이 있을까. Scovel
(2001:5)에서는 심리언어학의 핵심 연구 분야를 〈표 2〉와 같이 나타냈다.
이는 인간의 언어 사용과 변화를 '시간'과 '현상'이라는 두 개의 축으로
나눈 것으로, 정상적으로 언어를 습득하고 사용하는 사람이라면 누구
나 겪는 보편적 과정을 담고 있다.

〈표 2〉 심리언어학의 주요 연구 분야(Scovel, 1998)

	통시적(diachronic)	공시적(synchronic)
종합(synthesis)	습득	산출
분석(Analysis)	소실	이해

언어 습득(acquisition)과 소실(dissolution)은 개인 언어의 시작과 끝을
나타낸다. 따라서 통시적인 측면의 언어 변화를 나타낸 것이다. 언어
습득 과정에서 인간은 자신이 기존에 배워 온 내용을 종합하면서 다
음 단계로 나아가는 기술을 필요로 한다. 반면에 언어 소실은 인간
내부에 확립되어 있던 언어가 분해되고 붕괴되는 현상이기 때문에,
이 과정에서는 누구도 의도하지는 않으나 결과적으로 언어의 분해와

분석이 일어난다고 볼 수 있다.

언어의 산출(production)과 이해(comprehension)는 인간이 언어를 사용하는 한, 어느 시점(時點)에서든 관찰되는 현상이다. 따라서 이는 공시적 측면에서의 심리언어학적 활동이라 할 수 있다. 언어의 산출은 언어 구조의 부분들을 통합하여 문장이나 텍스트로 구성해내는 과정을 거치므로 '종합'을 요하며, 언어 이해는 수용된 발화를 해석해야 하므로 '분석'을 필요로 하게 된다.[2] 심리언어학의 연구 분야에 대해 박경자(1989)에서는 다음 주제에 대한 연구가 심리언어학자의 소임이라고 밝혔다.[3]

심리언어학자의 연구 목적(박경자, 1989:20-21)
- 언어 능력의 언어학적 기술인 '문법'이 심리적 실재성을 바탕으로 하고 있는지를 밝힌다.[4]
- 아동의 언어 습득이 어떤 발달 과정을 거쳐 습득, 수행되느냐를 규명한다.
- 언어 행위를 지배하는 법칙은 인간만이 독특하게 가지고 있는 것이며, 여기에 인간의 뇌가 관여하고 있는가를 밝힌다.
- 언어가 사고를 표현하는 방식이라는 점을 전제할 때, 언어와 인지, 혹은 언어와 사고의 관계를 밝힌다.

오늘날 심리언어학의 연구 주제는 앞에서 언급한 내용들을 모두 아우르지만 좀 더 광범위하다고 할 수 있다. 다음은 심리언어학의 관심

---

2) Scovel의 저서 *Psycholinguistic*에서는 이 네 주제의 심리언어학적 과정에 대해 제2장 언어 습득, 제3장 언어 산출, 제4장 언어 이해, 제5장 언어 소실에서 자세히 다루었다.

3) 박경자(1989)에서는 이 네 가지 주제에 대해 각각 제3장, 제5장, 제7장과 제6장에서 자세히 설명하고 있다.

4) 예를 들면 영어 문법에서 문장(S)을 명사구(NP)와 동사구(VP)로 나누는 것이 화자의 심리에 실재하는가를 밝히는 과정 같은 것이 이에 해당한다.

분야가 무엇인지 구체적으로 보여준다.

심리언어학의 연구 주제(de Bot & Kroll, 2010:124-125)
- 언어 발달에 중요한 영향을 미치는 언어 입력의 특성은 무엇인가
- 언어 발달은 생물학적 요인에 의해 얼마나 제약을 받는가
- 말을 듣거나 텍스트를 읽을 때 단어들은 어떻게 인식되는가
- 어떻게 문장과 텍스트를 이해하는가
- 어휘적 혹은 통사적 중의성은 어떻게 해소되는가
- 추상적 사고는 발화에 앞서 어떻게 문장으로 구조화되는가
- 뇌에서 언어는 어떻게 처리되는가
- L2 습득은 L1 습득과 다른가
- L2를 사용할 때 L1은 어느 정도로 영향을 미치는가
- 코드 스위칭(code switching)을 통제하는 규칙이 존재하는가
- 둘 이상의 언어 사용자는 어떻게 두 언어를 별개의 상태로 유지하는가
- 다수의 언어(multiple languages)는 뇌에서 어떻게 처리되는가

이 밖에도 최근에는 둘 또는 그 이상의 언어를 구사할 수 있는 화자 (bilinguals, multilinguals)의 언어 처리 및 인지 과정에 대한 관심이 늘고 있는 것도 주목된다.

3. 심리언어학의 연구 성과

언어가 수용되고 산출되는 매커니즘을 이해하고자 해도, 사실상 눈 에 보이지도 않고 경험할 수도 없는 언어 구조와 정신적 과정을 온전 히 파악하기란 어려운 일이다. 심리언어학 연구에서는 이러한 영역 중에서 특히 언어 사용 능력을 갖추어 가는 언어 습득 또한 언어 기능 의 작동에 실패하는 경우와 그 원인을 밝히려는 데 주력해 왔다. 이로 인해 심리언어학에서는 모어 습득 연구와 언어병리학적 연구가 큰 비

중을 차지해 왔다. 그러면 여기서는 '언어 습득의 생물학적 조건'에 관한 연구와 '언어 장애'에 대한 연구에 어떤 것들이 있었는지 살펴보기로 한다.

3.1. 반구 편재화와 결정적 시기

인간이 태어난 후 일정한 시기가 지나면 뇌의 가 영역에 고유한 기능이 확립된다. 그러나 막 태어난 아기의 뇌에는 이런 기능이 분포하지 않으며 생후 6개월 정도에 이르러야 뇌 기능의 분담이 시작된다고 본다. 그 결과 좌뇌에는 언어와 논리, 수학과 분석을 담당하는 기능들이, 그리고 우뇌에는 공간 지각, 이미지, 창의성 등을 담당하는 기능이 자리 잡게 된다. 이렇게 대뇌 반구의 어느 한 쪽에 고유한 기능이 형성되는 현상을 **반구 편재화**(Hemispheric lateralization)라고 한다.[5]

뇌 기능의 분화는 10~12세 경에 완료된다고 알려져 있다. 이 시기 이후에는 언어를 지각하고 산출하는 일에는 좌뇌가 중점적으로 관여하며 우뇌는 언어 관련 업무면에서 좌뇌와 확고한 차이를 보인다. 뇌의 각 부분에 중요한 역할이 부여되는 이 시기가 인간이 언어 기능을 갖추는 것과 결정적인 관계에 있다고 하여 **결정적 시기**(critical period)라고 부른다(Lennenberg, 1967).[6]

---

5) 반구 편중화, 반구 집중화, 편재화 등의 용어로도 번역된다.
6) 결정적 시기는 뇌 분화가 완료되는 때를 의미한다기보다는 뇌 분화가 진행되는 '기간'을 의미한다고 보는 것이 타당하다.

신경생물학자(neurobiologist) 스페리(R. W. Sperry)는 '분할 뇌' 연구를 통해 뇌의 좌반구와 우반구가 담당하는 기능이 다르다는 사실을 밝혀냈다. 그는 이 실험으로 1981년에 노벨의학상을 수상했다. 스페리는 두뇌가 성장하는 과정에서 어느 쪽 뇌를 더 발달시키느냐에 따라 개인의 능력이 달라진다고 밝혔다. 이러한 연구 결과는 인간의 발달과 교육을 연구하는 데 지대한 영향을 미쳤다. 그는 언어중추가 자리하고 있는 좌뇌를 '언어 뇌'라고 하였다. 좌측 대뇌에 손상을 입으면 언어 기능을 상실하는데, 만약 다른 질병을 치료하기 위해서라도 성인의 좌뇌를 절단할 경우 환자는 언어를 잃고 영원히 사용할 수 없게 된다.

그런데 이런 현상은 사춘기 이전의 아동에게서는 다른 결과로 나타난다. 사춘기 이전에 좌뇌 치료를 할 경우에는 성인과는 달리 좌뇌의 기능을 우뇌가 일정 부분 담당하여 언어 발달에 이상이 생기지 않는다는 것이다. 즉, 뇌의 기능 분화는 사춘기까지 이어지고 그 이전에는 좌뇌와 우뇌가 서로의 기능을 어느 정도는 보완할 수 있다. 이러한 뇌의 속성을 **뇌 가소성**(brain plasticity)이라고 한다.

뇌의 기능이 분화되는 이 시기가 아동의 언어 발달에는 매우 중요하다. 만약 이 시기에 아동이 적어도 하나 이상의 언어에 충분히 노출되지 못하면 언어를 제대로 습득할 수 없게 된다. 그 이유는 언어를 관장하는 뇌 부위의 신경 세포간에 연결이 이루어지지 않기 때문이다. 언어 뇌의 세포간 연결은 이 시기에만 특별히 가능하므로 이때를 언어 습득의 '결정적 시기'라고 부르는 것이다. 그리고 결정적 시기에 최소한 하나 이상의 언어에 노출되어야 언어를 습득할 수 있다는 주장을 이른바 **결정적 시기 가설**(Critical Period Hypothesis, CPH)이라고 한다.

말을 배우지 못한 아이들

지니(Genie)

1970년 미국 캘리포니아 템플 시티의 생활보호소에 시각장애인 여성이 자신의 딸 지니와 함께 찾아왔다. 당시 13살이었던 지니는 생후 20개월 이후 10여 년 동안 아버지의 학대로 방에 갇혀 지냈으며, 그 기간 동안 부모뿐 아니라 어떤 사람으로부터도 언어적 자극을 받을 수 없었다. 발견 당시 지니는 구부정한 자세로 토끼처럼 걸었고 언어는 거의 구사하지 못했다. 세상 밖으로 나온 이후 지니는 재활 치료를 받으면서 수년 동안 언어학자 수전 커티스로부터 집중적인 언어 교육을 받았다. 그러나 지니는 언어 교육을 받는 동안에도 좌뇌를 활용한 언어 습득에는 전혀 도달하지 못하였고, 그나마도 어휘나 단순한 구조의 언어 습득에 그쳤다.

빅토르(Victor)

1800년 1월, 프랑스의 한 숲속에서 동물처럼 벌거벗고 돌아다니는 소년이 발견되었다. 그 소년은 오랜 시간 동안 인간 사회와 단절된 채 자연 속에서 생활하고 있었다. 발견 당시 그는 들짐승처럼 날고기를 먹고 옷을 걸치지 않고 생활하는 등 인간의 생활 방식은 전혀 알지 못했다. 게다가 그는 열 살 안팎의 나이였지만 인간의 언어를 한 마디도 구사하지 못했다.[7)]

처음 발견되었을 때는 숲으로 다시 도망쳤지만 몇 년 후에 소년 스스로 인간 세상으로 찾아 왔다. 당시 프랑스의 의학도였던 장 마크 이따드(Jean Marc Itard)는 빅터에게 언어를 가르치기 시작했다. 언어 학습을 시작한 초기에 빅토르의 언어 이해 능력이 눈에 띄게 발달했지만 곧 한계에 부딪혔다. 그가 사용할 수 있는 언어는 매우 제한적이어서 '우유'라는 단어나 감탄사 등만 말할 수 있었다. 그에게는 인간의 음성보다는 오히려 자연계의 소리, 즉 열매가 익어서 벌어지는 소리, 빗방울이 나뭇잎에 떨어지는 소리들이 더 의미 있게 받아들여졌다고 한다. 결국 그는 1828년 파리에서 사망할 때까지 언어를 온전히 습득할 수 없었다.

특정 시기를 놓쳐서 언어 습득에 실패한 아동들의 사례는 인간의 언어 습득에는 그것이 가능한 중대한 시기, 즉 결정적인 시기가 있다는 주장을 뒷받침해 준다. 지니와 빅토르는 결정적 시기 동안 언어 자극을 제대로 받지 못했기 때문에 하나의 언어 체계 즉, 모어의 체계조차 온전히 습득할 수 없었던 것이다.

3.2. 언어 유전자 FOXP2

언어 습득의 생물학적 측면에 대해서는 촘스키의 생득주의, 즉 언어 습득의 선천성 이론이 폭넓게 받아들여지고 있다. 여기에서 소개할 언어 유전자 FOXP2는 심리언어학보다는 유전학 연구에서의 발견이다. 그러나 인간의 언어 습득 능력이 고유함을 방증하는 연구 결과이므로 심리언어학 논의들과 함께 살펴보도록 한다.

1999년 인간의 유전자 판독이 완료된 후, 32억 쌍의 게놈(genome) 중 언어와 관련된 유전자가 무엇인지 찾는 연구가 이어졌다. 독일의 막스 플란코(Max Planco) 연구소와 영국의 옥스포드대학은 3년 동안 연구한 끝에 인간의 언어 습득 및 사용에 관여하는 유전자인 **FOXP2**를 찾아내는 성과를 거두었다.

FOXP(Foxhead box protein P)2는 포유류 동물이 공유하고 있는 유전자인데, 인류 진화의 역사상 어느 시점에 이 유전자에 돌연변이가 생기면서 인간이 여타 포유류와 달리 언어 구사 능력을 갖게 된 것이

---

7) 빅토르는 프랑스식 이름이며 영어로는 빅터라고도 한다. 이 소년이 발견된 시기에 대해서는 1875년, 1878년, 1800년 등으로 자료마다 상이하지만 많은 자료에 1800년대로 기록하고 있다. 아마도 소년이 처음 마을에 왔을 때와 다시 돌아왔을 때의 차이인 것으로 보인다. 또한 소년은 처음에 조제프(Joseph)라는 이름으로 불렸으나, 그가 유독 /o/ 발음에 잘 반응하였기에 이름을 빅토르(Vitor)로 바꿨다고 한다. 유튜브에서 Victor of Aveyron이라는 키워드로 검색하면 여러 편의 관련 영상을 확인할 수 있다.

다. 이 유전자는 715개의 분자로 구성되었는데, 인간과 쥐는 세 개의 분자 구조가 다르고 인간과 침팬지는 단지 두 개만 차이가 난다고 한다. 그러나 이러한 작은 차이로 인해 인간은 얼굴과 목, 음성 기관을 통제할 수 있는 뇌의 기능을 발달시킬 수 있었다. 막스 플란코와 옥스퍼드대학의 연구는 이 유전자가 손상된 인간은 정상적인 언어 구사를 할 수 없다는 것을 증명하였고, 이는 결국 인간의 언어 능력이 선천적이라는 주장에 대해 생물학적 근거를 제공한 것이다.

▌ KE 가족의 언어 장애

2001년 옥스퍼드 대학의 유전학자 두 명은 영국의 한 가계를 조사하여 언어 유전자의 존재와 역할을 밝혀냈다. 영국 런던에 기반을 두고 있는 KE 가족은 3대에 걸쳐 구성원 30명 중 15명이 언어 장애를 겪고 있었다. 연구자들은 이들 가족의 언어 장애에 FOXP2라는 유전자 이상이 개입되었음을 밝혔다. FOXP2는 기저 유전자로, 언어의 특정 부분을 관장하는 유전자들을 활성화하는 역할을 한다.

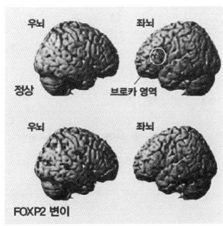

자료 출처: 과학동아 2009년 10월

언어 장애가 있는 가족은 단지 문법적 언어를 생성하지 못하는 것 외에, 정상 가족 구성원에 비해 지능도 18~19점 정도가 낮았고 조음기관을 원활히 사용할 수도 없었다(박경자 역, 2005:253-254).

이 언어 장애의 증상들 중 하나는 복수형 '-s'를 바르게 사용하지 못하는 것이다. 즉, 'nose'의 [z]는 발음할 수 있지만 복수 접미사가 결합된 'bees'는 'bee'로만 말할 수 있고 [z] 발음을 하지 못한다. 또한 과거시제 어미 '-ed'도 바르게 사용하지 못하여 문장에서 시제 일치 기능을 수행하지 못한다. 이 밖에 입과 혀의 움직임에 타이밍이 맞지 않아 소리를 제대로 낼 수 없으며 소리들의 미묘한 차이를 듣고 구별하는 것도 어려워한다.

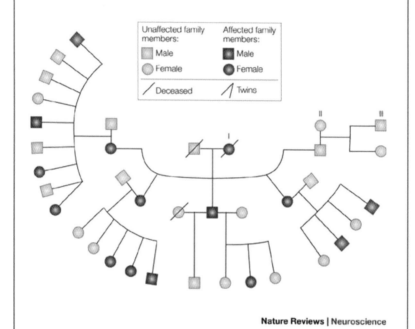

자료 출처: F. Vargha-Khadem, D. Gadian, A. Copp, M. Mishkin(2005), Nature Reviews Neuroscience

3.3. 언어 장애

심리언어학의 연구 주제 가운데 인간의 뇌와 언어의 관계를 가장 잘 보여주는 영역은 **말 실수**(speech error)와 **언어 장애**(speech disorder)

분야이다.

인간은 언어를 한번 습득한 뒤에는 별 문제 없이 지속적으로 사용할 수 있다. 그러나 간혹 단어가 정확히 기억나지 않고 혀끝에서만 맴돌아서 곤란을 겪기도 하고 단어나 음운의 위치가 서로 바뀌어 의미 없는 소리나 의도치 않은 우스운 말을 만들어내는 일도 있다. 그러나 이러한 증상들은 발성 근육의 문제나 뇌의 손상으로 인한 문제가 아니며 작은 단서만으로도 쉽게 단어에 대한 기억을 복원할 수 있기 때문에 언어 장애가 아닌 말 실수로 분류한다.

█ 설단 현상과 스푸너리즘

설단 현상(tip of the tongue)은 말하려는 것이 기억날 듯하다가 떠오르지 않는 현상을 말한다. 미국의 심리학자 제임스(W. James)가 처음으로 이러한 현상에 대해 언급하였고, 1966년 심리언어학자 브라운(R. Brown)과 맥닐(D. McNeill)이 이를 'tip of the tongue'으로 명명했다. 설단 현상이 일어나는 원인으로는 어떤 단어를 떠올리는 것과 관련된 불안이나 무의식적인 억압이 존재할 때, 또는 기억 체계 속에서 정보가 복잡하게 저장되어 있어서 이를 바로 인출하기 어려운 경우 등이다.

스푸너리즘(Spoonerism)은 두음 전환이라고도 하는데, 1800년대 영국 옥스퍼드대학 뉴칼리지의 학장이었던 스푸너(W. A. Spooner) 교수가 강의 중에 발화 실수를 많이 한 데서 명칭이 유래했다고 한다. 그가 두음 전환을 일으켰던 발화의 예는 "You have hissed my mistory lecture(의도: missed my history lecture)." 또는 연설 중에 Wales 지역의 광부를 지칭하면서 "You noble tons of soil(의도: sons of toil)."이라고 한 것 등이다.

이러한 현상들은 단순한 실수로 보이지만, 심리언어학적으로는 음소나 변별적 자질, 음절, 형태소 등 언어학적 단위가 실재함을 증명해 준다. 또한 발화 실수가 무작위로 일어나는 것이 아니라 특정 언어의 체계와 구조의 테두리 안에서 일어난다는 것을 밝혀 준다.

그러나 이러한 말 실수와 달리 대뇌의 손상으로 언어의 이해와 표현에 문제를 겪는 현상이 언어 장애이다. 언어 장애의 대표적인 증상으로 실어증(失語症)이 있는데, 실어증은 정상적인 언어생활이 불가능할 정도로 심각한 증세를 가져오므로 언어병리학(speech-language pathology)의 연구 대상이 된다. 언어 병리학 분야에서 밝혀낸 언어 장애와 관련된 많은 사실은 뇌의 각 영역이 인간의 언어 사용에 생각보다 더 깊이 관여하고 있다는 점이다. 실어증에 대해 자세히 살피기에 앞서 뇌와 언어가 어떻게 관여되어 있는지를 좀 더 알아보도록 한다.

1) 뇌와 언어

인간의 뇌는 〈그림 1〉과 같이 대뇌(cerebrum), 소뇌(cerebellum), 뇌간(brain stem), 간뇌(diencephalon)로 구성되고, 이것이 척수(spinal cord)로 이어진다. 대뇌는 부위에 따라 다시 대뇌 피질과 대뇌 핵, 변연계로 구성되어 있으며, 대뇌 피질의 표면은 부위에 따라 전두엽, 측두엽, 두정엽, 후두엽 등으로 나뉜다.

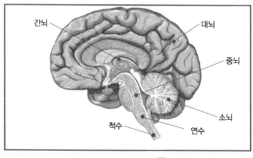

〈그림 1〉 뇌 구조[8]

---

8) 그림 출처: 서유헌(1997), 『천재도 되고 바보도 되는 뇌의 세계』, 중앙교육연구원.

대뇌 피질의 각 부분은 언어 기능과 관련된다. 후두엽(occipital lobe)은 뇌의 뒷부분에 위치하며 주로 시각적 작용에 관여힌다. 따라서 문자화된 텍스트를 읽을 때 가장 먼저 활성화된다. 두정엽(parietal lobe)은 시공간에 대한 정보 처리나 체감각을 지각하는 역할을 맡고 있다. 또한 측두엽(temporal lobe)은 언어 기능, 청지각 처리, 장기 기억과 정서를 담당하는 역할을 한다. 우리가 듣기를 할 때 주로 활성화되는 부분이 측두엽인데 언어의 이해를 담당하는 부분이기도 하다.

대뇌 피질의 다른 어느 부위보다 뇌의 앞 부분에 위치한 전두엽(frontal lobe)은 최고 중추로서 언어, 지능, 의식, 사고, 학습과 관계된 인지 기능을 총괄한다. 고등 동물일수록 전두엽의 면적이 넓으며, 오늘날 인간의 두개골에서 이마 부분이 다른 영장류에 비해 크게 발달한 이유는 이 확장된 전두엽을 보호하기 위한 것이라고 한다. 전두엽에 분포한 많은 기능들 중에는 다른 동물에게서 발견되지 않는 인간 고유의 것들이 많다. 특히 언어 중추인 브로카 영역(Broca's area)과 베르니케 영역(Wernicke's area)이 자리한 곳이라는 점에서 전두엽은 매우 중요하다.

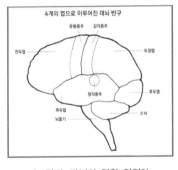

〈그림 2〉 좌뇌의 연합 영역9)

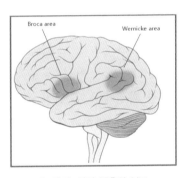

〈그림 3〉 언어 중추의 분포

9) 그림 출처: 이영규, 심진경, 안영이, 신은영, 윤지선(2010), 『학습용어 개념사전』, ㈜ 북이십일 아울북.

각 영역이 발화 상황에서 어떤 역할을 하는지 살피기에 앞서, 우리의 정신에서 어떤 과정을 거쳐 발화가 생성되는지를 간단히 알아보자. 발화 절차와 관련하여 심리언어학에서 가장 지배적인 이론으로는 발화 산출이 네 개의 연속적 단계로 이루어진다는 Levelt의 선형적 모델을 들 수 있다(Scovel, 2001). 이 모델에서는 인간이 발화하기까지의 과정을 '개념화, 공식화, 조음, 자기 점검'의 네 단계로 나누어 기술하였다.10)

우선 **개념화**(conceptualization) 단계에서는 말하고 싶은 내용을 머릿속으로 만들어낸다. 그 다음은 이를 언어 구조로 생성하는 **공식화**(formulation) 과정을 거친다. 이후 이러한 구조를 실제 말소리로 만드는 **조음**(articulation) 단계를 거친 뒤 발화를 하게 된다. 물론 조음 전후에는 발화의 정확성 여부를 확인하는 **자기 점검**(self-monitoring)을 거친다. 하지만 자기 점검은 모든 발화에서 필수적으로 일어나는 절차는 아니다.

〈그림 4〉 Levelt의 발화 산출 모형

이러한 과정에서 두 언어 중추는 어떤 역할을 하는가. 우선 베르니케 영역에서는 발화에 앞서 필요한 단어와 어구를 선택하여 어법에

---

10) 우리가 모어로 말할 때는 이 과정이 매우 **빠르게** 일어나기 때문에 쉽게 인지하기 어렵다. 그러나 아직 익숙지 않은 외국어로 말하는 상황을 떠올리면 좀 더 이해하기 쉽다. 사소한 문장이라도 먼저 무엇을 말해야 할지 의미를 떠올린다. 그리고 이를 해당 코드(외국어)로 구성해내고, 그다음 입 밖으로 소리 내어 말한다.

맞게 배열한다. 이렇게 생성된 언어 구조는 '궁형속(활꼴 다발)'을[11] 지나 브로카 영역으로 전달되면서 언어 기호로 바뀐다. 그리고 기호화된 발화가 '발성 관련 운동 피질'에 전달되어 발성 근육을 움직여 말소리가 나오는 것이다.

2) 실어증

언어에 관여하는 뇌 부위에 손상이 생기면 언어를 이해하는 능력이나 사용하는 능력이 상실된다. 발성 기관의 문제나 의식의 혼탁 없이 언어를 제대로 사용하지 못하는 이러한 증상을 **실어증**(aphasia)이라고 한다. 실어증은 말을 전혀 하지 못하는 증상이라기보다는 '불완전'하게 하는 증상이다. 그래서 이를 다른 말로 **발화 장애**(dysphasia), 또는 부전실어(不全失語)라고도 한다.

실어증은 증세에 따라 쓰기에 어려움을 겪는 **실서증**(agraphia), 읽기에 어려움을 겪는 **실독증**(alexia), 고유명사 사용이 어려운 **명칭 실어증**(anomia), 전치사나 관사 등과 같은 문법 요소를 사용하는 것이 어려운 **실문법증**(agrammatism) 등 여러 유형으로 나타난다.

실어증 중에서도 브로카 실어증과 베르니케 실어증이 가장 잘 알려져 있다.[12] **브로카 실어증**(Broca aphasia)은 **운동 실어증**(motor aphasia)으로도 불리며 브로카 영역에 손상을 입은 환자에게서 발생한다. 머릿속의 개념을 문장으로 구조화하여 산출하는 것이 어려운 것이 증상

---

11) 활꼴 다발은 대뇌 반구에서 이마엽, 뒤통수엽, 관자엽을 연결하는 긴 연합 섬유 다발이다.
12) 이 밖에 전도 실어증(conduction aphasia)이 있는데 이는 활꼴 다발에 병변이 생겨서 일어나는 장애이다. 다른 사람의 말을 따라 말하기는 데 어려움을 겪으며 브로카 실어증이나 베르니케 실어증의 병증은 나타나지 않는다.

이다. 앞서 발화의 단계에서 살펴본 것과 같이 브로카 영역은 개념을 기호화하여 문장으로 바꾸는 역할(공식화)을 한다. 따라서 브로카 영역에 손상을 입은 환자들은 단어나 문장을 입 밖으로 내는 일 자체가 매우 어렵다. 즉, 머릿속에서는 생각을 정상적으로 개념화하더라도 이것을 문장으로 바꿔서 발화하지는 못한다.

베르니케 실어증(Wernicke aphasia)은 **이해 실어증**(sensory aphasia) 으로도 불리며 베르니케 영역에 손상을 입은 환자에게서 발생한다. 베르니케 실어증 환자들은 음성을 내는 것 자체에는 문제가 없다는 점에서 브로카 실어증과 크게 다르다. 심지어 얼핏 들으면 그들의 말이 유창하게 들리기까지 한다. 그러나 베르니케 실어증 환자와 나누는 대화를 자세히 관찰하면 그들이 같은 말을 반복하거나 의미 없는 말을 지속적으로 할 뿐이라는 것을 알 수 있다. 즉, 이 실어증은 구조화된 문장으로 조리있게 발화하는 것이 불가능하다.

실어증의 유형과 증상은 뇌의 각 영역이 담당하는 고유한 언어 기능이 있다는 증거가 된다. 즉, 뇌에서 문장의 구성 및 발화를 처리하는 부분과 개념화와 이해를 처리하는 부분이 각각 독립적으로 존재한다는 사실을 알려준다.

심리언어학은 인간의 정신과 언어의 관계를 연구하는 학문이다. 따라서 언어 습득의 과정을 통해 습득의 원리를 연구하기도 하고, 언어 사용에서 발생하는 여러 문제들이 인간의 정신과 어떻게 연결되어 있는지를 탐구하기도 한다.

우리는 이 장에서 심리언어학의 여러 연구 주제 중 언어 습득의 결정적 시기와 그 중요성, 뇌와 언어의 관계 및 언어 장애 등에 대해 살펴보았다. 지금까지 이야기한 것만 보면 인간의 언어 습득과 사용

이 완전해지기 매우 어려운 것처럼 느껴질 수 있다. 그러나 사실 지구
상의 수많은 사람들 중에서 언어와 관련된 문제를 겪는 사람들은 상
대적으로 소수이다. 대부분의 사람들은 최소한 하나 이상의 언어를
자유롭게, 아무 문제없이 구사하면서 삶을 영위하고 있다. 따라서 이
런 문제들이 인간의 언어 사용과 의사소통이 부딪히는 보편적인 문제
는 아니다.

- 심리언어학의 개념과 이론에 대해 더 자세히 알고 싶으면 다음 문헌을 참고하시오.

김유경 역(2020), 『언어의 뇌과학 이중언어자의 뇌로 보는 언어의 비밀』, A. Costa, & J. W. Schwieter(2017), *The Bilingual Brain: And What It Tells Us about the Science of Language*, 현대지성.

박경자(1989), 『심리언어학』, 고려대학교 출판부.

박경자(1998), 『심리언어학사』, 한국문화사.

유덕근 역(2009), 『심리언어학』, Richheit, G., Sichelschmidt, L., Strohner, H.(2002), *Psycholinguistik*, 한국문화사.

이광오 역(2009), 『언어심리학』, D. W. Carroll(2007), *Psychology of Language* (5th Ed.), 박학사.

이성은 역(2020), 『심리언어학, 말과 마음의 학문』, J. Feild(2013), *Psycholinguistics*, 학이시습.

이승복 역(2003), 『언어심리학』, P. Whitney(1997), *Psychology of Language*, 시그마프레스.

이승복·이희란 역(2012), 『언어심리학 101』, H. W. Cowles(2010), *Psycholinguistics 101*, 시그마프레스.

조명한 외(2003), 『언어심리학』, 학지사.

- 참고문헌

박경자(1989), 『심리언어학』, 고려대학교 출판부.

박경자 역(2005), 『아이들은 어떻게 말을 배우나』, W. O'Grady(2005), *How Children learn language*, 고려대학교 출판부.

성명희·한호·권나영 역(2001), 『심리언어학』, T. Scovel(1998), *Psycholinguistics*, 박이정.

이승복(1994), 『(어린이를 위한) 언어획득과 발달』, 정민사.

Chomsky, N.(1957), *Syntactic Structures*. The Hague: Mouton.

de Bot, K., & Kroll, J. F.(2010), Psycholinguistics, In *An Introduction to Applied Linguistics*, 2nd ed. Hodder Education.

Fordor, J. A., & Bever, T. G.(1965), The psychological reality of linguistc segment, *Jounal of Verbal Learning and Verbal Behavior*, 4. 414-420.

Lenneberg, E.(1967), *Biological Foundations of Language*. New York:Wiley.

Scovel, T.(1998), *Psycholinguistics*, Oxford University Press.

Warren, R. M.(1970), Restoration of missing speech sounds, *Science*, 167, 392-393.

〈인터넷〉

서울대학교병원 의학정보, 실어증(aphasia),

https://terms.naver.com/entry.nhn?docId=927372&cid=51007&categoryId=51007 (2021.1.19.)

제3장

모어 습득

아동의 모어 습득 과정을 연구하여 언어 습득에 필요한 조건과 언어 발달의 단계를 탐구한다.

- 모어 습득의 기제를 밝히고자 한 이론에는 무엇이 있는가.
- 아동의 언어는 어떤 단계를 거쳐 습득되고 발달하는가.
- 아동 언어의 특징은 무엇이며 아동의 언어 발달에 영향을 미치는 요인은 무엇인가.

주요 용어

행동주의(behaviorism), 생득주의(innatism/nativism), 상호주의(interactionism), 언어 습득 장치(Language Acquisition Device, LAD), 보편 문법(Universal Grammar, UG), 한 단어 시기(one-word utterance stage), 두 단어 시기(two-word utterance stage), 과잉 일반화(overgeneralization), 창조성(creativity)

1. 모어 습득에 관한 연구

아동의 모어 습득은 18세기 후반부터 연구자들의 관심을 끌기 시작했다. 독일의 철학자 티데만(D. Tiedemann)은 아들의 심리, 언어 발달에 대해 관찰일지를 기록하였으며,[1] 19세기 후반에 구앵(F. Gouin)은 조카의 언어 발달을 관찰하면서 언어 습득에 관한 통찰력을 얻어 시리즈 교수법(Series Method)을 고안해냈다. 이러한 연구들은 아동 언어에 대한 초기 연구에 속한다.

아동 언어에 대한 본격적이고 체계적인 연구는 20세기 후반에 가서야 시작되었으며, 주로 언어학, 발달심리학, 심리언어학 등의 분야에서 다루어졌다. 그 결과 오늘날은 '부모 또는 양육자와 아동의 상호작용에서 노출되는 언어 입력'과 '인간이 타고나는 생득적 능력'이 동시에 작용한다고 보는 데 대부분 합의하고 있다. 지금까지 아동의 언어 습득을 설명하고자 하는 어떠한 이론과 주장이 있었을까. 이 장에서는 현재의 합의에 도달하기까지 아동의 언어 습득을 설명해 온 세 가지 주요 관점에 대해 살피고자 한다.

1.1. 행동주의적 관점

아기는 언어에 대한 지식이 전혀 없는 상태로 태어난다.[2] 아기

---

1) 실증적 심리학의 선구자로도 알려진 티데만은 아동 언어의 발달에 대해 과학적 접근을 시도한 초기의 학자이다. 그는 아들의 감각, 운동, 언어, 인지적 행동의 발달 과정을 생후 30개월까지 상세히 기록하였으며 그러한 관찰을 통해 아동에게 **전언어적 지식**(pre-linguistic knowledge)이 존재한다고 주장하였다.

2) 이러한 상태를 **타불라 라사**(tabula-rasa)라고 한다. 이는 빈 종이를 뜻하는 말이며 일체의 경험을 하기 이전의 정신 상태를 나타내는 말이다. 인간에게 생득적인 관념이 존재하지 않으며 모든 관념은 후천적인 경험을 통해 이루어진다는 로크(J. Locke)의 학설에서 유래하였다.

는 자라면서 주변의 언어 입력을 모방하는데 강화가 주어지면 그것을 반복하면서 언어를 습관화시킨다. 행동주의 심리학자들은 언어 습득이 이러한 방식으로 일어난다고 주장하였다.

행동주의(behaviorism)는 기존의 의식 심리학이 지닌 비과학성을 비판하면서 발달하였다. 행동주의의 관점에서는 객관적으로 관찰 가능한 행동들만을 연구의 대상으로 삼아야 한다고 보았다. 따라서 대상의 정신이나 의식은 연구에서 배제하고, 철저히 객관화할 수 있고 검증 가능한 것들만 다루어야 한다는 것이 행동주의의 기본 관점이다. 행동주의에서는 외부 사건, 즉 **자극**(stimulus)이 개인 또는 동물의 행동을 어떻게 변화시켜 **반응**(response)을 일으키는지 설명하고자 하였다.

1) 모방과 강화

행동주의 심리학의 대표적인 연구자인 스키너(B. F. Skinner)는 **조작적 조건화**(Operant Conditioning)의 개념을 정립하면서 인간이나 동물의 어떤 반응에 대해 선택적 보상이 주어지면 그 반응이 일어날 확률이 증가하거나 감소할 수 있다고 하였다. 이때 반응을 유발하고 빈도와 강도를 증가시키는 자극을 **강화**(reinforcement)라고 하였다.

Skinner(1957:31)에서는 강화 개념을 활용하여 아동의 언어 습득, 즉 언어 행동의 획득을 "비교적 무정형의 소리 내기가 선택적으로 강화되어, 점차 모양을 갖추어서 적절한 결과로 나오는 것"이라고 설명하였다. 즉, 부모가 아이에게 모델과 강화를 제공한 결과, 아이의 소리 목록이 만들어진다는 것이다. 예를 들어 아기가 처음 내는 소리에는 자기 모어에서는 쓰이지 않는 많은 소리들도 포함되어 있다. 그러나 대략 9개월 정도 지나면 아기가 내는 소리에는 모어를 사용할 때 쓰이는 소리들만 남게 된다. 이는 아기들이 부모로부터 모어에 있는 소리에 대해서만 강화를 받았기 때문이다. 여기서 아기에게 주어지는 강화란 달래는 소리, 먹여 주고 만져 주는 행위, 또 아기의 말 소리에 대해 부모가 주의를 기울여 주고 반응을 보이는 것 등이 모두 포함된다.

일단 언어가 한번 획득되고 나면 강화가 가끔씩만 주어져도 언어가 더 확실하고 강하게 유지된다. 그러나 아기의 소리 중 주목을 받지 못하고 무시되는 소리는 점차 덜 사용되고 어느 순간 사라져 버린다. 이것이 '소거'에 해당되며 아동의 언어에서 불필요한 소리들이 사라지는 것을 바로 이러한 원리로 설명할 수 있다.

▌강화

행동주의에서는 강화 요인을 적극적 강화, 회피, 처벌, 소거 등으로 구분하기도 한다. **적극적 강화**(positive reinforcement)는 칭찬이나 보상 등과 같이 바람직한 행동에 대해 바람직한 결과를 제시하여 행동의 빈도나 강도를 높이는 것을 말한다. 강아지에게 간식을 주면서 배변 훈련을 하는 것, 아이들에게 칭찬 스티커를 주면서 학습을 유도하는 것 등이 여기에 해당한다.

회피(avoidance)는 **부적 강화**(negative reinforcement)라고도 하며 원하지 않는 결과를 면제해 줌으로써 바람직한 행동의 강도와 빈도를 증가시키는 것을 말한다. 예를 들어 숙제를 다 하면 꾸지람을 듣지 않는 것, 시험 성적이 일정 수준을 넘으면 방과후 학습을 하지 않아도 되는 것 등이 여기 해당된다.

처벌(punishment)은 바람직하지 않은 행동에 대해 바람직하지 않은 결과를 제시하여 행동을 억제하는 것을 말한다. 숙제를 하지 않으면 게임을 할 수 없게 하는 것, 준비물을 가지고 오지 않으면 벌을 서게 하는 것 등이 예가 된다.

마지막 요인인 **소거**(extinction)는 나머지 강화 요인들과는 조금 다르다. 소거는 일정 정도 강화되었던 행동이 정도가 지나쳐 바람직하지 않은 상황이 되었을 때 기존에 제공했던 보상을 제거함으로써 행동을 억

제하는 것을 말한다. 예를 들면 질문을 할 때마다 '공부를 열심히 한다'고 칭찬을 하면 아이는 더 열심히 질문을 한다. 그런데 질문이 너무 많아서 수업에 방해가 될 때, 질문하는 행위에 대해 더 이상 칭찬을 하지 않으면 아이는 질문을 전처럼 열심히 하지 않게 된다.

2) 행동주의에 대한 비판

아동의 발화 중 단어나 구같이 간단한 요소들은 기억이나 모방 학습 등 행동주의의 이론으로 충분히 설명할 수 있다. 그러나 세 살만 되어도 아이들은 복잡한 구조의 문장을 구사하기 시작한다. 이때부터는 행동주의의 설명만으로는 한계가 있다. 아동의 지력과 기억력은 아직 발달 중이며 완전하지 못하기 때문에 아동이 모든 것을 기억해서 말한다고 보는 것은 무리이다. 또한 아동이 사용하는 수많은 문장들이 모두 주변 환경에서 온 것일까? 그 역시 가능성이 희박하여 행동주의적 관점의 타당성에 대해 다시 생각해 보게 한다.

이 밖에 '성인의 언어가 과연 모방하여 학습하기에 적절한 모델인가?' 라는 의문도 제기되었다. 성인이 주고받는 말은 대부분 문법적으로 완벽하지도 않고 시작과 끝도 분명하지 않다. 때로는 중언부언하거나 '그게 뭐지?', '뭐였더라?' 하는 설단 현상을 일으키기도 한다(Chomsky, 1957; McNeill, 1970).

아동과 성인이 놀이를 하면서 주고받는 대화를 연구한 결과, 아동이 성인의 발화를 모방하기는 하지만 그것이 아동 발화 전체에서 차지하는 비중이 그다지 높지 않다는 것이 밝혀졌다. 또한 아동이 성인의 언어를 모방하더라도 그대로 따라 하는 것이 아니라 자기가 필요로 하는 부분만을 취하여 반복한다는 것이 확인되었다. 결국 아동 언어의 실체가 '주변 언어를 단순히 기억, 모방하고 반복하는 과정에서 습득된 것'이라는 설명은 설득력이 없어 보인다. 따라서 주변 언어의 모방과 강화, 자극과 반응의 연쇄로 모어 습득이 이루어진다는 행동주의의 주장은 대안을 필요로 하게 되었다.

1.2. 생득주의적 관점

이성주의, 즉 합리주의는 모든 사물을 판단할 때 이치를 통해 명료하게 생각하는 것을 지향하는 학문적 태도이다. 즉, 본능이나 감각적인 느낌에 의존하지 않고 인간이 지니는 사고력과 이성에 바탕을 두어 논리적으로 생각하여 사물을 처리하고자 한다. 이성주의에서는 우연적인 것, 경험에 의한 것도 인정하지 않는다. 이러한 철학적 태도를 바탕으로 1960년대에는 촘스키나 맥닐 같은 언어학자들이 인간 언어의 생득성에 대해 논하기 시작하였다.

생득주의(innatism)는 기존의 행동주의 심리학과 대비되는 언어관을 지닌다. 행동주의에서는 언어는 인간의 여러 행동 중 하나이며, 모방과 반복을 통해 학습 내지는 습관화되는 것이라고 하였다. 그러나 생득주의 지지자들은 아동의 발달 과정에서 모방과 반복이 관찰되는 것이 사실이지만 그것이 언어 습득의 핵심 기제는 아니라고 하였다. 그들은 언어 습득을 가능하게 하는 요인은 인간에게 내재한 '선험적 지식'과 '선천적 능력'이라고 보았다.

인지주의 연구자들은 인간의 머릿속에서 어떠한 과정을 거쳐 언어가 확립되는지 설명하려 하였다. 그들은 언어 습득이 행동주의의 주장처럼 환경의 자극으로 얻어진 결과가 아니라, 인간의 내재적 속성인 **인지**(cognition)를 통해 얻어진다고 주장하였다. 그리고 이러한 생각은 촘스키의 '언어 습득 장치' 개념을 탄생시켰다.

1) 언어 습득 장치

촘스키는 모든 인간은 선천적으로 언어 습득 능력을 타고난다고 주장하였다(Chomsky, 1965). 그는 주변 언어를 언어 습득의 주요 원천으로 본 행동주의자들의 주장과는 전혀 다른 관점에서 접근하였다. 좀 더 구체적으로는 '아동의 언어 습득은 생물학적, 유전적으로 결정되어 있으며 환경으로부터의 경험은 이러한 내재적 언어 능력을 일깨워 주는(triggering) 역할만 한다'고 보았다. 그리고 이러한 주장은 레너버그(E. Lenneberg) 같은 생언어학자(bio-linguist), 맥닐 같은 심리언어학자들로부터 지지를 받았다.[3]

이 책의 2장에서도 여러 차례 언급한 바와 같이, 촘스키는 인간이 언어를 습득하는 능력은 본능처럼 타고나는 것이라고 보았다. 그는 이러한 생각을 **언어 습득 장치**(Language Acquisition Device, LAD)로 개념화하고 언어 발달에 관한 모든 것이 이 장치에 프로그램화되어 있다고 하였다. 그리고 아동은 LAD를 통해 주변 언어로부터 추상적이고 복합적인 언어 규칙을 스스로 정립해 간다고 설명하였다. 이러한 과정을 도식화하면 〈그림 1〉과 같다.

〈그림 1〉 LAD를 통한 언어 습득 과정[4]

---

3) 생득설을 보다 구체화한 제2언어 습득 이론으로는 크라센(S. Krashen)의 감시자 모형(Monitor Model)을 들 수 있다. 이 책의 4장인 제2언어 습득론에서 자세히 다루도록 한다.
4) 이 도표는 신성철 외(1999)와 이종복 외 역(2016)의 자료를 바탕으로 수정한 것이다.

언어의 습득을 가능하게 하는 생물학적 프로그램이라는 말만으로는 LAD가 구체적으로 무엇을 어떻게 습득하게 한다는 것인지 이해하기 어렵다. LAD는 어떤 역할을 하며, 무엇을 가능하게 할까. 맥닐은 그 기능을 다음과 같이 정리하였다.

언어 습득 장치에 내재된 능력(McNeill, 1966)
- 언어에서 사용하는 소리를 듣고 구별하는 능력
- 입력된 언어 자료를 여러 가지로 분류하는 능력
- 특정한 언어 체계만이 가능하다고 인정하는 능력
- 경험하는 언어 자료를 가지고 가장 간단한 언어 체계를 내재화할 수 있는 능력

촘스키는 이후의 연구에서 기존의 LAD 개념을 발전시켜 '인간은 모든 언어에 공통된 일련의 원리와 규칙들로 구성된 **보편 문법**(Universal Grammar, UG)을 타고난다'고 주장하였다. 즉, 인간은 보편 문법을 타고났으며 그 원리를 자신의 모어 상황에 적용하고, 주어진 언어 환경에 존재하는 매개변인들을 습득하면서 언어를 획득해 나간다는 것이다. 촘스키의 보편 문법에 대해 좀 더 자세히 살펴보자.

2) 보편 문법

구조주의 언어학자들은 세상에 존재하는 언어는 저마다 다르다고 전제하였다. 그런데 여러 언어를 면밀히 관찰하면 유사한 부분이 많다는 것을 쉽게 알 수 있다. 예를 들면 대부분의 언어에는 기본적으로 문장의 주어와 술어가 존재한다. 그리고 문장의 구성 성분을 배열하는 데는 일정한 순서의 규칙(어순)가 있다. 언어에서는 사건이 일어난

시간과 발화하는 시간을 구별하여 이들의 관계를 시제(tense)로 나타낸다. 이러한 것들이 언어에 공유된 보편적인 특질들이다.

어느 사회에서 태어나든, 어떤 환경에서 성장하든 아동은 주변 언어를 자연스럽게 습득한다. 또한 일정한 시기가 되면 대부분의 아동이 언어를 습득한 정도가 비슷해진다. 특히 아동이 5~6세 정도가 되면 한 언어의 문법을 충분히 습득하여 소통이 원활해지며 학교에 다니며 지식을 획득하는 것이 가능해진다.[5] 만약 언어가 제각각 다른 개별적 존재였다면 보기 어려운 현상이었을 것이다. 이러한 사실들이 보편 문법의 주장을 뒷받침한다.

보편 문법과 언어 습득의 관련성은 다음에 나타난다. 첫째, 언어 습득에는 **자연적 순서**(natural order)가 있다. 대부분의 언어권 내지는 문화권에서 아이들은 첫돌을 전후로 하여 한 단어로 된 문장을 발화한다. 18~24개월경에는 두 단어로 된 문장을 구사하기 시작하며, 4~5세경이 되면 기본 문법 규칙을 모두 습득하게 된다.

영어권 아동들의 경우 '동사 진행형(-ing) → 복수형(-s) → 불규칙 과거 → 소유(-s) → 관사(a/the) → 규칙 동사의 과거형 -ed → 3인칭 단수 현재형(-s) → 계사(be) → 조동사(be)'와 같은 순서로 형태소를 습득해 나간다. 이러한 순서는 영어를 모어로 습득하는 아동들에게서 유사하게 나타난다.

두 번째, 보편 문법은 원리와 매개변항으로 구성된다. **원리**(principles)는 모든 언어에 공통적으로 적용되는 추상적인 규칙의 집합이다. 반

---

5) OECD 국가의 취학 연령을 조사한 자료에 의하면 총 20개 조사 대상 국가 중 16개 국가에서 만 6세부터 초등학교 교육을 시작하는 것으로 드러났다. 1개국(영국)이 만 5세, 3개국(덴마크, 스웨덴, 핀란드)이 만 7세부터 학교 교육을 시작한다(세계일보, 2009.12.06.).

면에 **매개 변항**(parameters)은 각 언어마다 차이점을 나타내 주는 요소이다. 예를 들어 문장이 주어(S)와 술어(V)를 갖고 있다는 것은 인간 언어의 보편적 특성이다. 그러나 주어와 술어를 문장 안에서 어떤 순서로 배열하는지, 문장에 주어가 반드시 있어야 하는지 등의 세부 규칙은 언어마다 다르다. 이때 주어와 술어를 갖는다는 것이 원리에 해당하고, 어순 규칙이 다르다는 것이 매개변항에 해당한다.

보편 문법 이론에 따르면 아이들은 태어날 때 모두 동일한 문법 원리를 가지고 타고난다. 그러나 아이들은 언어 습득기에 놓인 환경, 즉 주변 언어에 존재하는 매개 변항의 설정대로 언어 규칙을 습득하게 된다.

3) 생득주의에 대한 비판

촘스키의 생득주의에 입각한 언어 습득 이론과 문법 이론은 언어를 기술하고 설명하는 데 혁신적인 관점을 제공했다. 하지만 그의 이론은 경험주의 철학자들로부터 많은 비판을 받았다. 경험주의적 관점에서는 촘스키의 언어 보편성에 관한 이론이 사실과 연관성이 먼 가설에 불과하며, 그가 생득주의를 뒷받침하기 위해 언어 보편성을 내세우고 있을 뿐이라고 반박하였다. 또한 아동의 언어 습득과 학습은 생득적인 지적 장치(innate intellectual equipment)보다는 '기억력, 지력, 요구, 흥미' 등에 의존한다고 보았다.

그들은 어린이가 성인에 비해 언어를 쉽게 배운다는 촘스키의 주장 역시 타당하지 않다고 보았다. 성인 집단과 아동 집단에 동일한 시간, 동일한 내용으로 언어 교육을 실시한 결과, 성인이 훨씬 먼저 일정 수준에 도달한다는 연구 결과가 그 근거라고 하였다.[6] 이 밖에도 촘스키가 아동의 언어 습득이 개인의 지적 능력과 상관없이 일정한 수

순으로 일어난다고 한 데 대해, 경험주의자들은 실제 아동의 언어 습득 과정을 관찰하면 아동의 지능 차이가 언어 발달에 크고 작게 반영된다고 지적하였다.

또한 그들은 어린이의 언어 습득이 언어학적인 정보에만 의존하지는 않는다고 강조하였다. 언어 습득은 아동의 사회 문화적 배경, 교육 배경, 심리적 요인 등과 밀접한 관련이 있으며, 이러한 조건이 잘 갖추어져 있고 심리적으로 안정된 아동, 그리고 언어를 습득하고자 하는 동기가 강한 아동에게서 언어 습득이 더 잘 일어난다고 하였다. 생득주의 관점에서는 이와 같은 언어 외적인 측면을 간과하였으므로 비판을 받게 되었다.

1.3. 상호주의적 관점

마지막으로 상호주의적 관점에서는 언어 습득을 어떻게 설명했는지 살펴보자. 아동이 언어를 습득하는 데에는 타고난 능력도 중요하지만 그들과 상호작용하는 환경(사물 혹은 사람)이 더 중요한 역할을 한다고 보는 관점이 바로 **상호주의**(interactionism)이다. 이러한 주장은 인지주의자인 삐아제(J. Piaget)나 사회구성주의자인 비고츠키(L. Vygotsky)에 의해 제기되었다. 두 연구자는 모두 아동의 학습에서 상호작용의 중요성을 강조하였다.

상호주의자들은 생득주의자들의 주장 중 아동이 언어 습득 능력을 선천적으로 타고난다는 기본 생각은 수용하였다. 그러나 그것만으로 아동이 언어를 온전하게 습득할 수는 없다고 보았다. 즉, 아동의 타고

---

6) 여러 언어학적 범주에서 단기간 학습에서는 성인이 아동보다 성취도가 높았지만 발음의 경우는 아동이 성인보다 성취도가 높다고 한다.

난 능력은 기본 조건이고, 여기에 아동과 상호작용하는 환경이 주어져야 비로소 언어 습득이 일어난다고 강조하였다. 상호주의적 관점에서는 특히 아동과 상호작용하는 주변 사물이나 사람의 역할이 결정적이며 아동의 언어 수준과 인지 능력에 맞게 조정된 언어가 제공되는 것이 필수적이라고 보았다.

▌ 아동 대상 언어

어른이 아동과 의사소통을 할 때는 성인들끼리 주고받는 대화의 일반적 속도, 크기, 어조와는 다른 특별한 언어를 사용한다. 이러한 언어를 **아동 대상 언어**(child-directed language)라고 하는데, 다른 말로는 **아기말**(baby talk) 또는 **모성어**(motherese)라고도 한다(이승복·이희란, 1984: 224-225). 아동 대상 언어는 어떤 문화에서나 다음과 같은 특징을 유사하게 나타낸다. 아동 대상 언어는 성인 대상 언어보다 음높이가 비교적 높으며, 발화들 사이, 혹은 내용어 다음에 긴 휴지(pause)를 갖는다. 속도는 일반적 발화보다 느리며, 과장된 억양과 강세가 부여된다. 분당 단어 수가 일반 발화보다 적은 것이 특징이다. 이 외에 제한된 수의 어휘를 사용하며, 아동과의 대화 현장과 관련된, 즉 지금-여기(here-and-now)와 관계된 말로 구성된다. 이 밖에 문장 사용에 있어서는 짧고 단순한 문장이 주로 사용되며, 변칙적인 문장은 덜 사용된다. 또한 반복이 매우 빈번히 일어나는 것이 특징이다(O'Grady 2005:245). 이러한 언어는 아동이 인지할 수 있는 양의 언어를, 기억할 수 있는 속도로 이야기해 줌으로써 아동의 언어 발달을 돕는다.

---

1) 인지적 상호주의

스위스의 심리학자 피아제는 아동이 성인과 놀이를 하며 상호작용하는 과정을 살펴봄으로써, 아동의 언어 발달이 인지 발달을 기반으로 한다는 것을 확인했다.[7] 예를 들어 아동이 '더 큰(bigger)'이나 '더 많이(more)'라는 표현을 사용하기 위해서는 그들이 주변 사물과의 접촉을 통해 '크기'나 '양', 또는 '수'의 개념을 먼저 이해해야만 하다는 것이다. 피아제는 아동들이 만질 수 있고, 조작할 수 있는 주변 사물과 상호작용을 하는 가운데 인지 발달을 일으키고, 그 결과 다양한 상징체계 중 하나로 언어를 발달시킨다고 보았다. 즉, 아동의 언어 발달과 사용은 그들의 인지력 발달이 전제된다는 것이다.

▌ 인지 발달의 네 단계

피아제의 발달 이론에서는 아동의 인지 발달 단계를 다음과 같이 네 단계로 구분하였다. 각 단계에 대한 기술에서 언어 발달에 관한 내용을 확인할 수 있다.

- 1단계 감각동작기(0~2세) 언어가 없으며 모든 사물을 자기 중심적으로 파악한다.
- 2단계 전조작적 사고기(2~7세) 사물의 이름을 인지하고 언어가 발달된다.
- 3단계 구체적 조작기(7~11세) 개념을 형성하며 논리적 추리력을 갖게 되고, 타인의 관점에서 생각할 수 있게 된다.
- 4단계 형식적 조작기(11~15세) 추상적인 사물에 대해 논리적으로 사고할 수 있다.

---

2) 사회적 상호주의

소련의 심리학자 비고츠키는 인간의 언어는 사회적 상호작용 속에

---

7) 아동의 언어 발달에 관한 연구에서 자주 언급되기는 하지만, 사실 삐아제는 언어 중심의 연구자는 아니다. 그는 언어를 일반 인지의 하나로 보았을 뿐이다. 그러나 아동의 인지 발달 단계를 구분하여 정리한 그의 업적이 인간의 언어와 인지의 관계, 또는 아동의 언어 발달에 관한 논의에 크게 기여한 것은 분명하다(조명한, 1988).

서 발달한다고 주장하였다. 즉, 아동이 경험하는 상호작용 가운데 주변 사람들과의 접촉, 특히 어른들과의 상호작용이 아동을 자신의 능력보다 더 높은 수준의 지식과 수행에 도달하게 한다고 보았다.

비고츠키는 상호작용을 통해 아동에게 주어지는 이러한 도움이 아동을 현재 능력보다 웃도는 수준의 과제를 수행할 수 있게 만든다고 하였다. 그는 이러한 과제들이 존재하는 영역을 **근접 발달 영역**(zone of proximal development, ZPD)으로 개념화하였다. 즉, 근접 발달 영역은 아동의 실제 발달 수준과 잠재적 발달 수준 사이에 존재하는 영역이라고 할 수 있다.

비고츠키는 아동이 사회적 상호작용을 통해 근접 발달 영역의 과제들을 수행하면서 언어 능력을 발달시켜 나간다고 설명하였다. 이때 주변 어른들의 도움, 즉 **스캐폴딩**(scaffolding, 비계)은 아동이 새로운 과제를 수행하는 데 필수적인 요인이다. 이때 아동에게 스캐폴딩을 제공할 수 있는 주체는 부모, 교사 등 주로 어른이기는 하지만 동료 아동이나 형제 자매와의 상호작용에서도 이와 유사한 도움을 얻기도 한다.

▎ 아동의 언어 습득과 상호작용-짐과 글렌 형제 이야기

짐(Jim)은 농아 부모에게서 태어났으나 청력 장애가 없는 아동이었다. 3살 9개월이 된 짐의 언어 능력을 측정하자, 그의 말하기 능력은 또래에 비해 형편없었다고 한다. 그의 언어는 비문법적 어순, 특이한 담화 유형의 사용 등 정상적인 언어 사용과는 거리가 멀었다. 그러나 또래와 비교할 때 사고 수준은 큰 차이가 없었다. 짐의 부모는 자녀들이 수화를 배우기를 바라지 않았기에 아이들과 대화할 때 오로지 말(구두)로만 소통을 하고 있었다. 그 결과 언어 습득기의 짐이 접한 언어는 부모의 불완전한 구두 언어와 TV에서 나오는 언어 뿐이었다.

심은 성인(교사)에게서 일내일 언어 수업을 받았으며, 그 과정에서 매우 빠른 속도로 언어 구조를 습득하였다. 그리고 교육을 받기 시작한 지 5개월 정도가 지나자 기존의 특이한 담화 유형이 사라지고, 또래 아동과 비슷한 수준으로 언어를 구사하게 되었다. 연구자들은 짐의 언어가 불완전하였던 결정적 요인으로 아동 자신의 능력 부족이 아니라 그에게 주어진 환경의 불완전성에 주목하였다. 즉, 주변의 언어 입력은 불완전하거나(청각 장애 부모의 구두 언어), 그에게 말해진 것이 아니었다(TV의 언어). 특히 TV의 언어는 짐의 수준이 고려된 언어가 아니며, 일방적인 언어였기에 그의 언어 발달에 도움이 되지 못했다.

흥미로운 사실은 짐의 동생 글렌에게서는 이런 유형의 언어 지체가 나타나지 않았다. 짐과 글렌이 이렇게 다른 언어 수행을 보인 이유는 무엇일까. 그 이유는 짐이 언어 교육을 받으면서 동생 글렌과 대화하며 조정된 언어 입력을 제공했기 때문이라고 한다. 결국 이 사례를 통해 언어 환경은 그 자체로는 언어 습득에 큰 의미가 없으며, 아동의 수준에 맞게 조정된 언어 입력이 필수적이라는 것이 증명되었다.

2. 유아기의 언어 습득

아기들은 한때 무의미하게 들리는 소리만 내다가 어떻게 수년 안에 완전히 언어를 습득하는 것일까. 많은 연구자들은 아동의 놀라운 언어 습득 능력과 그 과정에 많은 관심을 기울였다. 아동의 언어 습득은 주로 발달심리언어학(developmental psycholinguistics)의 연구 주제이다. 발달심리언어학에서는 아동이 한 단어로 의사를 표현하기 시작하는 시기를 언어 출현의 기점으로 본다. 따라서 한 단어 발화 이전을 **언어 이전 시기**(pre-linguistic period)로, 그리고 한 단어 발화 이후를 언어 시기(linguistic period)로 구분한다.

여기서는 언어 이전 시기에 대해 아기 소리인 **울음소리**(crying), **까르르 소리**(cooing), **옹알이**(babbling)를 살펴볼 것이다. 또한 언어 시기에 대해서는 한 단어 시기, 두 단어 시기, 그리고 그 이후의 문장 발화 시기로 나누어 볼 것이다.

2.1. 언어 이전 시기

1) 울음소리

아기들은 태어난 직후에는 울음소리만을 낼 수 있다. 언어의 기본 조건이 의미와 소리의 결합이며 그 관습적 사용이라는 점을 고려할 때 울음소리는 언어라고 보기는 어렵다. 그런데 아기의 울음소리를 관찰하고 분석한 결과, 아기 울음에도 일정한 유형이 있으며 각 유형마다 의사소통 기능이 있다는 것이 발견됐다. 또한 울음이 아기의 향후 언어 사용과도 관련된다는 것도 밝혀졌다(EBS, 2009).

처음 몇 달 동안 아기는 자신이 불편하다는 것을 울음으로 표현한다. 이때 아기는 울음소리를 달리 내어 다른 종류의 불편함을 나타낸다. 즉, 배가 고플 때, 변을 보아서 불쾌할 때, 몸이 아플 때, 짜증이 날 때 등 아기는 각 상황마다 다른 소리로 불편을 호소한다는 것이다. 이러한 울음은 돌보는 이의 대응을 이끌어낸다는 점에서, 비록 소극적이기는 하나 의사소통 기능을 수행하는 것이다.

이 밖에도 울음은 훗날 아기가 언어를 자유롭게 구사할 수 있는 기본 능력을 갖추게 한다. 울음을 우는 동안 아기는 호흡 시간을 조절하는 방법을 익히고, 공기를 빨리 마시고 길게 내쉬는 일을 반복하면서 성대에 힘을 공급한다. 그리고 동시에 폐 근육을 조절하는 방법을 익힌다. 이 기간에 아기는 일생 동안 성공적으로 발화를 수행할 수 있도록 폐와 성대의 기능을 강화한다.

2) 까르르 소리

생후 약 2개월쯤 되었을 때, 아기는 자신을 돌봐주는 사람과 유대감이 생기고 사회화가 일어난다. 이때 아기는 만족감을 표시하기 위해 '까르르 소리'를 낸다.[8] 이 소리가 어떤 소리인지는 TV 광고에서 백일 정도 되는 아기가 웃으면서 내는 소리를 떠올리면 알 수 있다. 돌봐주는 사람이 아기를 쳐다보면서 소리를 내거나, 아기의 몸을 흔들어 주는 등 일정한 자극을 줄 때 까르르 소리를 낸다.

아기의 울음소리와 까르르 소리는 자신을 돌봐주는 사람들의 행동에도 일정한 영향을 미친다. 아기의 울음소리는 주변의 어른들로 하여금 불만스러운 부분을 해결하게 만들고, 까르르 소리는 기분 좋은 상호작용을 지속하게 만든다.

3) 옹알이

6개월경에 이르면 아기들은 옹알이를 한다. 소리와 의미가 결합한 언어를 산출하기 위해서는 자음과 모음을 빠르게 결합하여 음절을 만들어낼 수 있어야 한다. 이렇게 음절로 소리 내는 옹알이를 '음절성 옹알이'라고 한다. 일반 아기들은 5~6개월 경에 음절성 옹알이를 산출하기 시작하는데 늦어도 10개월 이전까지는 대부분 산출한다. 옹알이

---

8) coo는 '비둘기 따위가 구구 소리 내다'라는 의미를 가진 동사이다. 아기들이 내는 소리가 이와 비슷하다고 하여 cooing이라 하는데, 한국어에는 cooing을 번역할 만한 단어가 마땅치 않다. 또한 한국에서는 아기 소리 중 cooing과 babbling을 모두 '옹알이'라고 부른다. 이 책에서는 이른 시기에 내는 아기 소리인 cooing을 '까르르 소리'로, 그리고 그 이후의 소리인 babbling을 '옹알이'로 부르기로 한다.

시기는 이후 언어 발달을 위한 중요한 기반이 된다고 할 수 있다(Jang & Ha, 2019).

옹알이 시기 아기들의 소리에는 모어에서 쓰이는 소리들과 쓰이지 않는 소리들이 섞여 있다. 이 때문에 연구자들은 한때, 옹알이 시기의 아기들이 인간 언어에 존재하는 모든 음을 만들어낼 수 있다고 생각하였다. 그러나 실제로 그런 것은 아니며, 옹알이 소리에는 나타날 가능성이 높은 소리들과 그렇지 않은 음이 있을 뿐이다.

Locke(1983:9-10)에서는 영어, 타이어, 일본어, 아랍어를 포함한 15개 언어권 아이들의 옹알이 소리를 분석하였다. 그 결과 옹알이 기간 동안 자주 들리는 소리는 [p], [b], [m], [t], [d], [n], [k], [g], [s], [h], [w], [y] 등이었으며, 가끔 들리는 소리는 [f], [v], [θ], [ʃ], [ʧ], [j], [l], [r], [ŋ] 등이었다고 한다. 소리들을 살피면 조음 기관의 앞쪽에서 나는 파열음이나 양순음이 가장 빈번하게 산출되는 것이 눈에 띈다. 이를 통해 운동 조절력이 미숙한 아기들이 상대적으로 소리 내기 쉬운 것들을 더 자주 산출한다는 것을 알 수 있다(홍경훈·심현섭, 2002).

아기들의 옹알이 소리는 시간이 지나면서 주변 소리의 영향을 받아 성질이 바뀐다.[9] 특히 억양 면에서 주변 언어와 점점 비슷해지며 자음들도 모어에서 자주 들을 수 있는 소리가 더 빈번하게 나타난다. 이때 주변 어른이 아기의 옹알이에 반응하고 소리 내어 말을 건네주는 것이 아기의 언어 발달에 중요한 자극 요소가 된다고 한다.

최근 연구에서는 아기들이 옹알이 시기에 이미 모어의 초분절음

---

9) 많은 연구자들은 유아들이 초기 음절성 발성 및 낱말 산출 시기에는 범언어적인 음성학적 특성을 나타내며, 연령이 증가하면서 점차적으로 특정 언어 환경의 영향을 받아 성인 언어의 음운 체계를 반영하는 말소리 발달 형태를 나타낸다는 데 동의한다(홍경훈·심현섭, 2002:108).

(suprasegmental sound)을 습득한다는 것을 밝혀냈다. 즉, 아기들이 어른들의 말에 곁들여져 있는 음조, 리듬, 강세 등을 따라 한다는 것이다. 따라서 영어로 말하는 가정에서 자란 생후 8개월 정도 된 아기의 옹알이에는 영어 억양이 들어 있고, 중국어를 사용하는 환경에서 자란 아기의 옹알이에는 중국어 어조가 반영된다.

▌ 옹알이와 모어

어느 연구에서는 프랑스어, 아랍어, 광동어 환경에서 자라는 아이들에게서 얻은 옹알이 샘플을 만들어, 프랑스어 성인 화자에게 제시하였다. 그리고 그들에게 프랑스어 환경에서 자라는 아기들을 찾아보라고 했는데, 6개월에 불과한 아기의 소리였지만 75% 정도의 높은 정확도로 프랑스 아기(프랑스어 환경에 놓인 아기들)을 정확히 지적했다. 피실험자들은 아기의 옹알이에서 특히 억양에 집중한 것이 판단하는 데 도움을 주었다고 하였다.

또 다른 연구에서는 아기의 청력과 옹알이의 관계를 밝혀냈다. 옹알이 이전까지는 청각 장애 아기와 청각 비장애 아기가 내는 소리에 큰 차이가 없다. 그러나 옹알이 시기에 이르면 청각 장애 아기들의 옹알이에 모어의 초분절적 요소가 반영되지 않았다는 점이 확인되었다. 따라서 이 시기의 아기 옹알이 소리를 관찰하면 아기의 청각 상태에 이상이 있는지 확인할 수 있다.

> **▌옹알이는 언어인가 감정 표현인가**
>
> 옹알이와 관련하여 재미있는 실험 결과가 있다. 아기 열 명의 표정을 비디오로 찍어 분석한 결과, 아기들이 옹알이가 아닌 다른 소리를 내거나 웃을 때는 입의 왼쪽을 움직이고, 옹알이를 할 때는 오른쪽 입술을 주로 움직인다는 것이다. 인간의 언어를 관장하는 영역은 좌뇌에 분포하며, 좌뇌가 신체의 오른쪽을 지배한다는 점을 생각할 때 옹알이는 감정 표현보다는 언어에 가까운 것이 아닌가 생각해 볼 수 있다. 물론 이러한 주장이 성립하기 위해서는 이 시기의 어린 아기들에게서도 반구 편재화가 일어났다는 것이 먼저 입증되어야 할 것이다.

2.2. 언어 시기

1) 첫 단어 발화

아기는 울음소리와 옹알이 시기를 거쳐 언어 발달의 첫 신호인 단어 발화에 이른다. 아기마다 어떤 단어를 언제, 어떤 상황에서 처음 말하는지는 다르지만 생후 약 1년 무렵(10~13개월)에 첫 단어를 말하는 것이 일반적이다. 아기들의 첫 단어는 동작어나 상태어보다는, 아기의 주위에서 흔히 볼 수 있는 사람이나 사물을 지칭하는 것들이 많다. '엄마', '아빠', '맘마', '이거', '무(물)', '낸내', '까까' 등이 대표적이다. 동작을 지칭하는 말로는 '어부바' 같은 것이 초기에 나타난다(이승복·이희란, 2012).

단어로 처음 말하기를 시작하는 아이들은 얼마나 많은 어휘를 알고 있을까. 아기들은 그들이 말하는 단어들만 알고 있다고 할 수 있을까. 아니면 비록 말은 할 수 없지만 실제로는 더 많은 어휘를 알고 있는 것일까. 연구에 따르면 이 시기 아기들은 자신이 말할 수 있는 어휘보다 약 네 배 정도 많은 어휘를 이해할 수 있다고 한다. 어휘 발달에서 수용어(이해 어휘) 발달이 산출어(표현 어휘) 발달에 앞선다는 일반적 현상에 기대어 보더라도 이 시기의 아기가 '말할 수 있는 것만 안다'고 생각하는 것은 아동의 어휘 능력을 잘못 이해하는 것이다.

아동은 '명명 폭발기'라고 불리는 시기를 거치면서 어휘량을 급격히 늘리기 시작한다. 그러다가 6세경에 이르면 어휘 발달 속도가 둔화되는 양상을 보인다. 이 무렵 아동의 평균적인 습득 어휘 수는 이해 어휘를 기준으로 14,000개 정도에 달한다고 한다.

▌명명 폭발기

상징적 기호를 사용하여 인간의 의사소통 세계에 들어선 후에는 아동의 어휘 발달이 급격하게 진행된다. 이 시기를 **명명 폭발기**(naming explosion)라고 부른다. 이때 아동은 많은 수의 어휘를 습득하고 사용하기 때문에 그만큼 오류도 많이 발생시킨다. 예를 들어 모든 동물을 '개'라고 지칭하거나 모든 남자를 '아빠'라고 지칭하는 **과잉 확대**(over-extension), 또한 자기 동생만 '아기'라고 부르는 **과잉 축소**(under-extension) 등 의미와 명칭의 사용에서 많은 '오류'를 일으킨다. 그런데 이러한 사용을 오류로 보아야 할까? 성인의 정상적인 언어 사용과는 다르지만 아동은 누구나 이러한 발달을 거쳐 언어를 습득한다. 그리고 아동의 언어 체계 내에서는 이러한 사용이 지극히 정상적이므로 어른의 언어를 기준으로 이를 오류로 보기는 어렵다.

---

2) 한 단어 시기

오래 전부터 부모들은 아이가 단어 하나만으로도 문장의 의미를 전달한다는 사실을 알고 있었다. 찰스 다윈(Charles Darwin)은 아들의 언어 사용을 기록한 글에서, 아이가 한 살 때 'mum'라는 단어를 쓰기 시작했으며 주로 음식을 가리킬 때 그 말을 사용했다고 하였다. 그는 아이가 mum을 쓰기 시작하면서 배가 고플 때도 울기보다는 이 단어를 사용하여 '먹을 것을 달라'는 의사표시를 했다고 한다. 다윈은 mum이 쓰인 맥락을 관찰하였고, 그 결과 이 말이 상황에 따라 서술, 요청, 감탄 등의 다양한 문장 기능을 수행한다는 것을 알아냈다.

아동의 언어 발달에서 이렇게 한 단어로 의사 표현을 하는 시기를 **한 단어 시기**(one-word stage) 또는 단일 단어 시기라고 부른다. 주변의 아기를 관찰해 본 적 있는 사람이라면 아기가 한 단어를 문장처럼 쓰는 것을 쉽게 확인할 수 있을 것이다. 아기가 초기에 습득하는 단어인 '엄마'라는 말을 예로 들어 보자. 처음에는 '엄마 어딨지?'라는 어른의 질문에 대한 반응으로 '엄마!(엄마를 바라보며, 여기 있다는 뜻으로)'를 쓰다가 점차 '엄마!(엄마가 왔다)', '엄마!(엄마, 여기 좀 보세요)' 등 다양한 의미를 가진 문장으로 쓰게 된다.

아기가 경험하는 의사소통이 대부분 친밀한 사회적 상호작용 속에서 일어난다는 점을 생각할 때, 초기의 문장은 고도로 맥락에 의존한 **단일어 발화문**(one-word utterance)의 성격을 띤다고 할 수 있다. 문맥에 의존한 단일어 발화문은 성인의 발화에서도 자주 관찰될 정도로 보편적이다. 다음 대화를 살펴보자.

> A: 목 마르다. 마실 것 좀 줄래?
> B: 물?(물 마실래?)
> A: 응, 물(물 마실게).

위 대화에서 두 차례 발화된 "물"은 모두 단일어 발화문이다. 한 단어로 문장 의미를 전달하고 있기 때문이다. 그런데 성인의 단일어 발화문은 아동의 것과는 성격이 다르다. 성인은 발화해야 할 문장에서, 문맥상 생략 가능한 것들을 제외하고 가장 중요한 단어만을 남기는 원리로 단일어 발화문을 생성한다. 그러나 아동의 경우는 언어 습득이 불완전한 상황이기 때문에 완선한 문장에서 특정 성분을 생략하고 발화하는 것으로 보기는 어렵다.

〈표 1〉 행위자를 나타내는 한 단어 발화(조명한, 1988)

이전 상황	표현 및 수반된 동작	출현 시기
초인종 소리가 남. 엄마가 일어나니까	아빠(밖을 내다보며)	1:3(01)[10]
아빠의 손을 TV 단추 위에 올려놓고	아빠(아빠의 손을 잡고)	1:3(01)
엄마가 밖으로 나가려고 하니까	엄마(언니에게 가서 문쪽을 가리키며)	1:3(25)
기저귀에 쉬하고 엄마에게 와서	엄마(기저귀를 만지며-기저귀를 갈아달라는 뜻으로)	1:3(25)

단일어 발화문은 아이들의 발화를 구, 절, 문장 등 더 큰 단위로 옮겨 주는 다리 역할을 한다. 〈표 1〉은 한 살이 조금 넘은 한국 아기의 한 단어 발화 사례인데 여기서 아동의 발화가 어떤 방식으로 문맥에 의존하는지 확인할 수 있다. 〈표 2〉에서는 O'Grady(2005)에 제시한 영어 습득 아기의 한 단어 발화들을 살펴볼 수 있다. 〈표 1〉의 사례와 마찬가지로 아기의 한 단어 발화는 사실상 언어 자체보다는 상황이나 몸짓이 더 중요한 기능을 한다. 함께 수반되는 아기의 동작이나 표정 등이 제거되면 그 의미를 이해할 수 없기 때문이다. 그래서 이 시기 아동의 발화는 '동작 충족적(performative)인 의미 기능'을 한다고 기술된다.

---

10) 발화 출현 시기는 '1년 2개월 3일'을 '1:02(03)'의 형식으로 나타냈다.

발화	맥락	가능한 해석	연령(개월)
dada	아빠를 쳐다보면서	Here's daddy(아빠다)	8
mama	엄마의 "no"에 대한 반응	I want to do that(그거 할래)	11
dada	아빠에게 병을 주면서	You take this(이거 가져)	11
ball	방금 공을 던지고 나서	I'm throwing the ball(내가 공 던 졌어)	13
Daddy	아빠가 다가오는 소리를 듣고	Daddy is coming(아빠 온다)	13
up	"일어나고 싶니?"라는 말에 대한 답으로, 손을 위로 뻗으면서	I want to get up(일어나고 싶어)	13
down	무엇을 방금 무너뜨리고 나서	I'm throwing it down(내가 무너 뜨렸어)	14
caca	과자가 보관되어 있는 방의 문을 가리키며	The cookies are in there(과자가 저기 있어)	14
box	상자에 크레용을 넣으면서	The crayon goes in the box(크 레용을 상자에 넣었어)	15
fishy	빈 어항을 가리키면서	The fish isn't there(물고기가 없 어)	15
again	어떤 사람이 어떤 것을 다 시 하기를 원할 때	Do it again(다시 해 봐)	18

그러면 한 단어 시기의 아기가 이해할 수 있는 언어와 표현할 수 있는 언어가 얼마나 일치할까. 아기의 표현 어휘는 아기의 발화를 관찰함으로서 파악되지만 이해 어휘를 측정할 수 있는 방법은 마땅치 않다. 이에 대해 〈표 3〉의 자료는 좋은 예를 보여준다. 앞서 언급한 대로 아기는 표현할 수 있는 어휘보다 더 많은 어휘를 실제로 이해하고 있다. 즉, 이해 어휘와 표현 어휘가 양적으로 대칭적이지 않다.

<표 3> 이해와 산출의 비대칭 사례(조명한, 1988)[11]

이전 상황	표현 및 수반된 동작	출현 시기
엄마가 "고모 어디 있니?"라고 물으니 현이 고모를 돌아다 보며	엄마(고모에게 오면서)	1:3(28)
고모가 "이거 언니 갖다 주세요"하니	엄마(언니에게 가면서)	1:4(8)
엄마가 "어야 가자"고 하니	뽀뽀(엄마를 따라 나서면서)	1:5(4)
엄마가 옷을 입히며 "현이 신발 신고 가자" 하니	양말	1:5(11)
엄마가 다시 "신발"이라고 하니	양말	

3) 두 단어 시기와 이후

대략 16~18개월 사이에 아이는 두 단어로 말하기 시작하는데 이때를 **두 단어 시기**(two-word stage)라 한다. 여기서 보통 2개월 정도가 더 지나면 세 단어로도 문장을 만들 수 있게 된다. 아동은 한 단어를 더 말할 수 있게 되면서 표현하고자 하는 내용을 더 효율적으로 전달하게 되며, 이는 의사소통 능력에 큰 발전을 가져온다. 문법은 기본적으로 단어들 간의 관계에 기반한다. 따라서 한 단어 발화에서는 문법 구조라고 할 만한 것을 찾기 어렵다. 그러나 두 단어 발화에는 비로소 단어들 간에 일정한 관계가 나타난다. 그만큼 이 시기의 언어는 아동의 문법 습득과 발달이 일어나는 면모를 보여주는 귀중한 자료이다.

---

11) Huttenlocher(1974)에서는 한 단어 시기의 아동이 표현보다 이해 쪽이 우월하다는 점과 단어 의미의 과잉 확장이 표현에서 더 뚜렷하다는 점을 들어 '이해와 산출의 비대칭성'이라 칭하였다.

〈표 4〉 O'Grady(2005)에 제시된 두 단어 발화의 예(박경자 역, 2005)

문장	의미 구조
Eve read.	행위자 + 행위
Hit ball.	행위 + 행위를 받는 자(사람, 물건 등)
Daddy cookie.	행위자 + 행위를 받는 자(=Daddy eats cookie.)
Daddy shoe.	소유자 + 사물
Big train.	속성 + 사물
Book table.	사물 + 위치(=The book is on the table.)
Come here.	행위 + 위치
That book.	명명하기(=That's a book.)
More cookie.	되풀이(=There are more cookies.)
No milk.	실재하지 않음(There is no milk.)

두 단어 시기가 지나면 아동은 수식어와 접속어를 적극적으로 사용하며, 3~4세가 되면 대명사, 조사, 형용사, 부사 등을 사용하고 복문을 생성할 수도 있다. 4~5세가 되면 문법적으로 정확한 문장을 만들고, 문장 구성에 필요한 대부분의 기본적 언어 규칙을 사용할 수 있다.

▌ 아동 언어의 사회화

피아제에 따르면 일반적으로 아이들이 언어를 구사하는 초기 단계에는 자신을 둘러싸고 있는 것들에 대해 말하고 싶어한다고 한다. 따라서 그들이 말하는 어휘나 묘사하는 내용은 대부분 그들 주변에 있고, 또한 그들의 관심 영역 안에 있는 것들이 대부분이다. 또한 청자의 반응을 기대하지 않거나, 상대방의 존재를 의식하지 않은 발언을 하는 경우도 많은데, 이를 **자기중심적 발화**(egocentric speech)라고 한다. 자기중심적 발화는 6세까지의 아동에게서 쉽게 발견되며, 7세 이상이 되면 급격히 줄어든다. 이러한 현상은 아동의 언어가 상대방을 고려하고, 자신이 아닌 상황에 대해서 사고하고 표현하는 사회화(socialization)가 이루어진다는 것을 보여주는 현상이다.

3. 아동 언어의 특성

아동이 사용하는 언어를 관찰하면 어른의 언어를 단순히 따라하거나 입력에 들어 있는 언어 규칙을 그대로 사용하지 않는다는 것을 알 수 있다. 아동은 '듣도 보도 못했을 법한 말'을 하여 어른들을 놀라게도 하고 웃게도 한다. 아동 언어의 이러한 특성에 주목하여 Chomsky(1959)는 인간의 언어 능력에는 창조적인 면이 있다고 하였으며, 이른바 '독립 문법 가설'을 수립하였다. 즉, 아동의 언어를 '성인 언어의 규칙을 제대로 습득하지 못하여 불완전하게 구사하는 언어'로 볼 것이 아니라, 아동이 '자신만의 (독립적) 체계에 따라 생성한 언어'로 보아야 한다는 것이다.[12]

여기서는 아동 언어의 창조성을 포함하여 몇 가지 특성에 대해 살펴보도록 한다.

3.1. 창조성

아동의 언어에서 가장 주목할 만한 것은 **창조성**(creativity)이 있다는 점이다. 아동은 언어 입력에서 주어진 단어나 문장 외에 새로운 표현을 만들어내거나, 혹은 이미 알고 있는 언어 요소를 조작적으로 활용하여 자신의 의사소통 목적을 달성하고자 한다. 다음 사례를 살펴보자.

---

12) 이러한 관점은 제2언어의 학습자 언어에 대한 인식에도 영향을 미쳤다. 이와 관련된 내용은 이 책의 6장 학습자 언어 연구 부분에서 자세히 살피기로 한다.

아빠　I think you've got your underpants on **backwards**.
　　속옷을 돌려 입은 것 같구나.
딸　　Yes, I think so.
　　맞아요. 그런 것 같아요.
아빠　You'd better take them off and put them on **frontwards**.
　　벗어서 앞쪽으로 입으렴.
딸　　Is this the ***rightwards**?
　　이게 '*맞는쪽'인가요?

Reich(1986)

　　언어학자인 아버지가 딸이 옷 입는 것을 지켜보다가 나눈 대화이다.[13] 위 예문에서 마지막에 아이가 사용한 rightwards는 사전에 등재된 단어로는 '오른쪽'이라는 의미를 지니고 있다. 그러나 위의 대화에서 아이는 'rightwards'의 뜻을 알고 사용한 것으로 보이지 않는다. 아빠의 발화에 반복하여 나타난 '-wards'의 의미를 맥락을 통해 '-쪽(으로)'으로 해석해내고, 여기에 자신이 기존에 알고 있던 단어인 'right(옳은, 바른)'을 결합하여 '옳은 방향, 바른 방향'의 의미로 'rightwards'를 새롭게 만들어낸 것이다. 이는 아동이 주변에서 듣는 말을 앵무새처럼 반복하는 존재가 아니라, 주어진 언어 자료들을 이용하여 새로운 규칙과 표현을 지속적으로 시도하는 창조적인 언어 사용자임을 보여준다.

3.2. 과잉 일반화

　　아동은 언어 규칙에 예외가 있다는 사실을 잘 인지하지 못한다. 그

---

13) 이 사례는 Scovel(1998)에 소개된 것을 인용하였다(성명희 외 역, 2000:20).

래서 불규칙 활용을 포함한 문장을 발화할 때 종종 '오류'를 일으킨다. 이때 아동은 자신이 기존에 알고 있던 규칙을 관련 범주에 일괄적으로 적용시키면서 성인의 언어에서는 통하지 않는 문법을 구사한다. 이러한 현상을 **과잉 일반화**(overgeneralization)라고 한다.

일반화(generalization) 자체는 사실 언어 습득을 가능하게 만드는 매우 중요한 기제이다. 우리가 언어를 사용할 때, 문법이 적용된 어형이나 어휘 형태를 모두 개별적으로 기억했다가 사용하지는 않는다. 몇몇 규칙을 기억하고 동일한 범주에 동일한 규칙을 적용해서 언어를 생성해낸다. 이것이 일반화의 원리이다. 아동 역시 자신이 알고 있는 문법 규칙을 관련 범주의 여러 상황에 적용하면서 발화하며 이러한 일반화는 아동이 언어 사용 영역을 확장시켜 나가는 데 매우 중요하다.

문제는 대부분의 언어에서 문법 규칙에는 예외가 존재하며, 언어 사용자는 이러한 예외 사항을 개별적으로 기억해야 한다. 아동은 한 번 문법 규칙을 인식하면 이를 일괄적으로 적용시키는 경향이 있다. 이 과정에서 성인 언어라면 비문법적인, 그러나 어떤 의미에서는 '오히려 규칙에 잘 맞는' 형식으로 발화하기도 한다.[14) 영어권 아동의 복수 표현과 시제 표현에서 볼 수 있는 과잉 일반화된 문장들을 살펴보자.

[불규칙 복수 오류] I play with *childs(→ children).
[불규칙 시제 오류] I *goed(→ went) to playground.
[이중 복수 오류] There are many *childrens(→ children).
[이중 시제 오류] Yesterday, we *wented(→ went) to Gramma's.

---

14) 이를 아동의 문법 능력이 부족하다고 볼 것이 아니라, 언어에 내재한 불규칙성과 비체계적 측면까지는 아직 아동이 습득하지 못했다고 보는 편이 바람직하다.

이러한 발화들은 모어 습득기의 아동에게 전형적이고 보편적으로 나타난다. 그런데 이러한 문장들이 모어 습득 아동에게서만 관찰되는 것이 아니며, 제2언어를 학습하는 성인에게서도 매우 빈번하게 관찰된다. 아동, 성인, L1 습득, L2 습득 모든 과정에서 쉽게 볼 수 있는 과잉 일반화 현상은 습득이 진행되면서 점차 사라지는 것이 특징이다.[15] 그래서 이런 현상을 **발달적 오류**(developmental error)라고도 한다.

3.3. 규칙의 내재화

발달적 오류 시기를 거쳐, 아동은 6~7세 정도에 이르면 언어의 불규칙적 요소까지 대부분 습득하여 사용한다. 아동은 그 까다로운 문법 요소들을 어떻게 습득하는 걸까. 아동의 언어 습득 과정의 흥미로운 부분을 밝혀준 연구가 있다. 진 버코 글리슨(Jean Berko Gleason) 연구진이 1958년에 실시한 **워그 테스트**(WUG test)가 그것이다. 이 테스트는 영어권 아동이 복수형, 과거형, 인칭 접사 등을 습득해 가는 양상을 밝히기 위해 정교하게 고안되었다.

WUG 테스트는 4~8세 가량의 아동에게 그림을 활용하여 발화를 유도하는 방법으로 진행되었다. 실험에 사용된 그림들은 현실 세계에 존재하지 않는 동물, 사물, 행위 등을 나타내고 있으며, 그림 속의 동물이나 사물 등은 기존 언어에는 존재하지 않는 새로운 이름으로 아동에게 소개된다. 연구진(조사자)은 그림 내용에 대한 질문이나 대화를 하면서 아동의 언어적 반응을 살핀다. 물론 아주 어린 아이들도

---

15) 대부분의 아동 언어에서는 이러한 비문법적인 표현이 자연스럽게 사라진다. 그러나 제2언어 학습 상황에서는 과잉 일반화된 오류가 종종 화석화되기도 한다. 이에 대해서는 이 책의 6장 학습자 언어 연구에서 자세히 살펴보기로 한다.

조사 대상으로 하였기 때문에 조사는 구두 언어로 진행되었다. 〈그림 2〉
는 워그 테스트에 사용한 그림과 질문의 예이다.[16]

WUG(명사)

This is a WUG.
Now there is another one. There are
two of them.

There are two _____.

RICK(동사)

This is a man who knows how to
RICK. He is Ricking. He did the
same thing yesterday. What did he
do yesterday?

Yesterday he _____.

〈그림 2〉 WUG 테스트의 그림과 질문

아이들에게 첫 번째 그림의 파란 새를 가리키며 "This is a WUG."라
고 하여 한 번도 본 적 없는 동물에게 새로운 이름을 붙여준다. 그리
고 다음은 같은 새 두 마리 그림을 보여주면서 "Now there is another
one. There are two of them. There are two …"라고 하며 아이들이

---

16) www.onbeing.org

비어 있는 부분에 들어갈 말을 스스로 완성하게 유도한다.

첫 번째 그림의 경우 아이들은 연령에 따라, 개인에 따라 다양하게 답했는데, 4세 이하의 아이들은 간혹 질문 자체를 이해하지 못하여 답하는 데 실패하거나, 대부분 복수 표지를 사용하지 않고 'two wug'라고 대답한다. 이를 통해 4세 이하의 아동 대부분은 명사의 복수형에 대한 습득을 완성하지 못했다는 것을 확인하였다.

4~5세 아동의 경우는 명사에 's'를 결합하여 복수 표지에 대한 인식을 보였지만, 발음에 있어서는 약간씩 차이를 보였다. 영어에서는 명사의 마지막 자음이 유성음 /b/, /d/, /g/나 비음 /m/, /n/이면 '-s'를 /z/로 발음하고, 무성음 /k/, /p/, /t/일 때는 /s/로 발음하는 규칙이 있다. 그런데 4~5세 아동은 무성음과 유성음 다음에서는 각각 /s/와 /z/를 잘 구별하여 발음하였으나, 비음 /m/, /n/ 다음에 /z/를 발음하는 데는 능숙하지 않았다고 한다. 진 버코 연구진은 아동들이 초등학교 1학년 정도의 연령에 이르면 복수 표지 '-s'의 형태와 음운 환경(유무성, 비음)에 따른 발음 변이까지 완전히 습득한다고 보고하였다.

워그 테스트는 기본적으로 아동의 언어가 성인의 언어와 다르다는 점을 명확히 보여 주었다. 예를 들면 테스트 문항 중에 〈그림 2〉의 동사 'RICK'의 동작 그림을 보여주고, '이런 일을 하는 사람을 뭐라고 부르느냐'고 물으면 성인은 전형적으로 접미사 -er을 사용하여 ricker라고 하지만 아동의 대부분은 명사끼리 결합시켜서 rick man으로 답한다고 한다. 합성(compound)이 파생(derivation)에 앞선다는 것을 보여 주는 것이다.

이 연구를 통해 아동이 아주 어릴 때부터 복수형, 과거시제, 소유격 등의 문법을 인식하고 있으며, 연령이 높아지면서 규칙을 더욱 정확하게 확립해 간다는 것도 확인하였다. 이 실험은 여러 차례, 다양한 언어권에서 실시되었는데 그때마다 아동의 '규칙 인식과 사용'은 비슷한 결과를 보였다. 워그 테스트는 '아동은 주변 환경의 언어로부터 규칙을 추출하며, 그것을 내재화해 가며 언어를 습득한다'는 사실을 증명한 의미 있는 실험으로 인정받고 있다.

3.4. 의미 중심의 모방

언어 습득에서 모방이 전부는 아니라고 하더라도 아동이 주변의 언어를 모방(echoing, imitation)할 때가 있는 것은 사실이다. 앞서 살펴본 행동주의 심리학에서는 모방이 학습의 근원이 된다고 보고 언어 습득의 중요한 요인으로 보았다. 그러나 행동주의에서 말하는 모방은 표면형을 단순히 반복하는 모방을 말하며, 이는 아동의 실제 발화에서 관찰되는 복잡하고 다양한 '따라 말하기'의 양상을 설명하지 못한다.

모방은 확실히 아동이 언어 습득에 활용하는 중요한 전략 중 하나이다. 특히 언어 발달 초기 단계에 모방은 소리 체계를 습득하는 데 필수적인 방법이다. 그저 단순한 모방이 아니라면, 아동은 무엇을 어떻게 모방할까? 아동의 언어를 관찰 결과, 아동의 언어 모방은 표면적 모방뿐 아니라 심층적 모방도 존재하는 것으로 확인되었다. 그리고 아동의 연령이 높아질수록 입력된 언어를 따라 말할 때 심층적 모방, 즉 의미를 모방하는 쪽에 더 비중을 둔다는 것이 밝혀졌다.

언어 발달 초기의 아동은 의미보다는 음운 신호에 민감하게 반응하며 주로 음성과 형태를 반복하며 흉내 낸다. 이 시기의 아동은 의미적 접근이 완전하지 않기 때문에 들리는 소리를 무슨 뜻인지도 모르고 그대로 따라 하곤 한다. 아동은 어떤 말이 사용되었던 상황과 말한 사람의 표정, 의도 등과 소리를 결합하여 기억했다가 비슷한 상황에서 사용하는 경향이 있다.

그러나 아동이 성장하면서 '의미'가 매우 중요한 부분이 되고, 언어 사용의 주된 목적이 의미 전달에 있다는 점을 인식하게 된다. 이때부터는 언어의 표면 구조보다는 심층 구조에 더 주의를 기울이는 모습을 보인다. 그 결과 유치원 정도 연령에 이르면 아동은 자신이 들은 문장의 표면 구성을 그대로 모방하지 않는다. 오히려 표면 구성이 달라지더라도 자신이 이해한 의미를 제대로 전달하는 데 더 중점을 둔다. 다음은 아동이 의미 중심으로 기억하고 모방하는 예이다.

[입력] 언덕 위에서 굴러오는 공은 까만색이에요.
[아동] 언덕에서 까만 공이 굴러 와요.

[입력] 놀이터에서 놀고 있는 아이는 빨간 옷을 입고 있어요.
[아동] 빨간 옷을 입은 아이가 놀이터에 있어요.

아동은 의미를 변화시키지 않는 한도 내에서 표면 구조를 자유롭게 변형시켜 문장을 반복한다. 이러한 모방이 의미 중심, 심층 구조 중심의 모방이라 할 수 있다. 이 외에 아동이 표면적 형식보다는 의미에 집중한다는 점은 다음의 예문을 통해서도 확인할 수 있다(McNeill 1966: 68). 아이에게 동생이 생기자 누구도 자기한테는 관심이 없다는 생각에 엄마에게 불평을 하는 상황이다.

아이 Nobody don't like me.
엄마 No, say "nobody likes me."
아이 Nobody don't like me. (8번 반복)
엄마 No, now listen carefully; say "nobody likes me."

아이 Oh! Nobody don't likes me.

엄마는 아이의 발화 중 부정 표현과 관련하여 형태에 대한 피드백을 주고 있다. 즉, 주어 nobody는 don't가 따로 필요하지 않고, 조동사가 없기 때문에 동사를 주어와 일치시켜야 하는 것 같은 복잡한 형태 관련 피드백을 제공하고 있다. 그러나 아동은 그 피드백의 초점을 파악하지 못하고 계속 같은 말을 반복한다. 마지막에 고쳐 말한 발화에서도 likes는 수정되었지만, nobody don't 부분은 여전히 수정되지 않았다. 아동은 자신의 생각(의미)을 전달하는 것이 중요할 뿐 문법이나 어휘의 형태에는 깊은 관심이 없다.

아이 Oh, there is a John.
엄마 No, don't say 'he is a John', say 'he is Steve'.
아이 There is a Steve.

두 번째 사례에서 엄마는 사람 이름 앞에 관사 사용이 부적절한 것을 바로잡아 주고자 하였다(형태). 동시에 아이가 잘못 알고 있는 친구 이름 John을 Steve로 바로잡아 주었다(의미). 즉, 엄마는 형태와 의미 모두에 대해 피드백을 준 것이다. 그러나 아이는 두 가지 피드백 중에서 의미 차원의 피드백은 쉽게 받아들여 친구의 이름은 바꿔 말했지만 관사 오류는 고치지 못했다. 이러한 사례들을 통해 아동이 의미에 관심을 가지면서부터는 문장을 구성하거나 변형하거나 수정할 때 의미를 우선적으로 고려한다는 것을 확인할 수 있다.

■ 아동의 모어 습득에 관한 내용은 다음의 책을 참고할 수 있다.

이승복(1994), 『어린이를 위한 언어획득과 발달』, 정민사.
이승복·이희란 역(2005), 『언어 발달』, R. Owen(1988), *Language Development*, 시그마플러스.
이승복·이희란(2012), 『아이와 함께 하는 신기한 언어 발달』, 학지사.
조명한(1988), 『한국 아동의 언어 획득 연구』, 서울대학교 출판부.

■ 참고문헌

박경자 역(2005), 『아이들은 어떻게 말을 배우나』, O'Grady(2004), *How Children Learn Language*, 고려대학교 출판부.
성명희·한호·권나영 역(2001), 『심리언어학』, T. Scovel(1998), *Psycholinguistics*, 박이정.
신성철·박의재·이정원(1999), 『현대 영어교육』, 문경출판사.
임병빈·한혜령·송해성·양은미 역(2005), 『외국어 어떻게 배우고 가르치는가』 Lightbown & Spada(2005), *How Language are Learned*, 이퍼블릭.
이승복(1979), 「단일 단어 시기 어린이 언어의 의미론적 발달」, 서울대학교 석사 학위논문.
이승복(1994), 『어린이를 위한 언어획득과 발달』, 정민사.
이승복·이희란(2012), 『아이와 함께 하는 신기한 언어발달』, 학지사.
이종복 외 역(2016), 언어학과 제2언어 습득, Cook(1993), *Linguistics and Second Language Acquisition*, 경문사.
조명한(1988), 『한국 아동의 언어 획득 연구』, 서울대학교 출판부.
홍경훈·심현섭(2002), 「유아의 말소리 발달 특성: 18~24개월 종단연구」, 『언어청 각장애연구』 제7권 2호, 105-124.
EBS 〈아기성장보고서〉 제작팀(2009), 『아기성장보고서』, 예담.
Berko, J. G.(1958), The Child's Learning English Morphology, *Word 14*, 150-177.

Brown, R.(1973), *A first language: The early stages*. Harvard U. Press.

Chomsky, N.(1957), *Syntactic Structures*, London: Mouton.

Chomsky, N.(1965), *Aspects of the Theory of Syntax*, Cambridge: M.I.T. Press.

Huttenlocher, J.(1974), The origins of language comprehension. In R. Solso (Ed.), *Theories in cognitive psychology: The Loyola symposium*, 331-388, Potomac, Maryland: Lawrence Erlbaum.

Jang, H., Ha, S.(2019), Protophone Development at 4-6 Months and 7-9 Months of Age, *Commun Sci Disord* 24(3), 707-714.

Locke, J. L.(1983), *Phonological acquisition and change*. New York: Academic Press.

Lenneberg, E. H.(1967), *Biological foundations of language*. Wiley.

McNeill, D.(1966), Developmental Psycholinguistics, In Smith, F. & G.A. Miller (1966), *The Genesis of Language: A Psycholinguistic Approach*. MIT Press. 15-84.

McNeill, D.(1970), *The Acquisition of Language: The Study of Developmental Psycholinguistics*. New York, USA: Harper & Row

Reich, A. P.(1986), *Language Development*, Prentice Hall.

Skinner, B. F.(1957), *Verbal behavior*, Prentice-Hall.

제4장

제2언어 습득

제2언어 습득론의 연구 목적과 방법을 이해하고 제2언어 습득론의 쟁점과 현안을 파악한다.

- 제2언어 습득론의 연구 목적과 필요성은 무엇인가.
- 제2언어 습득론의 주요 이론에서의 논의는 어떠한 변천 과정을 거쳤는가.
- 제2언어 습득론의 쟁점은 무엇이며 어떠한 주장들이 있는가.

주요 용어

제2언어(second language), 제2언어 습득(second language acquisition, SLA), 대조 분석 가설(contrastive analysis hypothesis), 감시자 모형(Monitor Model), 자연적 접 근법(natural approach), 이해가능한 입력(comprehensible input), 사회적 구성주의 (Socio-Constructivism), 수정적 상호작용(modified interaction), 의미 협상(meaning negotiation), 출력 가설(Output Hypothesis), 알아차림 가설(noticing hypothesis), 연령(age), 태도(attitude), 동기(motivation)

1. 제2언어 습득론이란

1.1. 제2언어 습득론의 목적과 필요성

제2언어 습득(second language acquisition)은 적어도 하나의 언어를 이미 구사할 수 있는 성인 혹은 아동이 새로운 언어에 대한 지식과 사용을 발달시켜 나가는 과정을 말한다. 이러한 정의에 따르면 **제2언어 습득론**은 모어를 제외한 다른 언어를 배우거나 습득하는 과정을 연구하는 학문이라 할 수 있을 것이다.

Spada & Lightbown(1999)에 따르면 제2언어 습득론을 통해 다음과 같은 이론적, 실제적 효용을 기대할 수 있다. 먼저 이론적 측면에서는 언어학에서 오랫동안 연구해 온 주제인 '언어가 어떻게 정신에 표상되는가'에 대한 답을 찾을 수 있다. 즉, 인간의 내면에서 언어가 습득되고 처리되는 방식이 여타의 정보 처리 방식과 어떻게 차별화되는지 확인할 수 있다. 이 주제는 모어 연구의 주목적이기도 하지만, 제2언어 습득 과정을 연구하여 얻은 성과는 '인간의 언어'에 대한 큰 그림을 완성하는 데 기여할 것이다.

실용적 측면에서는 제2언어 습득 과정을 연구하여 인간의 언어 학습에 대한 이해를 높임으로써 언어 교수의 효율성을 높일 수 있다. 더 나아가 이러한 연구 결과는 교육 정책 결정자들이 자국어 교육과 외국어 교육에서 교육과정을 수립하는 데 보다 현실적이고 합리적인 목적과 목표를 갖게 할 것이다. 또한 다언어 사회에서 소수 언어 사용자가 그 사회의 주요 언어를 어떻게 효율적으로 학습하고 사회에 통합할 수 있을지 방향을 제시할 수 있을 것이다.

1.2. 제2언어 습득론의 성립과 성격

제2언어 학습자의 언어 학습 과정 즉, 학습자의 정신에서 일어나는 목표어 체계의 변화와 습득 과정을 관찰하고 이해하는 것은 쉬운 일이 아니다. 대부분의 사람들은 특별한 학습을 거치지 않고도 자신의 모어를 능숙하게 그리고 성공적으로 사용한다. 모어 습득기의 아동은 무엇을 배운다는 의식 없이 자연스럽게 언어 능력을 키워 가며, 주변 사람들과 소통하는 것 외에는 언어 사용에 별다른 목적을 갖지 않는다. 이에 반해 제2언어 학습은 대체로 모어 습득기에 비해 상대적으로 많은 나이에, 특정한 목적을 가진 상태에서 새로운 언어를 익히는 경우가 많다. 따라서 직관적으로 이 과정을 이해하기는 쉽지 않다. 그래서 제2언어 교육자와 연구자에게 제2언어의 습득 과정이 복잡하고 기술하기 어렵게 느껴지는 것이다.

이러한 맥락에서 Larsen-Freeman(1997)에서는 '제2언어 습득 과정은 하나의 복잡한 실재 속에 나뉘어 있지만 많은 요인들이 서로 관련되어 있어 그 혼돈의 상태를 간결하고 질서 있게 정리하기가 어렵다'고 밝힌 바 있다. 그러나 그러한 어려움에도 불구하고 Doughty & Long(2003)에서는 '제2언어 습득 과정에 대한 이론은 반드시 구축되어야 한다'고 주장하였다. 그리고 여전히 수많은 연구자들이 제2언어의 교수, 학습에 대해 다양한 이론을 제시하고 새로운 연구 방법을 동원하고 있다.

제2언어 습득 연구의 출발은 코더(S. P. Corder)의 *The Significance of Learner's Errors*(1967)로 보는 것이 일반적이다. 그리고 셀린커(L. Selinker)의 연구 Interlanguage(1972)를 통해 '중간언어' 개념이 확립되면서 이 분야의 연구가 본격화되었다. 1970년대의 제2언어 습득 연구는 주로 코더와 셀린커가 제시한 학습자 언어, 즉 중간언어에 대한 탐구가 주를 이루었다. 이후 1980년대에는 크라센(S. Krashen)과 테럴(T. Terrell)이 함께 제안한 자연적 접근법(natural approach)과 크라센의 감시자 모형(Monitor Model)이 중요하게 다루어졌다. 크라센의 제2언어 습득 이론은 1980년 당시에 이 분야 연구의 패러다임을 이루면서 외국어 교수법 전반에 지대한 영향을 미쳤다.

1990년대에는 상호주의적 관점에서 롱(M. Long), 피카(T. Pica), 맥케이(A. Mackey) 등의 연구를 통해 상호작용 가설(Interaction Hypothesis)이 정립되고, 스웨인(M. Swain)의 출력가설(Output Hypothesis), 슈미트(R. Schmidt)의 알아차림 가설(Noticing Hypothesis) 등이 소개되었다. 이 시기에는 제2언어 습득을 이해하기 위해 학습자가 놓인 사회적 환경에 집중해야 한다는 사회문화 이론(Sociocultural Theory)이 도입되기도 하였다.

2000년대 이후에는 이전까지의 다양한 학설과 주제들을 심화, 확장하고 있다. 이 시기의 연구는 제2언어 습득에 관한 언어학적 접근과 심리학적 접근으로 양분된다. 언어학적 접근에서는 촘스키의 보편 문법이 제2언어 습득에도 설명력을 갖는지를 탐구하며, 심리학적 접근에서는 인지심리학의 **기능 습득 이론**(Skill Acquisition Theory)을 도입하여 언어 습득이 어떻게 일어나는지 설명하고자 하였다.[1]

그러면 제2언어 습득 연구는 어떤 목표를 가져야 할까. 우선 학습자의 정신에서 제2언어가 어떻게 자리를 잡아 가는지 설명하고, 다음은

---

[1] 이 책에서는 기능 습득 이론, 또는 기술 습득 이론에 대해서는 자세히 다루지 않는다. 이 이론에서는 사람들이 새로운 기술을 배울 때 내면에 어떤 변화가 일어나는지 설명하였다. 이때 '변화'란 초보자가 지도와 연습을 통해 숙련된 전문가가 되는 과정, 즉 어떤 과정을 거쳐 특정 기술에 능숙해지는 것을 뜻한다. 피츠(Fitts), 앤더슨(Anderson) 등은 기술 습득이 '인지', '연합', '자동화' 단계를 거쳐 일어난다고 보았는데, 이 절차가 언어를 숙달해 가는 과정에도 유사하게 적용된다는 관점이다.

학습자 변인에 따라 제2언어 습득 양상이 다르게 나타나는 이유를 밝혀야 할 것이다. 그리고 이러한 연구들을 바탕으로 보다 효율적인 외국어 교수법을 개발하는 것이 그 다음 목표가 될 수 있다.

2. 제2언어 습득 이론

모어 습득 분야에서 언어학과 심리학의 학문적 관점의 결합으로 다양한 접근법과 이론을 탄생시킨 것과 같이, 제2언어 습득 연구에서도 이 분야의 언어학과 심리학의 이론들과 관점이 크게 영향을 미쳤다. 제2언어 학습의 장애물을 '학습자의 모어와 목표어의 언어학적 차이'라고 보는 관점도 있으며, 제2언어 습득도 모어와 같이 '모든 언어에 공통적으로 적용되는 원리와 그에 대한 선험적 지식'이 핵심이라고 보는 관점도 있다.[2] 또한 아동의 언어 발달에 양육자의 도움이 필수적인 것처럼 제2언어 학습자에게도 적절한 상호작용이 주어져야 한다고 보는 관점도 있다.

제2언어 습득을 가능하게 하는 것이 무엇인지 설명하는 설득력 있는 이론을 찾기 위해 지금도 많은 연구자들이 고민을 하고 있다. 그러면 지금까지 논의되어 온 제2언어 습득론의 주요 이론과 학설들, 그리고 쟁점에 대해 살펴보도록 한다.

---

2) 이러한 관점에 대해 모어 습득과 달리 제2언어 습득에 필요한 것은 선천적인 능력이 아니라, 학습을 하거나 정보 처리를 할 수 있는 일반적 인지 체계(general cognitive mechanisms)뿐이라고 주장하는 관점도 있다.

2.1. 대조 분석 가설

스키너는 언어를 '언어 행동(verbal behavior)'이라 보고 인간의 다른 행동들과 마찬가지로 자극, 반응, 그리고 강화를 거쳐 습관화된다고 보았다. 이러한 관점에서 볼 때 제2언어는 기존의 언어 습관인 모어가 이미 존재하는 상태에서 새로운 습관을 들여야 하는 상황이 된다. 이에 대해 라도는(R. Lado)는 '모어를 사용하던 습관이 제2언어 사용에 필요한 새로운 습관 형성을 방해하기 때문에 제2언어 학습이 어렵다'고 주장하였다(Lado, 1964).

행동주의의 관점을 지지하는 연구자들은 '학습자의 모어와 목표어 사이에 차이가 클수록 새로운 언어 습관(목표어 규칙)을 형성하는데 방해가 된다. 그러나 그 반대의 경우, 즉 학습자 모어와 목표어가 유사할수록 긍정적 전이가 일어나고 새로운 습관이 쉽게 형성된다.'고 하였다.[3] 이것이 **대조 분석 가설**(Contrastive Analysis Hypothesis)의 핵심 내용이다.

학생으로서든 교사로서든 우리가 외국어 교실에서 경험하고 관찰한 것을 떠올리면, 목표어와 모어에서 다른 부분은 분명히 새 언어 학습에 방해가 되는 것이 사실이다. 예를 들어 영어를 학습하는 한국인은 한국어에 없는 영어의 관사 체계를 완벽하게 파악하여 사용하는 것이 어렵다. 어려운 것은 관계 대명사나 일치(agreement)도 마찬가지이다. 반대로 한국어를 배우는 영어 원어민이라면 조사와 어미의 정확한 사용, 음절말의 불파음 발음 등이 어려울 수 있다. 이처럼 모어에서 낯선 요소는 학습이 분명히 어렵다.

---

3) 이와 관련된 학문이 대조언어학이며, 우리는 이 책의 5장에서 대조언어학과 대조 분석 가설에 대해 자세히 다룰 것이다.

그러나 외국어를 배울 때 단지 이러한 차이만이 문제는 아니다. 학습자가 어떤 모어 배경을 갖고 있든지 비슷하게 나타나는 오류들이 있다. 예를 들면 '여기에(→에서) 공부했어요', '명동에서(→에) 가요'처럼 한국어 학습자들이 부사격 조사 '에'와 '에서'를 혼동하는 것, 또는 '여행을 갈(→가는) 이유가 있다', '말도 안 될(→되는) 일들이 벌어졌다'처럼 관형형 어미를 혼동하는 것 등이 대표적이다. 이러한 오류는 학습자의 모어가 한국어와 달라서 생긴 문제로 보기 어렵다. 결국 학습자의 모어가 외국어 습득에 방해가 되는 유일한 이유는 아닌 것이다.

대조 분석 가설은 학습자 변인이나 학습 환경, 습득의 발달적 측면을 고려하지 않고 학습자의 모어와 목표어의 대조라는 언어학적 접근만을 취했기 때문에 한계를 지닐 수밖에 없었다. 따라서 이 이론은 수정을 겪게 되었다.[4]

2.2. 보편 문법과 감시자 모형

1) 제2언어 습득과 보편 문법

이 책의 3장에서 살펴본 모어 습득에 관한 논의에서 촘스키의 보편 문법에 대해 이야기하였다. 그러나 '보편 문법이 실제로 언어 습득에 결정적인 요인인가', 또한 '우리는 언제까지 보편 문법의 혜택을 받을 수 있는가' 등은 여전히 진행 중인 논쟁이다. 보편 문법에 관한 주요 쟁점 중 하나는 '보편 문법이 제2언어 습득에도 영향을 미치는가'이다. 보편 문법을 지지하는 연구자들은 제2언어 학습자들이 학습 과정에서

---

[4] 이후 모어의 영향 외의 요인에도 관심을 기울이면서 대조 분석가설은 언어 간 영향론으로 변화하였다. 자세한 내용은 이 책의 5장에서 다루도록 한다.

제공된 입력이나 학습 내용보다 훨씬 더 많은 것을 내재화한다는 것을 근거로 삼는다. 그들은 특히 숙달된 학습자에게 내재된 통사 구조에 관한 복잡한 지식이 교실에서의 수업만으로는 얻기 어렵다는 데 주목하였다. 즉, 학습자가 제2언어 문법 체계를 성공적으로 내재화하는 것이 바로 보편 문법이 존재하는 증거라고 주장한다.

그러나 보편 문법이 성인 제2언어 학습자에게는 그다지 도움이 되지 않는다고 주장하는 연구자들도 많다. Bley-Vroman(1989)에서는 성인 학습자들에게는 이러한 선천적 능력보다는 오랜 시간 동안 발달시켜 온 '일반적 학습 능력'이 중요하다고 보았다. 이 밖에도 성인 학습자가 보편 문법의 혜택을 받을 수 있는 가능성에 대해 많은 연구들이 있으며 주장과 근거도 다양하다. 보편 문법과 제2언어 습득의 관계는 아직 명확한 결론에 도달하지는 않았으나 다양한 실험과 연구를 통해 실체를 파악해 가고 있는 상황이라고 할 수 있다.

▎ 성인 학습자와 보편 문법

성인도 아동처럼 보편 문법의 도움을 받을 수 있을까. 성인 학습자의 언어 습득에 보편 문법이 어떻게 관여하는가에 대해서는 다양한 관점의 연구가 있어 왔다. 기존의 연구들을 '접근 가능성(accessibility)'을 기준으로 유형화하면 다음과 같다(Mitchell & Myles, 2004; Cook, 1985; Cook & Singleton, 2014 등).

- 비접근 가설(No access hypothesis) 보편 문법은 성인의 제2언어 습득과는 관련이 없다. 따라서 성인 학습자들은 언어 습득을 일반적인 문제 해결 능력에 의존한다.
- 완전 접근 가설(Full access hypothesis) 보편 문법은 아동 및 성인 모두 직접 접근할 수 있다. L1과 L2 습득은 기본적으로 비슷한 과정이며 둘의 차이는

학습자의 요구나 인지적 성숙도에서 기인한다.

- **간접 접근 가설**(Indirect access hypothesis) 보편 분법은 성인의 L2 습득에 직접 관여하지는 않지만 학습자는 L1을 통해 간접적으로 그에 접근할 수 있다. 따라서 L2 학습자는 L1 환경에서 확정된 매개변수와 그 사례에만 접근할 수 있다.
- **부분 접근 가설**(Partial acess hypothesis) 보편 문법의 일부에만 접근 가능하며 나머지는 접근 불가능하다. 이 관점은 보편 문법과 그 다양한 하위 요소들을 설정하는 데서 출발한다. 보편 문법의 하위 모듈 중 일부는 L2 학습자에게 접근 가능성이 더 높거나 낮다고 가정한다.

2) 크라센의 감시자 모형

크라센은 20세기 후반에 여러 논문과 저서를 통해 제2언어 습득에 관한 많은 이론을 남겼다. 그의 이론은 기본적으로 생득주의에 기반하고 있으나, 모어 습득에 관한 이론과 차별화되는 제2언어 습득 이론과 관점을 정립했다는 점에서 주목된다.

크라센은 아동의 모어 습득과 마찬가지로 제2언어 습득의 기제도 생득성에 있다고 보았다. 그는 1982년 연구에서 다섯 가지 주요 가설을 정리하였는데, 이 가설들은 **감시자 모형**(Monitor Model) 혹은 **입력 가설**(Input Hypothesis)로 불리며 '습득-학습 가설', '모니터 가설', '자연적 순서 가설', '입력 가설', '정의적 여과 장치 가설'을 포함한다. 각각의 가설에 대해 자세히 살펴보도록 한다.

○ 습득-학습 가설(Acquisition-Learning Hypothesis)

크라센은 Krashen & Terrell(1983)에서 성인 제2언어 학습자가 목표어를 내재화하고 지식을 발달시키는 과정에서 '습득'과 '학습' 두 가지 방법을 이용한다고 주장하였다. **습득**(acquisition)은 무의식적이고 직관적으로 언어 체계를 구조화하는 것을 말한다. 이는 모어를 습득하는 아동에게 일어나는 현상과 크게 다르지 않다. 반면에 **학습**(learning)은 학습자가 언어 형태에 관심을 갖고, 언어 규칙을 공부하면서 자신이 언어를 배우고 있다는 것을 의식하는 과정이다. 습득과 학습의 개념을 다시 정리하면 다음과 같다.

- **습득** 아이들이 모어를 배울 때처럼 무의식적인 과정이며, 주로 그 언어를 사용하는 국가나 언어 공동체 같은 환경에서 자연스럽게 언어를 흡수하는 것을 말한다.
- **학습** 언어를 논리적으로 알아가는 데 필요한 의식적인 과정이며, 교실과 같은 환경에서 규칙과 형태를 배우고 반복/암기하는 과정이다.

크라센은 성인이 목표어를 이용하여 유창하게 의사소통을 하기 위해서는 가능한 한 언어를 '습득'해야 한다고 주장하였다. 그렇지 않으면 학습자들이 그들이 배운 규칙에 대해 언어 형식에만 집중하고 자기 발전에 지나치게 의식적 주의를 기울여 실제로는 전혀 발전하지 못할 것이라고 하였다. 더 나아가 그는 의식적인 학습 과정과 무의식적인 습득 과정은 상호배타적이라고 주장하였다. 즉, '학습이 곧 습득이 될 수는 없다'는 것이다. 이러한 관점은 언어 교실에서 학습자들에게 단순히 언어 규칙을 학습시키는 데 그치지 않고 그것이 습득으로 이어지도록 의사소통적 활동을 풍부하게 제공해야 한다는 주장을 이끌어냈다.

▌**습득-학습 가설에 대한 비판**

크라센의 이론은 기본적으로 '의식적 과정(학습)'과 '무의식적 과정

(습득)'을 구별하고, 의식적 지식의 무의식적 지식으로의 전환 혹은 그 반대의 상황이 일어난다고 설명하였다. 이에 대해 많은 연구자들은 '의식'이라는 것 자체가 규정하거나 실증하기 어려운 개념인데 이를 기반으로 한 이론은 불완전할 수밖에 없다고 비판하였다. 즉, 이론의 근거가 '규명되지 않은, 애매모호한 개념'을 바탕으로 하는 것이 문제라는 것이다. 또한 '학습'과 '습득'을 양분하고 그 두 영역이 배타적이라고 주장한 것 역시 많은 반론에 부딪혔다. 언어 습득은 양분된 두 단계로 이루어지는 것이 아니라, 그 사이에 수없이 중복되는 단계를 거치거나 혹은 각 단계 간에 순환이 일어나기도 한다는 사실이 간과되었기 때문이다. 즉, 언어의 학습과 습득이 상호배타적인 범주가 아니라 연속체를 이루고 있다는 견해에서는 크라센이 학습과 습득을 분리한 것이 합리적이지 못하다고 지적한다.

○ 모니터 가설

모니터 가설(Monitor hypothesis) 또는 감시 가설은 '습득한 지식'과 '학습한 지식'의 역할 차이에 대해 설명한다. 크라센에 따르면 **모니터링**(Monitoring), 즉 감시는 학습에는 관련되지만 습득과는 관계가 없다. 여기서 '모니터'란 자신의 발화를 점검하는 것, 즉 발화를 교정하고 수정하는 도구이다. 크라센은 학습자가 언어의 유창한 수준에 일단 오르고 나면 자신의 발화를 감시 또는 수정한다고 보았다.

이 가설에 따르면 발화의 생성은 학습자가 **습득한 지식**(acquired knowledge)에 의존한다고 본다. 그리고 이 문장이 정확한지, 규칙에 어긋난 부분은 없는지를 점검하고 수정하게 하는 것이 **학습한 지식**(learnt knowledge)이라고 하였다. '어제 친구를 만났다'라는 한국어 발화를 예로 들어보자. 이때 조사 사용은 정확한지, 시제를 적절히 표시했는지 등을 검사하는 것이 바로 모니터링이다. 모니터링은 주로 '말을 하거나 글을 쓰기 전, 또는 그 후에' 일어난다.

모니터 가설은 학습자 개인의 성향에 따른 언어 구사 능력의 차이나 상황과 과제 유형에 따른 수행의 차이를 설명하는 데 유용하다. 예를 들어 실수를 두려워하는 사람은 자신의 말이 맞는지 틀리는지 확인하는 데 상당한 시간을 쓴다. 즉, 모니터링에 많은 주의를 기울이고 그 결과 발화의 유창성이 낮아진다. 반면에 틀리는 것을 두려워하지 않는 사람들은 문법에 주의를 덜 기울이고 거침없이 말하는 경향이 있다. 그 결과 발화의 유창성이 높게 들린다. 또한 형식에 초점을 두는 과제인 빈칸 채우기 같은 활동을 할 때는 모니터링이 활발히 일어난다. 그러나 친밀한 관계의 일상적 대화에서는 모니터가 덜 사용된다.

이 가설에서의 핵심은 학습된 지식은 습득된 지식으로 '변환'되지 않는다는 것이다. 다시 말하면 오로지 무의식적인 습득 과정을 거친 지식만이 발화 생산의 재료가 되며, 의식적 학습을 거친 내용은 발화 과정에서 단지 모니터 역할만 한다는 것이다. 크라센은 이 주장을 통해 '습득'의 중요성을 강조하였다.

▌ monitor와 Monitor

감시 또는 자기 수정은 모어를 사용하는 과정에서도 일어난다. 이 책의 2장 심리언어학에서 살펴본 발화 모형(개념화-공식화-조음-자기 점검)의 가장 마지막 단계에 있는 자기 점검(self-monitoring)이 바로 그 과정이다. 크라센은 모어에서 작동하는 모니터는 monitor라고 하여 제2 언어에 사용되는 Monitor와 구별하였다. 즉, monitor는 모어 사용자가 직관, 느낌에 의존하는 것이며 Monitor는 의식적으로 알고 있는 규칙에 의존한 것임을 나타낸다.

○ 자연적 순서 가설

1970년대 초반 Brown(1973)의 모어 습득 연구와 Dulay & Burt (1973, 1974a, 1974b)의 아동 제2언어 습득 연구 등 수많은 연구를 통해 언어 습득에는 보편적 순서, 즉 **자연적 순서**(natural order)가 존재한다는 것이 밝혀졌다. 크라센과 동료들의 연구에서도 제2언어 혹은 외국어로 영어를 습득하는 학습자들이 영어 형태소를 일정한 순서로 습득한다고 밝혔다(Bailey, Madden & Krashen, 1974). 이 연구에서는 특히 제2언어 학습자들이 문법 형태소를 '학습한' 순서와 그것을 '습득한' 순서가 일치하지 않는다는 사실을 통해 학습과 습득이 서로 다른 인지적 과정이라고 확신하였다. 크라센의 자연적 순서 가설에서는 목표어에 노출되어 듣기를 하는 것만으로도 이러한 예정된 순서에 따른 습득이 일어난다고 주장한다. 그리고 크라센의 가설을 포함한 자연적 순서에 관한 연구들은 언어 습득의 선천적 매커니즘이 모어뿐 아니라 제2언어에도 작동하며, 언어 습득에 내적 동인이 있다는 추론을 가능하게 하였다.

▌ 언어 습득의 자연적 순서

'자연적 순서'의 개념은 모어 습득 과정을 관찰하면서 정립되었다. 1973년 Brown과 그의 동료들은 미국 아동 세 명의 언어를 종단적으로 연구한 결과, 아동이 문법 형태소 습득에서 대체로 일정한 순서를 보인다는 것을 발견하였다. 특히 각 형태소를 습득한 시기는 아동마다 차이가 있었지만 형태소를 습득한 순서는 세 아동에게서 유사하게 나타나, 언어 형식이나 규칙, 항목 등이 예측 가능한 순서로 습득된다는 가설이 수립되었다.

같은 시기에 Dulay & Burt(1973, 1974a, 1974b)에서는 제2언어 아동

학습자의 영어 습득을 관찰하였다. 그 결과 모어 연구에서와 같은 순서
는 아니지만, 학습자 언어 자료 내에서 일정한 순서로 문법 형태소가
습득되는 것이 확인되었다. 특히 아동 학습자의 연령이나 모어 배경과
관계 없이 이러한 경향이 나타나 언어 습득에 보편성이 존재한다는 근
거가 되었다.

모어와 제2언어에서 영어 형태소가 습득되는 순서[5]

형태소	예문	모어 순서	제2언어 순서
진행형 -ing	He is talking.	1	3
복수 -s	There are two cats.	2	4
불규칙 과거	We ate.	3	7
소유격 -s	The child's toy	4	8
관사 a/the	The cat / A sunny day	5	1
규칙과거 -ed	They talked.	6	6
3인칭 단수 -s	He sings.	7	9
계사 be	He's tall.	8	2
조동사 be	She's singing.	9	5

○ **입력 가설**

크라센은 자연적 순서 가설에서 인위적인 학습은 습득에 큰 도움이
되지 않는다고 하였다. 그는 학습자의 언어 구조 습득을 돕는 것은
'이해 가능한 입력'이 충분히 주어지는 것이라고 주장하였다. 그가 말
한 **이해 가능한 입력**(comprehensible input)이란 '현재 학습자의 수준
보다 약간 상회하는 수준의 입력'을 말하며, 기호로는 'i+1'으로 나타낸
다. 여기서 i는 '학습자의 현재 언어 상태'를 가리킨다.

---

5) 이 표는 Brown의 모어 순서와 Dulay & Burt의 제2언어 순서를 조합하여 구성하였다.

입력 가설(Input Hypothesis)은 학습자가 자신의 언어 지식보다 약간 높은 수준의 언어 입력을 제공받을 때, 입력의 대부분을 이해하고 나머지 모르는 부분에 대해 이해하려는 노력을 기울이면서 언어의 발달을 이루게 된다는 생각이다. 중요한 것은 '+1'인데, 크라셴이 말한 '상회'의 정도는 학습자가 특정 상황이나 맥락, 그리고 자신의 배경지식을 동원하면 충분히 이해할 수 있는 범위이다.

이러한 가설에 근거하여 크라셴은 말하기 학습 초기의 교실에서는 '가르치지 말 것'을 권하였다. 아동의 언어 습득 과정에서 초기 일년 동안은 듣기만 했던 것처럼 학습자 역시 일정한 기간 동안 듣기에 집중할 수 있는 **침묵기**(silent period)를 거쳐야 하며 말하기를 강요받지 않아야 한다고 주장하였다. 그리고 이 시기에 이해 가능한 입력이 지속적으로 주어진다면 학습자가 스스로 목표어의 언어 구조를 파악하고 규칙을 내재화할 수 있다고 하였다.[6]

○ **정의적 여과 장치 가설**

정의적 여과 장치(affective filter)란 학습자의 동기, 욕구, 태도, 감정 상태에 기초하여 입력 언어를 잠재의식적으로 걸러내는 장치를 말한다(Krashen, 1985:100). 크라셴은 언어 습득이 일어날 수 있는 가장 바람직한 상태는 '학습자의 심적 부담이 적고, 학습에 대한 방어적 태도가 없는 상태'라고 주장하였다. 그리고 이러한 상태를 '정의적 여과

---

6) 크라셴의 가설들은 생득주의에 기반하고는 있으나, 언어 습득에 입력이 어떻게 기여하는가에 대해서는 촘스키와 다른 견해를 갖는다. 촘스키는 주변의 언어(입력)가 단지 '아동의 언어 습득 장치를 작동시키는 역할' 즉 trigger로서 기능할 뿐이라고 하였다. 그러나 크라셴은 '입력'은 '학습자가 언어 구조를 습득할 수 있는 원천'이라고 보았다. 따라서 입력의 역할에 대한 두 학자는 견해는 다르다고 볼 수 있다.

장치가 낮은(low) 상태'라고 하였다.

협조적이고 안정적인 교실 분위기 속에서 학습자들이 더 많은 언어 요소를 습득할 수 있다는 그의 주장은 언어 교실에 많은 변화를 일으켰다. 특히 정의적 여과 장치의 개념은, 같은 내용을 학습하더라도 습득에 성공하는 학습자와 그렇지 못한 학습자가 있는 이유를 설명해 줄 수 있었다. 수업에 대한 불안감이나 스트레스가 많은 학습자들이 언어 습득에 실패한다는 것을 경험을 통해 알고 있던 교사들은, 크라센의 가설을 통해 학습 상황에서 정의적 요인의 중요성을 인식하게 되었다.

지금까지 살펴본 크라센의 감시자 모형을 바탕으로 언어 습득과 산출 과정을 도식화하면 〈그림 1〉과 같다.

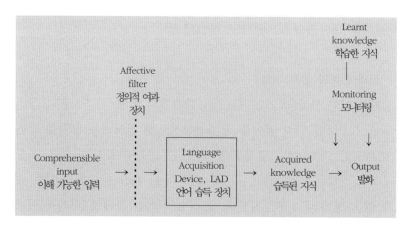

〈그림 1〉 L2 학습과 발화에 관한 입력가설 모형(Gregg, 1984)

크라센의 가설들은, 수업에서 언어 규칙을 가르치기보다는 의미 있는 상호작용을 경험하게 하고 과제 완성을 위해 언어를 사용하게 만드는 것이 중요하다고 보는 **의사소통적 접근법**(communicative approach)의 근간이 되었다. 그러나 수업에서 '규칙 학습은 필요없다'고 한 크라센의 주장은 제2언어 학습에서 학습자가 규칙이나 형태에 의식적으로 초점을 맞출 때 의사소통 능력이 효율적으로 증진된다는 사실을 입증한 여러 연구들에 의해 비판받았다. 그럼에도 불구하고 그가 주장한 다섯 가설에 기반하여 고안된 **자연교수법**(Natural Method)은 이후 제2언어 교수법에 중대한 영향을 미쳤으며, 오늘날 언어 교실에서도 그의 가설 중 많은 부분들이 받아들여지고 있다.

▌크라센의 가설에 기반한 자연교수법

　자연교수법은 학습자가 목표어로 의사소통하는 능력을 키우는 것을 궁극적 목적으로 삼는다. 자연교수법에서는 언어 습득 과정에서 이해(comprehension)가 산출(production)에 선행한다는 점을 강조하였다. 따라서 언어를 배우는 초기에 학습자들은 일정 기간의 침묵기를 가지면서 충분히 언어 입력을 받아들이면서 이해를 키워 나가고, 스스로 말하고 싶을 때 발화하도록 해야 한다고 하였다. 이는 아동이 모어를 습득하는 상황과 비슷한 환경을 만들어 줌으로써 제2언어 습득도 그와 유사하게 자연스럽게 일어나도록 해야 한다는 생각을 전제로 한다. 또한 그는 습득을 극대화하기 위해서는 학습자의 정의적 측면에 대한 배려가 중요하다고 보았다. 따라서 자연교수법에서는 긴장되고 경쟁적인 분위기의 수업보다는 편안하고 불안 요소가 적은 수업 분위기를 만들 것을 제안하였다.

2.3. 상호주의

　상호주의적 관점에서 모어 습득을 설명한 연구에서는 아동과 주변의 사물 또는 사람이 상호작용하는 것이 아동의 언어 능력 발달을 가져온다고 보았다. 특히 아동과 상호작용을 하는 사람들이 아동의 언어 능력과 인지 상태에 맞게 조절된 발화를 제공하는 것이 언어 발달을 가능하게 한다고 주장하였다.

제2언어 습득을 상호주의적 관점에서 바라보는 연구자들도 역시 학습자와 원어민 사이의 상호작용이 제2언어 습득을 촉진한다고 보았다. 비원어민과 원어민의 상호작용은 의미 중심 의사소통의 성격을 지니고 있어 상대방을 이해시키려는 노력이 발생한다. 그리고 이 과정에서 학습자 수준에 맞는 조절된 발화가 원어민에 의해 주어지면서 학습자의 언어 발달이 일어난다는 것이다. 상호주의적 관점에서의 이론들을 사회적 구성주의와 상호작용 가설로 나누어 살펴보도록 한다.

1) 사회적 구성주의

학습 이론으로 주목을 받는 **구성주의**(Constructivism)는 학습자의 능동적 지식 구성을 강조한다. 환경과 인간을 양분화한 기존의 인지주의적 관점과는 달리 구성주의에서는 인간이 환경 속에 존재하므로 그 정신세계 역시 환경의 영향을 받는다고 주장한다. 또한 개인이 일단 획득한 지식은 경험을 거치고 재구성되는 과정을 통해 지속적으로 재창출된다고 봄으로써 지식의 역동적 측면을 강조하였다.

굿맨(K. Goodman)은 지식이란 '여러 사람의 정신세계를 이야기하면서 타인의 지식을 배우고 자신의 지식을 재구성하며, 더 나아가 자신의 지식으로 타인에게 영향을 미치는 일이 반복되는 과정에서 발생한 상호성의 산물'이라고 하였다. 이는 지식이 개인적인 경험의 산물이며 개인에 귀속된다기보다는 사회문화적 공동체가 공유하는 경험에서 나온 사회적 산물임을 강조한다. 지식의 형성 과정에 대한 이러한 관점을 **사회적 구성주의**(Socio-Constructivism)라고 한다. 이 이론은 오늘날 제2언어 습득을 설명하는 여러 이론 중에서도 매우 설득력 있게 받아들여지고 있다.

사회적 구성주의에 따르면 경험이 다른 두 개체(개인)가 자신의 생각을 올바르게 전달하고 타인을 이해하기 위해서 상호작용을 통한 **의미 협상**(meaning-negotiation)을 반드시 거치게 된다. 그리고 그 과정에서 지식이 창출 혹은 재창출되는데 이러한 지식은 지역 공동체를 기반으로 공유된다. 따라서 서로 다른 지역 공동체에 속한 사람들은 공유하고 있는 지식이 적으며, 이로 인해 대화 상황이나 상대방의 발화 내용과 의도 등을 잘 이해하지 못하여 오해가 발생할 수밖에 없다는 것이다.

제2언어 습득을 사회적 구성주의 관점에서 설명하고자 한 연구자들은 비고츠키의 사회문화적 이론을 중요하게 다루었다. 비고츠키의 모어 습득 관련 논의에서는 아동의 인지 및 언어 발달이 개인간의 상호작용을 통해 이루어진다고 보았다. 그의 근접 발달 영역(ZPD) 개념은 아동이 부모나 선생님을 포함한 주변 어른들의 도움을 비계(스캐폴딩)로 하여 수행 가능한 과제의 영역을 확장해 간다고 하였다. 비고츠키의 관점을 제2언어 습득에 받아들인 연구자들은 비원어민인 학습자가 자신보다 언어 수준이 높은 사람, 즉 교사나 원어민 등과 상호교섭을 하는 가운데 더 높은 수준으로 언어 지식을 변화시킨다고 보았다.[7]

2) 상호작용 가설

사회적 구성주의의 큰 틀 안에서 상호주의자들은 크라센이 강조한 이해 가능한 입력, 즉 i+1의 중요성을 인정하면서 '입력을 이해가능하도록 만드는 방법'이 무엇인지에 좀 더 주목하였다. 그 결과 제2언어

---

7) 비고츠키는 1896년에 태어나 37세의 나이로 1934년에 사망하였다. 따라서 교육학, 심리학, 언어 교육에서 인용되는 비고츠키의 개념과 관점들은 그의 영향을 받은 다른 연구자들에 의해 폭넓게 해석되고 응용된 것이다.

습득을 촉진하는 원천이 원어민과 비원어민의 상호작용에 있으며, 특히 대화에서 발생하는 **수정적 상호작용**(modified interaction)이 언어 습득에 필수적 요소임을 확인하였다(Long, 1983; Hatch, 1992; Pica, 1994).

대화 상황에서 학습자(비원어민)에게 주어지는 입력은 그들의 언어 능력보다 쉬울 수도 있고 어려울 수도 있다. 그런데 의사소통이 일어나는 실제 상황들을 관찰한 결과, 학습자의 수준에 맞게 입력이 수정되는 현상이 확인되었다. 이렇게 입력이 조정되는 것을 **입력 수정**(input mofication)이라고 하며, 학습자가 수정된 입력을 제공받으면서 발화를 이어감으로써 제2언어 습득이 촉진된다는 것이다.

이른바 **상호작용 가설**(Interaction Hypothesis)에서는 학습자의 요구에 맞춰 조정되고 변형된 입력만이 언어 습득에 유용하게 작용한다고 주장한다. 그들은 학습자에게 주어지는 언어는 단순히 학습자의 내적 습득 기제(LAD)를 일깨우는 역할만 하는 것도 아니고,[8] LAD에 언어 자료를 제공하는 역할만 하는 것도 아니라고 보았다.[9] 즉, 학습자가 대화 상대와 의미 협상을 하는 과정에서 언어 입력이 질적으로 변화하는데 이것이 학습자의 요구에 맞을 때 언어 습득이 일어나는 상황이 조성된다는 것이다.

상호작용에 관한 많은 연구에서는 학습자의 수준을 예측하여 미리 조정해 놓은 입력을 일방적으로 제공하는 것보다는 실제 대화 상황에서 이해에 방해가 되는 부분을 그때그때 수정해 주는 것이 더 유용하다고 밝혔다. 다음 대화에서는 원어민과 학습자 상호작용에서 어떻게 입력이 '이해가능하게' 바뀌는지 그 과정을 보여준다.[10]

---

8) 3장의 촘스키의 모어 습득 이론 중 '언어 습득 장치' 부분을 참고할 수 있다.
9) 크라셴의 감시자 모형을 참고할 수 있다.

> **한국인** 이번에 학점 잘 나왔어요?
>
> **유학생** 학점요?
>
> **한국인** <u>아, 점수요. A+나 A 그런 거요.</u>
> <u>한국어 수업에서 A 받았어요?</u>
>
> **유학생** 아! 아니오, 음.. 한국어 B 받았어요.

상호작용의 중요성을 강조하는 연구자들은 어려운 입력을 쉽고 단순하게 수정해 주는 것 외에 부연 설명을 하거나 이해를 확인하는 것, 발화 속도를 늦추는 것, 몸짓과 표정 등의 비언어적 요소를 이용하는 것이 모두 입력 수정의 방편이 된다고 보았다. 특히 교실 환경에서는 교사, 학습자 및 동료 학생들 사이에서 이러한 상호작용이 수시로 일어난다. 상호작용과 입력 수정을 통해 언어 습득이 일어난다는 점을 감안할 때 교사는 때로는 운영자로서 때로는 촉진자로서 다양한 유형의 상호작용이 일어나도록 모색해야 한다.

▌ 외국인 대상 발화

아동 대상 언어, 또는 모성어가 아동에게 주어지는 것처럼, 언어가 완전하지 못한 비원어민(제2언어 학습자)에게도 특별한 입력이 주어진다. 이를 **외국인 대상 발화**(foreigner talk) 또는 **교사 말투**(teahcer talk)라고 한다. 외국인 대상 발화는 다음 대화에서 살펴볼 수 있다.[11]

---

10) 대화는 Pica(1987:5)에 제시된 다음 대화를 한국식으로 옮긴 것이다.
   원어민: Did you get high marks?
   학습자: High marks?
   원어민: Good grades A's and B's … Did you get A in English?
   학습자: Oh, no in English yes em B.

교사	어디에서 왔어요?
학습자	음...
교사	어느 나라 사람이에요? 어느 나라?
학습자	음, 저는 중국 하난이에요.
교사	중국 하난이에요? 하난?
	중국에 동, 서. 동, 서, 남, 북 어디예요?
	하난은 중국의 어디예요? 동, 서, 남, 북?
학습자	베이(bei)요.
교사	북, 북, 북쪽이에요?
학습자	응.

Long(1996)에서는 외국인 대상 발화의 특징을 다음과 같이 정리하였다.

- 빈도 높은 단어와 구 사용. 단순한 어휘 사용
- 긴 휴지, 느린 말 속도, 주의 깊은 조음
- 큰 목소리, 중요한 단어에 강세 주기
- 단순화시킨 문법 구조
- 화제화: 먼저 화제를 말하고 그에 대해 설명
- 통사적인 면에서 더 규칙적이고 완전한 형태 유지: 축약, 탈락, 대명사 등을 덜 사용함

Saville-Troike(2006)에서는 외국인 대상 발화의 특성 가운데 학습자의 이해에 실제로 도움이 되는 것은 다음과 같다고 하였다.

- 문법적으로 적절한 곳에서의 휴지: 학습자가 문장의 구조를 이해하는 데 도움을 줌
- 느리게 말하기: 학습자가 정보를 알아내고 처리할 시간을 줌
- 화제화: 문장이 무엇에 관한 것인지, 어느 부분이 새로운 정보에 해당하는지 알아내는 데 도움을 줌.

이 연구에서는 학습자에게 큰소리로 말하는 것이나 문장 구조를 단순화하는 것은 이해에 큰 도움이 되지 않는다고 밝혔다.

3) 출력 가설

스웨인(M. Swain)은 제2언어 습득에서 입력의 중요성은 인정하면서도, 학습자에게 말하기, 쓰기 등의 발화 기회가 없다면 습득이 충분히 일어나지 않는다고 주장하였다. 그는 학습자에게 충분한 발화 기회가 주어져야 한다는 내용을 담고 있는 **출력 가설**(Output Hypothesis)을 정립하였다.

스웨인은 캐나다에서 몰입식 영어 교육을 받고 있는 학습자들을 관찰한 결과, 그들의 이해 능력은 원어민에 가까웠지만 발화 능력은 이해 능력에 비해 크게 뒤떨어진다는 점에 주목하였다. 그리고 그 원인이 발화 기회가 결여되어 제2언어의 문법과 어휘 발달을 촉진하지 못했다는 데서 찾았다.

학습자에게 **이해 가능한 출력**(comprehensible output)의 기회가 주어짐으로써 그들은 자신의 중간언어와 목표어 체계를 비교하여 문제를 발견할 수 있다. 또한 출력 기회는 새로운 언어 구조와 형태를 시험해 보게 하여 가설의 시도, 검증을 가능하게 한다. 이 과정에서 학습자는 자신의 부족한 부분을 찾아내고 이를 보완하기 위해 스스로 노력하게 할 수도 있다.

어떤 경우라도 출력은 그것을 들어주는 원어민의 존재를 전제로 한다. 따라서 본질적으로 상호작용을 기반으로 한다. 이때 원어민으로부터 피드백이나 반응이 주어지는 것이 매우 중요하다. 때로는 학습자들 사이에서의 출력과 의미 협상도 습득을 돕는 역할을 한다. 그들은 비록 불완전한 제2언어를 구사하지만 각자의 지식 영역이 다르기

---

11) 교사는 학습자의 이해를 돕기 위해 같은 말을 반복하거나('어느 나라?', '하난?', '동, 서, 남, 북' 등), 이해하기 쉬운 표현으로 바꿔 말하는 것(어디에서 왔어요? → 어느 나라 사람이에요?)을 확인할 수 있다.

때문에 어떤 면에서는 상대방의 언어 습득을 도울 수 있는 것이다.

상호주의적 관점의 내용을 종합하면 학습자에게는 입력이 풍부하게 주어지는 것이 중요하지만 학습자의 요구와 수준에 맞게 조정된 입력이어야 도움이 된다. 또한 학습자가 자신의 언어를 시험해 볼 수 있는 기회인 '출력'은 입력 못지 않게 중요하다고 할 수 있다.

3. 제2언어 습득론의 주요 주제

제2언어 습득에 관한 연구에서 중점적으로 다루어지는 몇 가지 주제에 대해 간단히 살펴보도록 한다. 이를 통해 우리는 제2언어 교수 현장에서 부딪히는 다양한 문제들을 어떻게 이해하고 해결해야 할지 답을 얻을 수도 있을 것이다.

3.1. 학습자 요인

학습자들의 나이나 지능, 동기와 태도, 성격, 적성 등과 같은 **학습자 요인**(learner factors)이 제2언어 습득에 미치는 영향에 대해서도 많은 연구가 있어 왔다. 여기서는 학습자의 연령과 동기 및 태도가 제2언어 습득과 어떤 관계에 있는지 기존의 논의들을 통해 알아보도록 한다.[12]

---

12) 이 외에 적성, 성격, 학습 유형이나 학습에 대한 신념 등이 제2언어 습득에 영향을 주는 요인으로 간주된다. 이 책에서 다루는 나이, 태도, 동기 외의 요인들에 대해 자세히 알고 싶으면 Lightbown & Spada(2010)이나 Brown(2007)을 참고할 수 있다.

1) 나이

제2언어 하습자 중 많은 이들은 원어민과 성공적으로 의사소통할 수 있을 정도로 높은 언어 수준에 도달한다. 그러나 억양이나 어휘 선택, 혹은 문법적 특성 가운데 어느 부분은 외국인 말투로 인식되면서 학습자와 원어민이 구별된다. 예를 들어 한국어에서는 평음-경음-격음의 구별, 격조사와 보조사 사용, 문장 내 억양 같은 것들이 그런 지표가 된다. 특정 언어를 모어로 습득한 사람(원어민)과 제2언어로 습득한 사람(학습자)은 이러한 요인들에 의해 구별될 수밖에 없다. 그러면 이러한 차이가 생기는 원인이 무엇일까.

많은 연구자들이 이를 설명하기 위해 다시 결정적 시기에 집중하였다. 즉, 결정적 시기 이전에 제2언어에 노출된 학습자는 그 이후에 노출된 이들보다 목표어를 성공적으로 습득할 가능성이 높다는 것이다. 바꿔 말하면 뇌의 성장 및 기능 분화가 이루어지는 결정적 시기가 완료된 이후에 제2언어에 노출되면 성공한 학습자가 되기 어렵다는 것이다. 그러나 이러한 관점에 회의적인 연구자들은 결정적 시기가 모어 습득에는 중요하지만 제2언어 학습, 특히 성인 학습자의 제2언어와는 큰 관련이 없다고 주장한다. 그들은 성인 학습자는 생물학적인 기제가 아니라 일반적인 **학습 능력**(learning system)에 의존하여 새로운 언어를 배워나간다고 주장한다.[13]

Johnson & Newport(1989)에서는 문법적 직관의 발달이 나이와 관련된다는 사실을 보여주었다. 이 연구에서는 서로 다른 나이에 영어

---

13) 그러나 성인과 아동에게 단순히 생물학적 차이만이 존재하는 것은 아니라는 사실을 간과해서는 안 된다. 성인 학습자들은 언어 학습 목적과 학습 조건, 학습 방법, 사용 기회 및 과제의 난이도, 자신에 대한 기대나 불안감 등의 여러 가지 면에서 아동들과는 근본적으로 다르다. 그렇기 때문에 그 둘을 동일 선상에 놓고 비교하는 것은 논리적으로 모순이라는 비판도 제기되고 있는 것이다.

를 배우기 시작한 중국인과 한국인 학습자 46명을 대상으로 문법 직관에 대한 실험을 실시하였다. 전체 문장들 중 절반가량이 비문법적 문장들을 학습자들에게 들려주고 각 문장이 문법적인지 그렇지 않은지를 표시하도록 하였다.

실험 결과는 학습자들이 미국에 온 나이와 문법적 직관이 매우 밀접한 관련이 있음을 보여주었다. 15세 이후에 영어를 배우기 시작한 학습자들은 원어민과 같은 문법적 직관을 가지지 못하며, 15세 이전에 영어를 배우기 시작한 학습자들이 문법 직관면에서 더 우수한 수행을 보여주었다. 이러한 연구 결과는 제2언어 학습자들의 성취도와 결정적인 시기가 관련이 없지 않다는 것을 입증해 준다.

나이와 제2언어 습득의 관계에 대해서는 아직 뚜렷한 결론이 나지는 않았지만, 여기서는 몇몇 고전적 연구들을 살펴보면서 그 관계에 대해 생각해 보도록 한다(Cook & Singleton, 2014).

나이와 제2언어 습득에 관한 고전적 연구들

- Asher & Gracia(1969) 1~5세 사이에 미국에 온 아이들이 그 이후에 들어온 사람들보다 영어 발음을 더 잘한다.
- Seliger et al.(1975) 9세 이전에 이민한 사람 대부분이 현지어를 원어민 수준으로 구사하였으나, 16세 이후에 들어온 사람들은 스스로 **외국인 말씨**(foreign accent)를 갖고 있다고 느꼈다.
- Patkowski(1980) 15세 이전에 미국으로 이주한 사람들의 영어 문법 능력이 그 후에 온 사람들보다 평균적으로 높았다.
- Piske et al.(2002) 캐나다에 이주한 이탈리아 사람 중 아동은 청소년이나 성인보다 외국인 말씨를 덜 갖고 있었다.

연구에서는 대체로 사춘기 이전이 제2언어를 습득하기에 유리하다고 결론 내리고 있다. 그러나 Cook & Singlon(2014)에서는 보통 이러한 연구들이 해당 지역으로 이주한 후 오랜 시간이 지난 뒤에 언어 능력을 측정했다는 점을 지적하였다. 그들은 Snow & Hoefnagel-Höhle의 연구 결과(이주 직후 4~5개월 이내에는 아동보다 청소년, 성인 학습자의 현지어 구사 능력이 월등히 뛰어났다는 것)을 인용하면서 '어리다는 것이 언제나 유리한 것은 아니다'라고 하였다. 이 밖에 나이가 제2언어 습득에 미치는 영향, 즉 아동 학습자와 성인 학습자의 차이에 대해서는 〈표 1〉의 내용을 참고할 수 있다.

〈표 1〉 연령에 따른 제2언어 습득(Saville-Troike, 2008:82)

아동 학습자	성인 학습자
• 뇌 가소성(brain plasticity)[14] • 비분석적(not analytical) • 낮은 억제(fewer inhibitions, usually) • 낮은 정체감(weaker group identity) • 단순화된 입력(simplified input more likely)	• 학습 능력(learning capacity) • 분석 능력(analytic ability) • 화용 능력(pragmatic skills) • 모어에 관한 풍부한 지식(greater knowledge of L1) • 실세계에 대한 지식(real-world knowledge)

2) 동기와 태도

동기(motivation)는 어떤 일을 하려는 의도와 목표지향적 행위를 만들고 유지하는 동력을 말한다(Cook & Singleton, 2014). 제2언어 습득

---

14) 뇌 가소성이란 기억, 학습 등에서 뇌 기능이 유연한 적응 능력을 가진 것을 말한다. 이것은 기억, 학습에 있어서 비교적 짧은 기간 동안 가해진 자극이 뇌 내에 장기적인 변화를 일으키고 자극이 제거된 후에도 그 변화가 지속되는 것을 말한다.

에서의 동기에 대해서는 가드너(R. Gardner)의 이론 또는 **사회-교육 모델**(socio-education model)이 널리 인용된다. 이 이론에서는 학습자의 동기가 무엇을 지향하는가에 따라 통합적 동기와 도구적 동기로 나눈다.

통합적 동기(integrative motivation)는 학습자가 목표어 집단과 그들의 생활 방식에 대해 긍정적인 태도를 보이고, 목표어 공동체에 통합하고자 할 때 나타난다. 반면에 **도구적 동기**(instrumental motivation)는 제2언어를 학습하여 어떤 실용적인 것을 얻고자 할 때 나타난다. 대학 입시, 취업, 승진 등을 위해 제2언어를 학습하는 것이 그 예가 된다. 어느 동기가 더 바람직하다고 말하기는 어렵지만, 어느 쪽이든 동기는 강할수록 제2언어 학습의 성공에 도움이 된다고 한다.[15]

제2언어 학습 동기는 학습자에게 요구되는 '의사소통의 필요'와 그들의 '목표어 사용 집단에 대한 태도' 등에 의해 결정된다. 만약 학습자가 목표어가 사용되는 국가로 이주, 또는 유학을 계획하고 있다거나 해당 외국어 능력이 직장에서의 승진에 결정적 요인이 된다면 학습자들의 동기가 자연히 높아질 것이다. 언어 수업에서 학습자의 동기를 높이는 것은 매우 중요한 일이다.

교사는 수업 시간에 학생들을 동기화하기 위해 수업의 목표를 명확히 알려주는 편이 좋다. 이는 학습자들이 좀 더 주도적으로 수업에 참여하도록 만든다. 또한 교실 수업은 전체적으로 일정한 큰 틀을 유지하면서 학습자들이 안정적으로 참여하게 하되, 그 안에서는 다양한 활동을 마련하여 수업이 지루하지 않도록 하는 것이 중요하다. 이 밖

---

15) 학습자들이 성공했기 때문에 높은 동기를 가지는 것인지, 아니면 동기가 높았기 때문에 성공에 이르게 된 것인지는 밝히기 어려운 문제라는 지적도 있다(Skehan, 1989).

에도 학습자들이 다른 학생들과 경쟁하게 하는 것보다는 협력적인 활동을 하도록 수업 과제를 고안하는 것도 동기를 높이는 데 도움이 될 수 있다.

태도(attitude)는 동기와 관련된 중요한 요소이다. 일반적으로 개인의 태도는 출생 후 타인들과 접촉하는 시기에 겪은 상호작용의 결과로 나타난다. 태도는 자신에 대한 인식, 그리고 타인에 대한 생각, 자신이 살고 있는 세상에 대한 인식을 형성하는 주요 배경이 된다.

1970년대 미국에서는 영어 제2언어 학습자의 태도가 그들의 영어 습득과 학업 성취에 미치는 영향에 대해 많은 연구가 수행되었다. 연구에서는 다양한 문화권의 영어 학습자들을 대상으로 하여 그들이 '자기 자신에 대한 태도', '자신의 모어 사용자 집단과 목표어 사용자 집단에 대해 보이는 태도', '영어를 배우는 목적과 미국에 온 목적' 등을 조사하고 그것이 그들의 영어 학습 성취도와 나타내는 상관관계를 밝혔다. 그 결과 '자기 자신'과 '모어 사용 집단', '목표어 사용 집단'에 대한 태도가 긍정적인 학습자들의 영어 성취도가 높다는 것이 확인되었다. 바꿔 말하면 제2언어 학습자들이 목표어 문화와 그 공동체에 대해 부정적 태도를 지니면 학습 동기가 감소되고, 이것이 원어민들과의 상호작용을 저해하여 학습 성취에 부정적 영향을 미친다는 것이다.

제2언어 교실에서 교사들은 학습자들이 목표어 문화를 포함한 다른 문화를 존중하고 가치를 인정하는 태도를 지닐 수 있도록 유도해야 하며 목표어 문화와 사용자에 대한 긍정적 태도를 기를 수 있도록 도와야 한다. 물론 그 과정에서 목표어 문화의 긍정적 측면을 과도하게 부각시키거나 부정적 측면을 의도적으로 배제한다면 학습자들의 태도 형성에 역효과를 가져올 수도 있다.

3.2. 명시적 학습과 암시적 학습

제2언어를 어떤 방법으로 학습하는 것이 효율적인가에 대해서도 많은 논의가 진행되어 왔다. 의도성과 명시성을 기준으로 제2언어 학습 방법을 나눈다면 크게 **명시적 학습**(explicit learning)과 **암시적 학습**(implicit learning)으로 대별된다. 두 방법의 차이는 다음과 같다.

- **명시적 학습** 의식적 자각과 의도를 지닌 학습. 의도적 학습(intensional learning)
- **암시적 학습** 의식적으로 집중하거나 의식하지 못하는 학습. 우연적 학습(incidental learning)

두 학습법은 의도성(intension) 유무에 의해 구별된다. 크라센의 가설에서는 언어의 습득은 무의식적으로 일어나는 현상이므로 명시적 학습은 지양해야 한다고 주장하였다. 그러나 성인 학습자들을 대상으로 하는 언어 교실에서 암시적 학습에만 의존할 경우, '형태를 소홀히 다루는 점', '자신들이 발생시킨 오류를 명확히 수정해 주지 않는 점' 등에 대해 학습자들이 불만을 나타낼 것이다. 한편 지나치게 명시적 학습에 의존할 경우 교사 중심의 수업이 되기 쉬우며 주어진 시간 동안 언어 규칙에 관한 설명을 듣고 이해하는 데에만 많은 시간을 보내게 된다. 따라서 배운 내용을 내재화하거나 실제로 사용해 볼 수 있는 기회가 적어지는 문제가 생긴다.

최근 의사소통적 수업에서 의미 중심의 과제를 중심으로 수업을 진행한 결과, 앞서 언급한 불만 즉 형태를 소홀히 다룬다는 불만이 학습자들로부터 제기되었다. 이에 롱을 중심으로 한 언어 교육 연구자들은 **형태 초점 교수법**(focus on form, FonF)을 고안하였다. 이 방법은 학습자가 의미 중심의 수업 중에 발견하는 문법 구조나 어휘 등에 관심을 돌리고 그 형식에 주의를 기울이도록 하는 기법이다. 이러한 방법은 인지와 주의에 관한 심리학적 접근법을 응용한 개념으로, 전체적인 수업은 의사소통 위주의 수업을 유지하면서 필요한 목표어 문법이나 어휘 등 언어의 형식적 측면에 대한 학습을 보완하는 것이다.

명시적 혹은 암시적 교수법에 대해서는 오랜 기간 동안 논의가 있어 왔다. 결론적으로는 성인 학습자 대상 수업에서 언어 지식을 전달할 때는 암시적 방법과 명시적 방법을 병행할 필요가 있다고 합의하고 있다.

3.3. 인식과 습득

제2언어 습득론에서 또 하나의 쟁점은 '인식'이 습득을 설명하는 데 어느 정도로 중요한 요인인가 하는 문제이다. **인식**(awareness)이란 학습자들이 입력이나 산출의 어떤 측면에 대해 그들의 주의 집중을 의도적으로 조절하는 것으로, 의식적(conscious) 학습과 유사하다.

슈미트는 **알아차림 가설**(noticing hypothesis)을 제안하면서 학습자가 언어 입력을 알아차리는 데에는 형태에 대한 인식이 매우 중요한 역할을 한다고 주장하였다. 슈미트와 다른 연구자들에 의하면 '알아차림', 또는 '학습자가 입력에서 언어적 요소에 집중적으로 관심을 기울이는 행위'는 언어 입력을 학습자가 **흡입**(intake)으로 전환하기 위한 필수적 조건으로 보고 있다.

슈미트는 제2언어 습득이 결코 원어민과의 의사소통만으로 자연스럽게 이루어지지는 않는다는 사실에 주목하였다. 그는 교실 환경이 아닌 자연적 상황에서 영어를 배우게 된 일본인 이민자를 수년 간 관찰하였다. 슈미트는 그 이민자가 영어 원어민들과의 의사소통에서 뛰어난 능력을 보여주었지만, 문법 영역, 특히 시제 표시나 소유격 사용 등 형태 · 통사 측면의 발달에서 매우 제한된 수행을 보인다는 사실을 발견하였다. 그는 이러한 현상에 대해 상호작용에 의존한 암시적 학습만으로는 형태 습득을 완성하기 어렵다는 결론을 내렸다.

그는 아동이 주변 사람들과의 상호작용 속에서 언어구조를 습득하는 신비한 능력을 보이는 반면, 성인 학습자에게는 이러한 능력이 결여되어 있다고 보았다. 따라서 성인 학습자들은 일정 정도 '형태에 집중(paying attention to grammatical forms)'해야만 그것이 습득으로 이어진다고 주장하여 '명시적 교육', '형태에 집중한 교육'의 필요성을 강조하였다.

외국어 교수법의 어떤 관점에서는 언어를 의식적으로 학습하는 것은 피해야 한다고 주장하며, 또 어떤 관점에서는 언어 학습에서 형태를 의식하는 것이 매우 중요하다고 본다. 또한 학습자가 목표어의 형태와 복잡성을 지나치게 의식하는 것은 의미에 대한 집중을 방해한다는 주장도 있다. 결국 의미 집중을 선택하는가, 형태 집중을 선택하는가도 교실 상황이나 학습자 변인에 따라 다르게 적용되어야 할 것이다.

3.4. 의미 협상과 교사의 역할

앞에서도 살펴보았듯이 사회적 구성주의에서는 의미 협상을 통한 지식의 구성이 제2언어 습득에서도 중요한 작용을 한다고 강조하였다. 여기서 협상은 두 가지 역할로 해석되는데 첫 번째는 협상을 통한 만장일치(consensus)나 타협(compromise)을 뜻하며, 두 번째는 협상을 통한 '오해의 해결'을 의미한다.

만약 교사가 교실에서 첫 번째 의미의 협상, 즉 의견이 다른 사람들로부터 동의를 이끌어내야 한다면 그는 오케스트라의 지휘자나 관리자와 같은 역할을 수행해야 한다. 이를 위해 교사는 그룹 활동에 대한 규칙을 설정하고, 학습자가 수행해야 되는 과업에 대하여 정의하고 학생 간의 상호작용을 조성하며 때로는 그룹의 학생들에게 특정한 역할을 할애하는 등 전통적인 교사의 역할을 해야 한다. 일단 이러한 체계가 설정되면 교사는 학습자들 사이를 돌아다니면서 그룹이 과업을 제대로 수행하는지를 모니터하고 필요하다면 학습자에게 도움을 주어야 한다.

두 번째 의미의 협상을 위해서는 교사가 안내자의 역할을 해야 한다. 교사는 학습자가 이해하기 어렵고 자주 틀리는 부분을 지적하고 그에 대한 실질적 도움을 줌으로써 학습을 이끌어 가는 것이다. 의미 협상에 관한 연구에서 '바람직한 교사'의 역할은 오케스트라 지휘자의 역할이 아니라 안내자나 조력자로서의 역할이라고 한다. 즉, 상호작용을 도모하고 학생들의 적극적인 참여를 유도할 때 지식의 구성이 가장 활발하게 일어난다는 것이다.

■ 참고문헌

Asher, J. J., & Garcia, R.(1969), The optimal age to learn a foreign language. Modern Language Journal, 53(5), 334–341.

Bailey, N. Madden, C., & Krashen, S. D.(1974), Is there a "natural sequence" in adult second language learning?, *Language Learning,* 24, 235-243.

Bley-Vroman, R.(1989), What is the logical problem of foreign language learning? in S. M. Gass & J. Schachter (Eds.), *Linguistic perspectives on second language acquisition.* Cambridge: Cambridge University Press.

Brown, H. D.(2007), *Principles of Language and Teaching,* 5th ed. Pearson Education.

Brown, R.(1973), *A first language: the early stages,* London: Allen and Unwin.

Cook, V.(1985), Chomsky's Universal Grammar and Second Langauge Learning, *Applied Linguistics,* 6, 1-18.

Cook, V., & Singleton, D.(2014), *Key Topics in Second Language Acquisition,* MM Textbooks.

Corder, S. P.(1967), The significance of learner's errors. International Review of Applied Linguistics, 5, 161~170.

Corder, S. P.(1973), *Introducing Applied Linguistics.* Harmonds worth: penguin.

Doughty, C., & Long, M.(2003), *The Handbook of Second Language Acquisition,* Blackwell Publishing.

Dulay, H. C., & Burt, M. K.(1973), Should we teach children syntax?, *Language Learning,* 23, 245-258.

Dulay, H. C., & Burt, M. K.(1974a), Errors and strategies in child second language acquisition, *TESOL Quarterly,* 8, 129-136.

Dulay, H. C., & Burt, M. K.(1974b), Sequences in child second language acquisition, *Language Learning,* 24, 37-53.

Gregg, K. W.(1984), Krashen's Monitor and Occam's Razor, *Applied Linguistics,* 5, 79-100.

Hatch, E.(1992), *Discourse and Language Education,* Cabridge University Press.

Johnson, J. S., & Newport, E. L.(1989), Critical period effects in second language learning: The influence of maturational state on the acquisition of English as a second language. *Cognitive Psychology*, 21, 60-69.

Krashen, S. D., & Terrell, T. D.(1983), *The natural approach: Language acquisition in the classroom.* London: Prentice Hall Europe.

Krashen, S.(1985), *The Input Hypothesis: Issues and Implications*, Longman.

Lado, R.(1964), *Language teaching, a scientific approach.* New York: Mcgraw-Hill, Inc.

Larsen-Freeman, D.(1997), Chaos/complexity science and second language acquisition. *Applied Linguistics*, 18(2), 141-145.

Lightbown, P. M., & Spada, N.(2010), *How languages are learned*, 3rd ed. Oxford, UK: Oxford University Press.

Long, M.(1983), Linguistics and conversational adjustments to non-native speakers. *Studies in Second Language Acquisition*, 5, 177-193.

Mitchell, R. & Myles, F.(2004), *Second language learning theories,* Routledge: New York.

Patkowksi, M.(1980), The sensitive period for the acquisition of syntax in a second language. *Language Learning,* 30(2), 449-472.

Pica, T.(1987), Second-language acquisition, social interaction, and the classroom. *Applied Linguistics,* 8, 3-21.

Pica, T.(1994), Research on negotiation: What does it reveal about second-language learning conditions, processes, and outcomes? *Language Learning,* 44, 493-527.

Piske, T., Flege, J. E., Mackay, IRA. & Meador, D.(2002), The production of English vowels by fluent early and late Italian-English bilinguals. *Phonetica* 59-1, 49-71.

Saville-Troike, M.(2006), *Introducing Second Language Acquisition*, Cambridge University Press.

Saville-Troike, M.(2008), *Introducing Second Language Acquisition*, International student edition, Cambridge Universitiy Press.

Schmidt, R. W.(1990), The role of consciousness in second language learning. *Applied Linguistics*, 11, 129-158.

Seliger, H., Krashen, S., & Ladeforged, P.(1975), Maturational constraints in the acquisition of second accent. *Language Sciences* 36, 20-22.

Selinker, L.(1972), Interlanguage. *International Review of Applied Linguistics*, 10, 209-241.

Skehan, P.(1989), *Individual differences in second language learning*. London: Edward Arnold.

Spada, N., & Lightbown, P. M.(1999), Instructional L1 influence and developmental readiness in second language acquisition, *Modern Language Journal*, 83(1), 1-22.

제5장

대조언어학

대조언어학의 성립 배경과 연구 목적 및 방법을 이해한다.
- 대조언어학의 이론적 배경은 무엇이며 학문적 성격은 어떠한가.
- 대조 분석이 가능한 영역에는 무엇이 있으며 분석 절차는 어떻게 되는가.
- 언어 간 대조 분석의 결과는 언어 교수 및 학습에 어떻게 활용되는가.

주요 용어

대조 분석(contrastive analysis), 대조 분석 가설(contrastive analysis hypothesis), 간섭(interference), 전이(transfer), 언어 간 전이(inter-lingual transfer), 언어 내 전이(intra-lingual transfer), 언어 간 영향론(cross-linguistic influence), 난이도 위계(hierarchy of difficulty)

1. 대조언어학이란

1.1. 대조언어학의 성립

대조언어학(contrastive linguistics)은 둘 이상의 언어를 체계적으로 비교·대조하여 공통점과 차이점을 밝히고자 하는 언어학 분야이다. 여기서 비교와 대조의 대상이 되는 언어 체계에는 음운, 형태, 문법 구조나 어휘 등이 포함된다. 최근의 연구에서는 텍스트나 담화 차원에서의 대조, 언어 문화적 요소나 비언어적 의사소통 방식에 대한 대조에도 관심을 기울이고 있다.

대조언어학 이전까지 언어학 연구에서 둘 이상의 언어를 비교하는 경우는 주로 친족 관계 규명을 위한 역사적·통시적 관점에서의 비교였다. 즉, 개별 언어들 간의 음운 대응 관계를 밝히고 이를 통해 그 언어들이 계통적으로 관련되어 있는지를 확인하는 것이 연구의 핵심이었다. 또한 비교언어학에서는 역사적으로 같은 계통에 속한다고 추정되는 언어들로 연구 대상을 제한하였다.

▌ **대조언어학의 인접 학문: 비교언어학과 언어유형론**

비교언어학(comparative linguistics)은 언어 변화 및 언어 간의 관계를 연구하는 분야로 특정 언어들을 서로 비교함으로써 그 언어들의 어원적 상호 관련성을 연구하는 학문이다. 언어간 비교 연구를 통해 그 언어들의 조상 언어를 재구해내는 것을 목적으로 한다는 점에서 대조언어학과 다르다. 기본적으로 비교언어학은 언어의 역사를 탐구하며 통시적 관점을 취하지만 대조언어학은 언어의 역사보다는 같은 시기의 두 언어를 비교하여 언어 간의 차이나 공통점을 찾는 데 관심을 기울인다. 따라서 공시적 관점을 취한다는 점이 또 다른 차이점이다.

언어유형론(linguistic typology)은 언어를 비슷한 유형으로 분류하는 것을 목적으로 한다. 즉 어떤 언어의 특성, 예를 들어 통사 구조나 음운론적 특성, 어순 능을 서로 비교한 결과를 가지고 언어를 분류하는 것이다. 가장 잘 알려진 유형론적 기준으로는 어순(word order)을 들 수 있다. 한국어는 주어-목적어-서술어(SOV) 어순을 가진 언어에 속하며, 영어나 중국어의 경우는 주어-서술어-목적어(SVO) 어순을 지니는 언어에 속한다.

공시적 연구라는 점에서 언어유형론은 대조언어학과 유사하다. 그러나 언어유형론이 언어의 보편성을 찾고 다양한 언어들을 공통된 특성에 따라 분류하는 데 관심을 둔다면 대조언어학은 주로 언어 학습을 목적으로 두 언어의 차이점을 밝히려 한다는 점에서 서로 다르다.

대조언어학은 외국어 번역이나 이중 언어 사전 편찬에서 등가적(equivalent) 항목을 찾아내기 위한 방편이 된다. 그러나 무엇보다도 외국어 학습 과정에서 모어의 간섭으로 인해 발생하는 오류를 방지하고자 학습자의 모어와 목표어의 체계를 대조하는 과정에서 크게 발전하였다.

대조언어학은 대조 분석을 통해 외국어 교육에 제공할 교육 자료를 찾는 것을 주된 목적으로 하지만, 대조 분석의 결과는 다시 이론 언어학에 유용한 자료로 제공되기도 한다. 둘 이상의 언어를 대조하는 과정에서 발견되는 차이점과 공통점은 우선 언어의 보편성을 설명해 주는 근거로 활용된다. 또한 대조를 목적으로 하는 언어 체계의 기술은 단일 언어의 기술보다 정밀하고 구체적으로 이루어져 기존의 언어 기술 내용을 더욱 풍부한 자료하게 한다는 점에서 가치가 있다.

정리하자면 대조언어학은 실용적이고 구체적인 문제 해결을 위해 연구되는 측면도 있으며, 언어의 본질을 규명하려는 학문적 호기심을 충족시키는 면도 있다고 할 수 있다. 그러나 이 책에서 우리는 전자,

즉 실용적 성격을 가진 학문으로서의 대조언어학에 집중하여 살펴볼 것이다.

1.2. 대조언어학의 학문적 성격

대조 분석에서 중요한 개념인 전이, 간섭, 습관 등은 당시의 지배적인 심리학 이론인 행동주의로부터 영향을 받은 것이다. 행동주의는 관찰 가능한 인간의 행동을 통해 인간의 내면을 탐구하고자 하였으며,[1] 행동주의 심리학자들은 인간의 행동이 자극과 그에 대한 반응, 그리고 강화를 거쳐 습관으로 굳어지는 것이라고 설명하였다.[2]

행동주의 심리학자인 스키너(B. F. Skinner)는 그의 저서 *Verbal Behavior* (1957)에서 인간의 언어 역시 습관화된 행동들 중 하나라고 주장하였다. 그의 이론에 따르면 모어(L1)는 처음 학습되고 습관화된 것이며, 새로운 언어(L2)를 배우는 것은 새로운 습관을 형성하는 것이라고 보았다.

행동주의 심리학에서는 선행 학습된 것이 그 다음에 학습하는 것에 영향을 미친다고 보았다. 이를 **전이**(transfer)라고 한다. 언어 상황에서는 먼저 학습한 것이 모어(L1)이고 나중에 학습하는 것이 제2언어(L2)이므로 L1 역시 L2에 영향을 미친다. 이때 L1과 L2에 유사한 부분에서는 **긍정적 전이**(정적 전이, positive transfer)가 일어나며, 차이 나는 부분에서는 **부정적 전이**(부적 전이, negative transfer)가 일어난다.

---

1) 프로이트의 정신분석학을 중심으로 한 기존의 심리학은 인간의 정신세계와 의식에 대해 탐구하는 데 중점을 두었다. 그러나 관찰과 검증이 불가능한 정신세계에 대한 탐구는 자연히 심증과 가설에 의존할 수밖에 없었다. 이에 행동주의 심리학자들은 사람과 동물에게 공통으로 나타나는 행동의 성질과 기능을 탐구함으로써 주관주의, 의인주의(擬人主義)의 편견을 시정하고자 노력하였다.
2) 이 책의 3장, 행동주의적 관점에서의 모어 습득 이론을 참고할 수 있다.

부정적 전이는 학습자들이 목표어를 올바르게 습득하는 것을 막는 **간섭**(interference)을 일으키므로 외국어를 가르칠 때 간섭을 예방해야 학습자가 그릇된 언어 습관을 들이지 않는다고 주장하였다.[3]

대조분석의 근간이 된 또 다른 학문적 배경은 구조주의 언어학이다. 특히 1940년대와 50년대 미국을 중심으로 발달한 **기술주의 언어학**(descriptive linguistics)이 큰 영향을 미쳤다. 기술주의는 구조주의 언어학의 한 학파로 객관적인 언어 자료를 대상으로 해당 언어의 체계를 기술하는 데 목적을 두었다.[4] 당시 고도로 발달되어 있던 기술주의 언어학은 언어들의 구조를 체계적이고 과학적으로 밝혀 놓았고 이는 대조 분석을 위한 자료 제공의 기반이 되었다.

2. 대조 분석의 개념과 절차

2.1. 대조 분석 가설

대조언어학의 연구 방법인 **대조 분석**(contrastive analysis, CA)은 미국 학자인 라도(R. Lado)와 그의 동료 프라이즈(C. Fries)에 의해 정립되었다.[5] 그들은 외국어 학습에 있어서 다음과 같은 내용을 가정하였는데, 이를 **대조 분석 가설**(contrastive analysis hypothesis, CAH)이라고 칭한다.

---

3) 언어 습득 과정에서 '그릇된 습관'이란, 불완전한 언어 사용 즉 '오류'를 말한다.

4) 구조주의 언어학에 대한 자세한 내용은 이 책의 1장을 참고할 수 있다.

5) 이들은 미국의 기술언어학에 의존해 제2언어로서의 영어 교육(English as a second language, ESL)을 위한 교재나 교수 기법을 개발하였다. 라도는 그의 저서 *Linguistics across culture-Applied Linguistics for Language Teachers* (1957)에서 언어 교사를 위해 언어의 소리 체계나 문법, 어휘 등을 대조 분석하는 방법을 소개하였다(Berns ed. 2010).

대조 분석 가설(박경자 외, 2003)

- 새로운 언어를 배울 때 어려움은 주로 학습자 L1(모어)의 간섭에서 기인한다.
- 이러한 어려움은 대조 분석을 통해 예측할 수 있다.
- 학습에서 발생하는 간섭을 줄이기 위해, 교재 개발에 대조 분석을 활용할 수 있다.

대조 분석 가설을 지지하는 연구자들은 학습자 모어와 목표어를 대조 분석한 결과를 바탕으로 교재를 개발하거나 교수법을 고안할 것을 제안하였다. 앞서 설명한 것처럼 학습자 모어와 목표어 사이에 동일한 항목이 있는 경우 긍정적 전이가 일어날 것으로 예상하여 이 부분에는 특별히 관심을 두지 않았다. 대조 분석 가설의 논리는 외국어 학습에서 가장 중요한 것이 학습자 모어와 목표어 체계에 존재하는 차이라는 점을 강조하였다.

2.2. 대조 분석의 절차 및 원칙

1) 대조 분석 절차

대조 분석의 절차는 Whitman(1970)에서 다음과 같이 정리하였다. 이 절차는 제2언어 교육을 위한 대조 분석으로 응용언어학적 관점에서의 대조 분석을 위한 것이다.

대조 분석의 절차

- **기술** 대조 분석하고자 하는 언어에 대해 기술한다.
- **선택** 대조하기 위한 항목을 설정한다.
- **대조** A 언어의 구조를 B 언어의 같은 부분의 구조와 비교한다.

- **예측** 두 언어 구조의 유사싱과 상이성을 바탕으로 난이도를 예측
  한다.

'기술' 단계는 대조 분석하고자 하는 언어를 체계적으로 밝혀 놓는
단계이며, '선택' 단계는 대조하기 위한 항목을 설정하는 단계이다. '대
조' 단계에서는 두 언어의 대응되는 부분을 상세히 비교하며 마지막으
로 '예측' 단계에서는 대조 분석에서 파악된 두 언어 구조의 유사성과
상이성을 바탕으로 **학습의 난이도**를 예측한다. 여기서 학습의 난이도
수준을 추측하여 위계화한 것을 **난이도 위계**(hierarchy of difficulty)라
한다.[6]

〈표 1〉 난이도 위계

난도	범주	L1과 L2의 관계와 예
Level 0	Transfer (전이의 범주)	L1 = L2
		일본어와 한국어의 어순
Level 1	Coalescence (합동의 범주)	L1 多 : L2 1
		chair, bench(L1 영) : 의자(L2 한)
Level 2	Underdifference (과소 세분화의 범주)	L1 有 : L2 無
		관사(L1 영어 有 : L2한국어 無)
Level 3	Reinterpretation (재해석의 범주)	L1 有 ≠ L2 有
		영어 형용사: 수식기능 우선5)
		한국어 형용사: 서술기능 우선
Level 4	Overdifference (과잉 세분화의 범주)	L1 無 : L2 有(Level 2의 반대)
		조사(L1 한: 有 : L2 영: 無)
Level 5	Split (분할의 범주)	L1 1 : L2 多(Level 1의 반대)
		쌀, 벼, 밥(L1 한) : rice(L2 영)

---

6) 〈표 1〉의 난이도 위계는 프레이터(C. Prator)가 정리한 '문법 난이도 위계의 본질 여
섯 가지(Prator, 1967)'에 허용(2019: 416)에서 제시한 사례를 함께 정리한 것이다.

2) 대조 분석의 원칙

대조 분석을 위해서는 대조의 자료를 동등하게 선택해야 한다. 즉 대상이 되는 언어 구조를 찾아야 하는데, 같은 의미나 기능을 두 언어에서 각각 어떻게 표현하는가를 찾으려는 관점에서 접근해야 한다. 실제로 분석의 시작은 분석자나 원어민에 의한 가장 적절한 번역 대응을 얻어서 그 안에서 상호 대응하는 형식을 추출해 나간다. 그런데 대응되는 표현의 의미는 지시나 지시물, 언어 기능을 포함해야 하므로 표현 방식은 서로 다르게 나타날 수도 있다.

인삿말의 경우에도 이러한 차이를 엿볼 수 있는데, 한국어에서는 아침에 "안녕히 주무셨어요?" 또는 "아침 드셨어요?"라는 인사말을 주고받는다. 그러나 영어의 경우 "Good morning."이라는 표현을 쓴다. 만약 한국식 인사를 직역하여 영어권 화자에게 말할 경우 상대방은 왜 그런 질문을 하는지 궁금해 할 수도 있고, "아침 드셨어요?"라는 질문이 의례적 표현임을 모른다면 의도를 전혀 이해하지 못할 수도 있다. 따라서 한국어의 "안녕히 주무셨어요?"를 직역한 문장보다는 영어의 "Good morning."과 대응시킬 때 의미와 기능을 모두 살릴 수 있다. 즉, 두 표현은 지시적 의미와 문장 형식은 서로 다르지만 화용적 기능이 같기 때문에 대응하는 표현이 되는 것이다.

또한 대조 분석에는 반드시 방향성이 고려되어야 하며 대조에 기준이 되는 언어를 설정해야 한다. 기준 언어는 보통 학습자의 모어가 된다. 학습자의 사고에서 가장 영향력 있는 언어가 모어이고 그들의 언어 사용이 모어를 중심으로 하기 때문이다. 예를 들어 영어를 배우는 한국인을 위한 영-한 대조 분석이라면 이때 기준 언어는 한국어로 정하는 것이 일반적이다. 그러나 완전한 대조 분석을 위해서라면 기준 언어를 바꾸어 다시 분석하는 것이 바람직하다. 그렇게 해야 두

언어를 비교한 특성이 면밀히 밝혀지기 때문이다(신자영, 2009: 68).[7]

3. 대조 분석 가설의 변화

3.1. 대조 분석 가설에 대한 비판

제2언어 학습자가 발생시키는 오류 가운데 실제로 많은 수가 학습자 모어와 목표어의 차이에서 기인한다. 이는 우리의 외국어 학습 경험으로도 쉽게 증명된다. 이러한 경험은 모어와 목표어 차이가 제2언어 습득에 부정적 영향을 미친다는 대조 분석 가설의 주장에 설득력을 더해준다. 그러나 1970년대에 학습자 언어와 관련된 다양한 연구 결과가 발표되면서 대조 분석 가설은 크게 두 가지 측면에서 비판을 받았다.

첫째, 대조 분석을 통한 학습 난이도 예측이 실제 언어 교실에서 학습자 혹은 교사가 경험하는 난이도와 항상 같지는 않다는 점이다. 당시 대조 분석은 언어 교사에 의해 실시되기보다는 언어학자에 의해 수행되었고, 그 결과를 교육과정이나 교재에 반영하여 언어 교실에 제공하였다. 이는 언어 간 대조 분석 결과가 언어 교실의 실제와 괴리될 수밖에 없게 하였다. 즉, 학습 상황이나 학습자 요인을 고려하지 않은 언어학적 분석이 실제 교수 상황에서는 맞지 않을 수도 있다는 것을 보여주었다.

---

7) 이 밖에 분석한 내용을 기술할 언어, 즉 **메타언어**(metalanguage) 선정에 관한 논의도 있다. 메타언어는 연구자의 모어를 선택하는 것이 일반적이지만 상황에 따라 학습자 모어로 기술되거나(학습자와 모어가 같은 비원어민 교사들을 위한 연구일 경우), 제3의 언어로 기술될 수도 있다(영어 등의 국제어).

또한 대조 분석 가설을 지지하는 관점에서는 학습자 모어와 목표어의 차이가 적을수록 학습이 용이하고 차이가 클수록 학습이 어렵다고 주장하였다. 그러나 그에 반하는 연구 결과가 발표되면서[8] 언어 간 대조를 통해 제2언어 학습의 난이도를 예측하는 것이 현실적으로 어렵다는 인식에 도달하게 되었다.

둘째, 교실에서 발생하는 학습자 언어의 오류를 관찰한 결과, 그 원인이 단순히 모어의 간섭에만 있는 것이 아니었다. 학습자는 앞서 배운 목표어 규칙의 영향으로 오류를 발생시키기도 한다. 즉, 수업에서 배웠거나 스스로 관찰하여 알게 된 목표어 규칙을 일반화시키는 과정에서 적용해서는 안 될 대상에까지 확대 적용하여 오류를 발생시키는 것이다.[9] 이러한 오류는 제2언어를 배우는 과정에서 학습자의 모어 배경과 상관없이 보편적으로 발생하며, 학습 내용을 내재화시키는 과정에서 자주 나타나기 때문에 **발달적 오류**(developmental error)라고도 부른다.

위와 같은 문제 제기는 대조 분석 가설의 기존 관점을 전환하게 하였다. 즉, 대조 분석이 기존의 **예방적 관점**(preditive view)에서 벗어나 **설명적 관점**(explanatory view)을 갖게 되었으며 이른바 '대조 분석의 약설'을 발달시키기에 이르렀다. 그리고 이는 오류 분석(error

---

8) Oller & Ziahosseiny(1970)에서는 프랑스어나 스페인어 등 모어에서 로마자를 사용하는 학습자들이 아랍어나 일본어를 모어로 하는 학습자들보다 영어 철자법을 더 어려워한다는 것을 확인하였다. 이는 기존의 대조 분석에서 동일한 요소는 학습이 용이하다는 예측이 재고되어야 함을 입증하는 근거가 되었다.

9) 한국어를 배우는 학습자에게서 발견되는 전형적인 발달 오류는 '명사+하다' 구성을 들 수 있다. 학습자가 접사 '-하다'의 기능에 대한 지식을 갖게 되면 '사귀하다', '관심하다' 등 한국어에서는 사용하지 않는 '-하다' 파생어를 만들어내기도 한다.

analysis), 중간언어(interlanguage) 이론 등 다양한 관점의 연구로 이어졌다.

▌언어 간 차이와 간섭의 정도

대조 분석 가설의 주장에 따르면 학습자 모어와 목표어의 차이가 크면 클수록 언어를 학습하기 어려워진다. 또한 두 언어 사이의 공통점이 많을수록 간섭 요인이 줄어든다. 그러나 실제로 학습자 모어와 목표어의 관계가 학습에 미치는 영향은 그렇게 단순하지 않다. 다음에 나올 '미묘한 차이설'에서처럼 오히려 두 언어의 차이가 적을수록 간섭이 발생하기도 한다. 또한 간섭이 크다고 해서 언어 습득이 반드시 늦어지는 것도 아니다. 그러나 Lee(1962)의 연구에서는 언어 구조가 비슷하여 간섭이 빈번하게 발생하더라도 궁극적으로 언어를 습득하는 데는 시간이 덜 걸리고, 서로 공통점이 없는 언어를 배울 때는 간섭이 덜 일어나는 것처럼 보여도 전체적인 습득 시간은 더 걸린다는 것을 증명하였다. 이는 일본어권 학습자들이 영어권 학습자들보다 한국어 학습 과정에서 많은 간섭을 겪지만, 실제로 영어권 학습자보다 짧은 시간 안에 숙달도를 높일 수 있는 이유를 설명해 준다.

3.2. 대조 분석 약설과 언어 간 영향론

대조 분석을 통해 제2언어 학습의 난이도를 예측하고 오류를 예방하고자 했던 입장은 워드호(R. Wardhaugh)에 의해 **대조 분석의 강설** (strong version of the CAH)이라고 불렸다. 그는 기존의 대조 분석적 시각을 매우 비현실적이며 비실용적인 입장이라고 비판하면서 새로운 관점을 내세우고 기존의 것과 구별하기 위해 이 용어를 도입하였다. 비슷한 시기에 Whitman & Jackson(1972), Oller and Ziahosseiny (1970) 등의 연구에서도 언어 간 대조를 통해 난이도를 예측하는 것이 제2언어 교육에 큰 의미가 없다고 주장하였다.

그러나 이러한 문제를 안고 있음에도 불구하고 대조 분석은 여전히 제2언어 교육 현장에서 유용성을 인정받아 왔다. 대조 분석에서 얻어진 정보는 모어와 목표어의 차이로 인해 학습자가 겪고 있는, 혹은 앞으로 겪을 수 있는 어려움이 무엇인지 이해할 수 있게 한다. 또한 언어의 차이로 인해 오류가 발생했을 때 어떤 처치를 해 주어야 할지 방향을 제시해 줄 수 있다. 대조 분석을 오류 방지가 아닌 학습자 언어 습득의 어려움을 돕고자 하는 관점이 **대조 분석의 약설**(weak version of the CAH)이다.

대조 분석이 약설은 **언어 간 영향론**(cross-linguistic influence)이라고도 불리며, 우리가 새로운 언어를 배울 때 모어, 혹은 외국어를 학습한 경험이 영향을 미친다는 것을 중심 내용으로 한다. 여기서 '언어 간 영향'이란 학습자가 외국어를 배울 때 모어가 미치는 영향만을 의미하지는 않는다. 넓은 의미의 언어 간 영향은 모어의 영향, 목표어의 영향, 더 나아가 다른 외국어를 학습한 경험이 미치는 영향을 모두 아우른다.

대조 분석의 약설을 지지하는 연구자들은 목표어 언어 요소 가운데 학습자 모어와 미묘하게 차이를 보이는 것들은 오히려 학습하기에 까다롭다고 주장한다. 이를 대조 분석의 **미묘한 차이설**(subtle differences version)이라고 한다.[10]

정리하자면, 대조 분석 가설은 모어와 목표어의 차이에 초점을 맞추

---

10) 예를 들어 프랑스어의 parent는 단수로 쓰일 때는 '친척'이나 '일가(一家)'를 의미하고 복수로 쓰일 때 부모를 뜻한다. 그러나 영어의 parent는 단수로 쓰일 때나 복수로 쓰일 때 모두 부모를 뜻한다. 만약 영어 원어민 학습자와 한국어 원어민 학습자가 프랑스어의 parent을 배울 때 형태를 전혀 공유하지 않은 한국인 학습자가 영어 원어민 학습자보다 혼동 없이 더 쉽게 그 형태와 의미를 익힐 수 있을 것으로 기대할 수 있다.

딘 강설에서 벗어나, 목표어가 모어에 미치는 영향, 목표어 선행 학습 요소가 후행 학습에 미치는 영향, 둘 이상의 외국어를 동시에 혹은 순차적으로 학습할 때 언어 상호간에 미치는 영향을 고려하는 언어 간 영향론으로 발달하게 되었다. 이러한 변화는, 외국어 교육에 대한 연구가 **학습자 언어**(learner language)에 좀 더 집중하게 만들었으며, 그 결과 제2언어 학습자 언어의 특성을 밝히게 되는 계기가 되었다.

4. 대조 분석의 실제

언어의 대조 기술은 언어 구조의 각 층위에서 모두 이루어질 수 있다. 전통적으로 대조 분석은 소리(speech sounds), 문자(written symbols), 조어(word-formation), 어휘 의미(word meaning), 연어 (collocation), 통사 구조(syntactic structure) 등의 언어학적 요소를 대 상으로 한다. 최근에는 이 밖에도 담화(discourse) 혹은 텍스트(text), 언어 행동(speech act), 문화적 요인(cultural factors)까지도 대조 분석 의 대상으로 삼는다.

4.1. 음운 대조

모어를 습득하는 과정에서 인간의 발음 기관은 그 언어를 사용하는 데 필요한 운동을 반복하며 익숙해진다. 한국어 화자라면 음절말 자 음을 파열시키지 않는 발음 운동에 익숙하고, 영어 화자라면 어두에 연달아 나온 자음 'tr-, br-, str-, spr-' 등을 연속적으로 발음하는 운동에 익숙할 것이다. 그러나 그 반대의 경우, 즉 음절말 자음의 불파는 영어 화자에게는 익숙하지 않을 것이고 어두에서 자음을 연속하는 발음은 한국어 화자에게는 어렵게 느껴질 수도 있다.

한국어와 영어의 이러한 요소들은 상대 언어 화자에게 긍정적 전이를 일으키기 어려운 요소가 되며, 발음의 오류로 이어질 수도 있다. 따라서 학습자의 모어 음운과 목표어 음운을 대조 분석하여 언어 간의 음운적 차이를 밝히고 적절한 발음 교육에 대비할 수 있다.

외국어를 학습하고 구사하는 데 있어 목표어의 소리 체계를 익히는 것은 가장 기초적인 일이다. 음운 분야는 대조 분석에 있어서 가장 완전한 대조 효과를 거둘 수 있는 분야로 꼽힌다. 개별 언어의 음운 개수는 보통 30~40개 정도 되며 각 음운마다 수 개의 이음(allophone)을 갖고 있다. 하지만 그 수를 다 합쳐도 어휘나 문법에 속한 항목들과 비교할 수 없이 적다. 즉, 음운체계(자음, 모음, 초분절음소 등)는 어느 언어에서나 그 수가 제한되어 있고 소리의 분포, 음운 규칙과 변이음 등을 모두 고려한다고 해도 다른 영역보다는 범위가 상대적으로 좁아서 대조 분석에 용이한 면이 있다.

1) 음운 차이

학습자가 모어의 음운적 특성을 목표어에 반영할 경우, 의사소통에 방해가 될 정도로 문제가 되기도 한다. 예를 들면 한국어의 자음은 유성자음(ㄴ, ㄹ, ㅁ, ㅇ)과 무성자음(ㄱ, ㄷ, ㅂ, ㅅ, ㅈ, ㅊ, ㅋ, ㅌ, ㅍ, ㅎ, ㄲ, ㄸ, ㅆ, ㅃ, ㅉ)으로 구성되어 있으며, 이 중 무성자음은 예사소리(ㄱ, ㄷ, ㅂ, ㅈ)-된소리(ㄲ, ㄸ, ㅃ, ㅉ)-거센소리(ㅋ, ㅌ, ㅍ, ㅊ)로 상관속을 이룬다. 그러나 한국어와 달리 영어의 자음은 유성자음(b, d, g, z 등)과 무성 자음(p, t, k, s 등)이 서로 대응을 이룬다. 이렇듯 한국어와 영어는 음운적 측면에서 차이를 보이는데, 이러한 차이는 각 언어 화자가 서로의 언어를 배우는데 장애로 작용할 수 있다.

한국어 화자는 영어의 유성음 b로 시작하는 단어인 boy를 한국식으로 발음할 때 '보이', '뽀이' 등으로 발음하고 bus를 '버스', '뻐쓰' 등으로 발음한다. 하지만 한국어의 '보이, 뽀이, 버스, 버쓰' 중 어느 것도 영어의 유성음 b와 똑같이 발음되지는 않는다. 한국어에는 어두 유성자음이 존재하지 않기 때문에 한국어 화자들은 그들이 듣기에 영어의 유성음 b와 가장 유사하다고 생각되는 한국어의 소리 /ㅂ/과 /ㅃ/을 이용하는 것뿐이다.

2) 음절 구조의 차이

음절(syllable)을 명확히 정의하기는 어렵지만, '가장 작은 소리의 단위인 음운이 몇 개 결합하여 만든 하나의 소리 덩어리'라고 생각할 수 있다. 음절은 적어도 하나의 모음, 혹은 모음과 같은 역할을 할 수 있는 소리를 포함해야 한다. 일반적으로 한 음절은 모음 하나를 중심으로 앞뒤에 자음이 덧붙어 형성되는데 세부적인 배열 규칙은 언어마다 다르다.

언어에서 가장 보편적인 음절 형태는 모음(vowel) 앞에 자음(consonant)을 결합시킨 구조로, CV로 표시된다. 최소 음절은 모음 하나(V)로 이루어진 것이며, 모음의 앞뒤에 자음 혹은 반모음(활음)이 결합하면서 음절 구조가 확대되어 간다. 〈표 1~3〉에서 몇몇 언어의 음절 구조에 대해 살펴보도록 한다.[11]

---

11) 자음과 모음 외에 반자음 혹은 반모음으로 불리는 활음(glide)이 존재한다. 한국어의 활음으로는 /j, w, ɰ/이 있는데, 예를 들면 야인[jɑin], 의리[ɰiri], 위기[wigi]의 첫 음절에 모음과 함께 결합하여 쓰인 소리들이다. 이 책에서는 음절 구조를 분류할 때 활음이 결합된 음절에 대해서는 따로 다루지 않았다. 활음에 대해서는 신지영·차재은(2003:74-77)을 참고하면 좀 더 자세한 정보를 얻을 수 있다.

<表 2> 영어의 음절 구조

음절	음절 구조
I	V
do, me, to, go	CV
up, at, it	VC
ski, tree	CCV
not, good, like, them	CVC
eggs, and	VCC
dogs	CVCC
green	CCVC
street, scream	CCCVC
stressed	CCCVCC
prompt	CCVCCC
scripts	CCCVCCC

<표 3> 한국어의 음절 구조

음절	음절 구조
아, 어, 으, 우 등	V
가, 도, 수, 매 등	CV
안, 옥, 암, 알 등	VC
맘, 속, 달, 짱 등	CVC

〈표 4〉 일본어의 음절 구조

음절	음절 구조
だ み ふ	CV (표준음절)
あ お い	V (모음음절)
きゃ きゅ	CSV (요음절)12)

　간단히 예를 든 세 언어만 놓고 보더라도, 각 언어의 음절 구조에 차이가 크다는 것을 쉽게 알 수 있다. 영어는 한 음절 내에서 모음을 전후로 최대 3개의 자음이 연속해서 나온다. 그러나 한국어는 한 음절 내에서는 모음의 앞과 뒤에 최대 하나씩의 자음만이 위치할 수 있다.13) 영어와 한국어의 공통점이라면 모음 뒤에 자음이 오는 폐음절(closed syllable) 구조를 가진다는 점이다.

　반면에 일본어의 경우에는 (C)VC 음절 구조가 존재하지 않는다. 일본어는 기본적으로 개음절(open syllable)을 표준으로 하기 때문에 폐음절에 대한 인식이 없다. 따라서 일본어 화자는 2음절 단어인 google을 3음절인 'グーグル'로 발음한다. 또한 어두에서뿐 아니라 모음 사이에서도 자음을 두 개 이상 연속해서 발음하는 것은 일본어의 음절 구조에 반하기 때문에 이러한 발음은 하기 어렵다. 일본어를 모어로 하는 학습자들이 한국어나 영어를 배울 때 가장 걸림돌이 되는 부분이기도 하다.

---

12) SV는 반모음(semivowel)을 표시한다.
13) 따라서 한국어에서는 모음과 모음 사이에 올 수 있는 자음이 최대 두 개뿐이다. 음절 구조를 따질 때 표기와 발음을 혼동해서는 안 되는데, 예를 들어 '맑지'라는 단어는 표기상으로는 CVCC-CV로 보이지만 실제 발음은 [막찌]여서 CVC-CV이다. 또한 '닭'도 발음은 [닥]으로 나기 때문에 CVC 구조이다.

그러면 한국어와 일본어 화자가 영어를 배운다고 가정하고 영어 단어를 발음하거나 표기할 때 모어의 음절 구조로부터 어떻게 영향을 받는지 〈표 4〉를 통해 살펴보자.

〈표 5〉 외래어 표기에 드러나는 음절 구조 차이

영어	spring	CCCVC (1음절)
한국어	스프링	CVCVCVC(3음절)
일본어	スプリング [supuringu]	CVCVCVCCV(4음절)

음운 대조에서 음절 구조의 대조는 필수적이다. 심리언어학적으로 볼 때 학습자는 낯선 음절 구조를 가진 목표어 단어를 접하면, 이를 모어에 존재하는 음절 구조로 변형시켜 인지하고 기억하는 경향이 있다. 일본인이 한국어 '했습니다[핻씀니다]'를 발음할 때, [해쓰무니다]에 가깝게 발음하는 것이 그 예가 된다. 특히 아동기와는 달리 성인이 된 후에는 외국어를 받아들일 때 자신의 모어 음절 구조의 영향을 크게 받기 때문에 발음 오류를 일으킬 가능성이 더 높다. 따라서 목표어와 학습자 모어의 서로 다른 음절 구조를 파악하고 이를 교육에 활용할 필요가 있다.

3) 운소의 차이

어떤 언어에서 '말의 뜻을 구별시키는 소리'를 **음운**(phoneme)이라고 한다. 일반적으로 음운이라고 하면 자음이나 모음으로 구별되는 **분절음**(segment)만을 생각하기 쉽다. 그러나 언어를 실제로 사용할 때, 분절음은 같지만 그에 얹히는 운율적 자질이 달라서 단어나 문장의 뜻이 달라지기도 한다. 이러한 음운론적 요소를 **운소**(prosodeme)라고 한다. 운소에는 **강세**(stress), **억양**(intonation), **높낮이**(pitch), **크기**(loudness), **길이**(length), **성조**(tone) 등이 포함된다.

언어마다 의미 변별 기능을 담당하는 운소가 다르다. 예를 들어 중국어나 베트남어에서는 성조가 중요한 역할을 한다. 그러나 한국어에는 성조가 존재하지 않는다. 대신 한국어에는 음의 길이 즉, 장단(長短)이 운소로 기능을 한다.[14] 중국어의 성조, 한국어의 장단이 의미를 변별시키는 예를 들어보도록 한다.[15]

〈중국어의 운소 – 성조〉

평고조(平高調)	媽 - 엄마, 어머니
상승조(上昇調)	麻 - 삼베
요면조(凹面調)	馬 - 말
하강조(下降調)	罵 - 꾸짖다

〈한국어의 운소 – 장단〉

밤(夜) - 밤: (栗)	걷다(收) - 걷: 다(步)
발(足) - 발: (簾)	가정(家庭) - 가: 정(假定)
눈(眼) - 눈: (雪)	묻다(埋) - 묻: 다(問)

---

14) 오늘날 대다수의 한국어 화자는 지각이나 산출 측면에서 모두 음절의 장단에 따른 구별을 인식하지 못하는 실정이다. 규범적 언어 사용을 강조하는 상황이나 표준 발음의 설정이 필요한 경우, 또는 정확한 내용 전달이 생명인 방송, 언론 계통의 수요 등을 제외하면 장단이 운소로서 더 이상 기능하지 못하는 것으로 보인다.

15) 오정란 · 교지연(2011:23-24)의 예를 참고하였다.

▌한국어도 한때는 성조 언어였다

중세국어 문헌 중에는 오른쪽 사진과 같이 글자 옆에 찍힌 점을 볼 수 있다. 이러한 점을 방점(傍點)이라고 하는데 방점은 성조를 표시하는 데 쓰인 부호였다. 방점이 하나면 거성(去聲, 높고 짧은 소리)이었으며 둘이면 상성(上聲, 낮았다가 높아지는 긴 소리), 점이 없으면 평성(平聲, 낮고 짧은 소리)였다. 그리고 받침이 ㄱ, ㄷ, ㅂ, ㅅ인 빨리 끝맺는 소리가 입성(入聲)이었다. 방점은 조선 후기의 문헌에서는 찾아볼 수 없다. 이는 성조가 당시 한국어에서 더 이상 운소 역할을 하지 못했기 때문이다. 오늘날 일부 방언에 성조가 남아 있기는 하나 대부분의 방언에서는 사라졌다.

영어는 강세가 중요한 운소 기능을 한다. 동일한 분절음으로 이루어진 단어에서 강세가 어느 위치에 있느냐에 따라 의미가 달라지기도 하고, 품사가 달라지기도 한다.[16] 다음은 영어의 강세가 의미 변별 기능을 하는 예를 보인다.

---

16) 한국어의 경우 표준어는 이런 현상이 없지만 일부 방언에서는 같은 단어가 강세에 따라 다른 의미를 갖는다고 한다. 경상도 방언에서 '우리(나와 너)'와 '우리(동물이 사는 곳)'은 강세에 의해 뜻이 달라진다.

〈영어의 운소 – 강세〉

(a) white house [waɪt háʊs]	몡	하얀 집
(the) White House [wáɪt haʊs]	몡	백악관
import [ímpɔːrt]	몡	수입
import [ɪmpɔ́ːrt]	통	수입하다

4.2. 형태·통사적 대조

1) 유형적 차이

세계의 언어는 형태적 특성에 따라 고립어, 굴절어, 교착어 등으로 분류된다. **고립어**(isolating language)란 단어의 형태는 변하지 않고 어순에 따라, 즉 단어가 놓이는 위치에 따라 문법적 관계가 성립되는 언어를 말한다. **굴절어**(inflectional language)란 단어 앞이나 뒤에 접사를 결합시키거나 단어 내부에서 형태를 변화시킴으로써 문법적 관계를 나타내는 언어를 말한다. **교착어**(agglutinative language)는 단어의 기본형에 여러 종류의 접사가 결합하고, 조사가 결합되어 문법적 관계를 나타내는 언어를 말한다. 한국어, 일본어, 터키어, 몽골어 등은 교착어에 속하며, 중국어, 타이어, 베트남어, 크메르어 등은 고립어에 해당된다. 굴절어에는 영어, 독일어, 아랍어 등이 포함된다.

제2언어 학습자가 모어와 다른 유형에 속하는 언어를 학습할 때 목표어의 형태적 특성을 이해하는 것은 매우 중요하다. 한국어는 교착어로서 조사가 발달되어 있으며, 용언의 경우 어간은 변하지 않고 어미만 변화하는데, 주로 어미를 통해 시제, 높임, 서법 등을 나타낸다.

2) 문법 범주의 차이

각 언어마다 어형 변화가 일어나는 양상이 다르다. 대조 분석에서는 **성**(gender), **수**(number), **격**(case), **인칭**(person), **시제**(tense), **상**(aspect), **서법**(mood), 양태 등의 문법 범주와 함께 문장의 어순과 필수 논항, 문장의 확장 등도 분석 대상이 될 수 있다. 그리고 이러한 것들이 형태·통사적 대조에 해당한다.

형태·통사 대조의 예로 성이 언어마다 어떻게 다르게 나타나는지를 살펴보자. 문법 범주로서 성은 프랑스어, 스페인어, 라틴어, 독일어, 러시아어, 아랍어 등에 존재하는데, 일반적으로 남성·여성(프랑스어, 스페인어, 아랍어 등), 혹은 남성·여성·중성(독일어, 러시아어, 라틴어 등)으로 구분된다.[17] 명사에 성이 있는 경우 관사나 형용사의 형태를 성에 따라 일치시키는 경우가 많다. 라틴어와 프랑스어의 예에서 명사의 성에 따라 형용사, 혹은 관사를 일치시킨 예를 볼 수 있다.

〈문법 범주 - 성〉

라틴어	**magnus** domus	큰 집(남성형)
	magna insula	큰 섬(여성형)
	magnum oppidum	큰 거리(중성형)
프랑스어	le garçon	소년(남성형)
	la fille	소녀(여성형)

---

17) 영어의 경우도 본래 성이 문법 범주로서 존재했으나, 현대 영어에서는 성이 문법 범주로서 기능하지 않는다.

문법 범주로시의 성은 한국어, 일본어, 중국어 등에는 존재하시 않는다. 대조 분석 가설의 논리에 따르면 한국어나 일본어, 중국어 중 하나를 모어로 하는 화자라면 성 범주가 있는 언어들을 배울 때 성에 따라 문법을 일치시키는 것이 매우 어려울 수 있다.[18] 반대로 모어의 문법 범주에 성이 있는 언어권의 학습자가 한국어나 일본어 같은 언어를 배울 때는 목표어에 성 범주 자체가 없으므로 새롭게 구별하고 기억할 것이 줄어 상대적으로 쉽게 느낄 것이라고 예상할 수 있다.

> **▌ 언어를 배우는 실제 상황에서의 난이도**
>
> 우리는 외국어 학습의 경험을 통해 이러한 예측이 늘 맞지는 않는다는 것을 알 수 있다. 한국어 화자가 영어를 학습하는 경우를 생각해 보자. 한국어에는 존재하는 문법인 높임법이 영어에 존재하지 않는다. 목표어에 해당 문법이 없다는 것이 한국인 학습자들에게 반드시 쉽게만 느껴질까? 학습자들은 특히 숙달도가 낮은 단계에서, 종종 목표어 발화에 앞서 모어로 문장을 만들고 그것과 대응되는 목표어 요소를 찾으려 노력한다. 이때 모어에 있지만 목표어에 없는 문법 범주에 대해 학습자가 그것을 무시하거나 다른 요소로 대체해야 한다는 것을 인지해야 하는데, 이 역시 학습자에게 부담이 될 수 있다. 따라서 모어에 있는 요소가 목표어에 존재하지 않는 것이 늘 쉬운 것만은 아니라고 할 수 있다.

언어의 통사적 특징으로 중요한 요소 중 하나는 **어순**(word order)이라고 할 수 있다. 세계 언어를 어순 배열을 기준으로 분류하면 약 47%가 SOV 어순을 지녔으며, 32%가 SVO 언어, 16%가 VSO, 나머지 5%가

---

18) 그러나 이러한 상황이 학습 상황에서 언제나 사실인 것은 아니다. 앞서 살펴본 '미묘한 차이설'에 따르면 오히려 성이 문법 범주로 존재하지만 구체적인 실현 양상이 같지 않을 때 학습이 더 어려울 수도 있다.

VOS 어순을 보인다고 한다(오정란 · 교지연 2011:26-27). 한국어는 이중 SOV 어순을 취하여 가장 보편적인 어순 유형에 속한다고 할 수 있다. 이 밖에 수식어와 피수식어의 어순에서 수식어가 언제나 피수식어에 선행한다는 것도 한국어 어순이 갖는 특징이다.

4.3. 어휘 대조

언어학적 범주 가운데 가장 유형과 항목 수가 많고 지금도 끊임없이 확장되고 있는 범주가 바로 어휘 부문이다. 따라서 대조 연구에서도 어휘의 대조는 간단하지 않다. 두 언어의 명사, 동사, 형용사 사이의 번역적 등가성을 세우는 것도 어려운 일일 뿐만 아니라, 각 단어가 갖고 있는 화용적, 문체적 측면도 고려해야 하기 때문이다. 다음은 한국어와 영어의 단어가 의미 영역에 차이가 있어 대응시키는 것이 좋을지 고민하게 만드는 사례이다.

〈어휘 번역의 문제 - 영어의 'rice'와 한국어의 '쌀'〉

한국어	벼/쌀	밥	식사	진지
영어	rice	(cooked) rice, meal	meal	meal

벼를 심다	→	plant rice
쌀을 씻다	→	wash rice
밥을 짓다	→	cook rice
밥을 먹다/식사를 하다	→	have meal
진지를 잡수시다	→	have meal

언어 사회에 새로운 사물이나 개념이 생겨났을 때 그것을 지칭할 새로운 어휘가 필요하다. 새로운 어휘를 만드는 방식은 다양하다. 가장 단순한 방법은 기존의 어휘에 새 의미를 추가하여 사용하는 것이다. 언어의 역사를 볼 때 단어의 의미가 확장되고 다의적이 되는 이유가 바로 이 때문이다. 또 다른 방법은 기존의 어휘들을 조합하여 새 어휘를 만드는 것이다. 이미 있는 단어나 형태소가 서로 결합하여 복합어나 파생어를 만들면, 사물을 지칭하는 기호와 그 사물 사이의 관계가 긴밀해진다. 언어의 이러한 특성을 **배의성**(配意性, motivation)이라고 한다. 배의성이 강한 언어 즉, 주로 합성과 파생을 통해 새로운 어휘를 만들어내는 언어를 '**문법적 언어**'라 한다. 반면에 배의성이 약해서 매번 새로운 어휘를 만들어 내야 하는 언어를 '**어휘적 언어**'라 한다.

한국어는 배의성이 강한 언어에 속한다. 즉, 언어로 나타내야 할 새로운 개념이 생겨났을 때 이를 위한 제3의 어휘를 만들지 않고, 기존의 단어를 이용하여 새 단어를 만들어내는 경향이 있다. 가령 '푸르다'를 기본 어형으로 하여 '푸르스름하다, 푸르뎅뎅하다, 푸르죽죽하다, 푸르께하다' 등 미묘한 차이를 나타내는 어휘들을 생산하는 것도 그 예가 된다.

〈새로운 어휘 형성법 – 배의성 〉

한국어	눈 + 물	눈물	
영어	eye + water	*eyewater	tear
중국어	眼 + 水	*眼水	眼泪 또는 泪水
일본어	眼 + 水	*眼水	涙

한국어와 같은 문법적 언어는 기본 어휘를 충실히 익히면 그것들이 서로 결합하여 형성된 무수히 많은 어휘들을 이해하고 사용할 수 있다. 그러나 새로운 어휘들이 탄생하는 과정에서 기존의 어휘들이 다의성을 띠게 되어 의미의 미묘한 차이를 구별해야 한다는 점은 부담이 될 수 있다.

지금까지 대조 분석의 주요 대상인 음운, 문법, 어휘 분야의 대조에 대해 살펴보았다. 이 세 분야는 언어학적으로 볼 때 한 언어를 이루는 근간이다. 따라서 기존의 언어학 분야의 연구 성과 덕에 대조 분석 연구를 원활하게 수행할 수 있었다. 그러나 제2언어 교육의 목적이 의사소통 능력의 함양에 있고, 의사소통 능력의 구인으로 문법적 능력 외에 사회언어학적 능력과 전략적 능력의 중요성이 부각되고 있다. 이에 언어 사회 간의 문화나 화행(speech act) 차이에 대한 이해가 필요하다는 인식이 강해지고 있다. 따라서 대조 분석 연구에 있어서도 문화 대조나 화행 대조 등이 관심을 끌고 있으며 이에 따라 연구 범위도 확대되고 있다.

■ 참고문헌

신자영(2009), 「제2언어 교육을 위한 대조 분석 방법론 연구」, 『국제문화연구』,
2(2), 57-83.

신지영·차재은(2003), 『우리말 소리의 체계』, 한국문화사.

오정란·교지연(2011), 『외국어로서의 한·중 언어 문화 비교』, 박이정.

허용(2019), 「한국어 교육을 위한 대조언어학의 회고와 전망」, 『언어와 문화』,
15(1), 411-443.

허용·김선정(2013), 『대조언어학』, 소통.

Berns, M. & Matsuda, P. K.(2010), *Applied linguistics*. In: Berns, M.(ed.),
Concise encyclopedia of applied linguistics. Amsterdam: Elsevier

Lado, R.(1957), *Linguistics across Cultures*. University of Michigan.

Skinner, B. F.(1957), *Verbal Behavior*, New York: Appleton-Century-Crofts.

Oller, J., & Ziahosseiny, S.(1970), The contrastive analysis hypothesis and
spelling errors. *Language Learning*, 20, 183-189.

Prator, C.(1967), *Hierarchy of difficulty,* Unpublished classroom lecture,
University of Califorai, Los Angeles.

Whitman, R.(1970), Contrastive analysis: Problems and procedures. *Language
Learning*, 20, 191-197.

Whitman, R. L. and Jackson, K. L.(1972), The unpredictability of contrastive
analysis. *Language Learning*, 22, 29-41.

제6장

학습자 언어 연구

학습자 언어 연구의 목적과 방법을 이해하고 학습자 언어의 특성을 파악한다.
- 학습자 언어를 가리키는 용어로는 무엇이 있으며 어떤 개념을 나타내는가.
- 학습자 오류 연구의 목적은 무엇이며 어떤 방법과 절차로 연구하는가.
- 오류 분석이 해결해야 할 문제는 무엇이며 이를 개선하는 방법은 무엇인가.

주요 용어

학습자 언어(learner language), 중간언어(interlanguage), 근사체계(approximative system), 오류 분석(error analysis), 오류(errors), 실수(mistakes), 제2언어 발달 단계 (stages of second language development)

1. 학습자 언어란

1.1. 학습자 언어의 개념

대조 분석 가설에서는 모어가 목표어 학습에 미치는 간섭을 강조하였다. 특히 대조 분석의 강설에서는 효율적인 외국어 학습을 위해 목표어와 모어에 차이가 있는 항목을 파악하여 미리 교수함으로써 간섭을 예방할 수 있다고 주장하였다. 그러나 이러한 주장은 외국어 학습에 있어서의 '언어 내 전이'를 간과하여 한계를 내포하고 있었으므로 이후 '대조 분석의 약설', 혹은 '언어 간 영향론'으로 전환되었다.

인지주의와 이성주의에 기반을 둔 언어 교육자들과 교사들은 제2언어 습득 과정을 '학습자가 자신이 알고 있는 여러 가지 지식을 동원하여 목표어에 대한 가설을 의식적으로 검증하며 하나의 언어 체계를 창조적으로 만들어 가는 과정'으로 이해하기 시작하였다. 즉 제2언어를 습득하는 과정이란 모어에 관한 지식, 목표어 자체에 대한 제한적인 지식, 언어의 의사소통 기능에 관한 지식, 언어 전반에 관한 지식, 그리고 인생, 인간, 전 세계에 관한 지식 등을 모두 이용해서 제2언어를 구축해 가는 창조적 과정이라고 본 것이다.

1960년대의 제2언어 습득 연구는 심리언어학에서 모어 습득을 연구하던 관점과 방법을 그대로 적용하였다. 이러한 입장에서는 학습자를 단지 불완전한 언어를 생산해내는 존재로 보지 않았다. 그들은 학습자를 '유의한 상황에서 목표어에 직면할 때 자신이 처한 언어 환경에 따라 창조적으로 행동하면서, 논리적이고 체계적인 습득 단계를 거쳐 발전해가는 지적이고 창조적인 존재'로 보았다. 그리고 시행착오와 가설 검증을 거치면서 학습자들이 자신의 언어 체계를 목표어 원어민들이 사용하는 언어 체계에 점차 유사하게 발달시킨다고 생각했다.

학습자의 제2언어 체계가 지닌 이러한 특성을 부각하여 나타내기 위한 몇 가지 용어가 생겨났다. 그 중 가장 널리 알려진 용어는 셀린커가 1972년에 도입한 중간언어이다. **중간언어**(interlanguage)란 학습자에게 내재한 제2언어 체계로, 학습자 모어와 목표어의 중간 쯤에 위치한 독립된 언어 변이로 정의된다. 이러한 정의는 학습자 언어 체계가 그들의 모어와도 다르고 목표어 원어민의 언어 체계와도 다름을 강조한 것이다. 다음은 여러 연구에서 학습자 언어를 지칭한 용어와 그 개념들을 살펴보도록 한다.

〈표 1〉 학습자 언어를 가리키는 용어들과 의미

용어	개념
개별 방언 **혹은** **개인적 특유 방언** (idiosyncratic dialect)	코더(S. P. Corder)가 사용한 용어.[1] 학습자의 언어는 특정 개인에게 고유한 것임을 나타내는데 학습자 언어의 규칙은 그 학습자만의 고유한 특성이라는 점을 나타내었다.[2]
전이적 언어 능력 (translational competence)	리차즈(Richards)의 1971년 연구에서 처음 사용된 용어로 촘스키의 언어 능력(linguistic competence) 개념을 빌려 학습자 내면에서 언어 지식이 계속해서 발전하고 있다는 것을 포착한 개념이다. 학습자 언어가 불안정성을 띄고 계속 변화하고 있음을 나타낸다.
학습자 버전의 목표어 (learner's version of target language)	제임스(C. James)가 사용한 용어. 셀린커의 중간언어(interlanguage)와 유사한 의미를 지닌다. 그는 이 특이한 언어는 교사가 항상 접하게 되고, 잘 사용되었는지 그렇지 않은지 평가·판단하게 되는 언어라고 하였다.
학습자 변이 (learner varieties)	클라인과 퍼듀(Klein & Perdue)가 고안한 용어. 이 역시 셀린커의 중간언어와 유사한 개념을 나타낸다.
근사 체계 (approximative system)	넴서(Nemser, 1971)에 의해 사용된 용어. 학습자 언어가 목표어에 계속 유사해지는 방향으로 발전하는 것을 강조하였다.

학습자 언어를 다양한 용어로 지시하고자 한 데에는 이른바 중간언어가 그들의 모어나 목표어 어디에도 속하지 않는 독특한 규칙을 담고 있다는 인식이 바탕이 된다. 즉 학습자 중간언어는 자신의 모어 규칙과 목표어 규칙의 교집합으로 이루어진 것이 아니라 학습자 개인의 '특유한 언어 규칙'을 포함하고 있다는 것이다.

각 명칭들은 모두 조금씩 다른 관점에서 학습자 언어를 가리키고 있지만, 공통적으로 학습자 언어의 독립성은 모두 인정하고 있다고 할 수 있다.

1.2. 학습자 언어 연구의 중요성

학습자 언어, 특히 오류를 포함한 언어 자료를 연구하는 것은 여러 측면에서 중요한 일이다. 학습자 입장에서 오류를 범하는 것은 언어 학습 과정에서 피할 수 없는 일이다. 그들은 자신이 배운 규칙을 발화에 적용시키려는 시도를 하는데, 이 과정에서 오류가 발생한다. 학습자들은 자기 발화에서 오류를 확인하고 고쳐 나가는 과정을 겪으면서 언어를 학습하고 습득해 간다.[3] 만약 학습자가 오류 없는 완전무결한 문장을 발화한다면 이는 입력을 통째로 모방하여 암기했을 경우에나 가능한 것이다. 실제 의사소통 상황, 특히 대화 상황에서는 담화의 전개를 예측하기 어렵기 때문에 암기한 내용으로 의사소통을 이어가는

---

1) 개별 방언은 모어나 목표어 어디서도 찾을 수 없는 특이성을 지닌 방언을 말한다. idiosyncratic의 뜻처럼 특이하면서도 개인에게 고유한 변이형이라고 이해할 수 있다.
2) 이 용어의 사용에 대해 코더는 **개인 방언**(ideolects)과 **개별 방언**(ideosyncratic dialects)을 구별하고자 하였다. 개인 방언을 구성하는 규칙들은 화자가 속한 사회 방언의 규칙 중 어딘가에서는 발견되는 것이 일반적이다. 그러나 개별 방언, 즉 학습자 언어는 목표어 사회의 변이형 중에는 존재하지 않는 것들을 포함한다. 코더는 이런 점에서 개인 방언과 개별 방언은 본질적으로 다르다고 하였다.
3) 이 책의 4장에서 다룬 스웨인의 출력 가설에서 자세한 내용을 살펴볼 수 있다.

것은 불가능하다. 그리고 이는 진정한 의미의 학습이나 습득과는 거리가 멀다.

학습자 언어 연구의 또 다른 중요성에 대해 Corder(1981)에서는 '교수자는 학습자들의 오류를 체계적으로 분석함으로써 학습자가 목표어에 얼마나 다가갔는지, 그리고 앞으로 무엇을 더 가르쳐야 할 것인지에 대한 정보를 얻을 수 있다'고 밝히고 있다. 제2언어 습득의 연구자와 교육자들은 학습자가 범하는 오류를 연구하여 언어가 어떤 절차를 거쳐 학습되는지, 학습자들이 언어 습득에서 어떤 전략을 선택하는지 등을 확인할 수 있다. 이러한 연구의 결과는 교수 현장에서 직접 활용되는 데서 더 나아가 학습자의 언어 습득 과정과 그들만의 언어 세계를 이해하게 하는 자료가 될 수도 있다.

> **▌ 학습자 오류를 바라보는 관점**
>
> 교수법 분야에서 학습자 오류를 바라보는 관점은 두 가지가 있다. 하나는 학습자들이 발생시키는 오류가 현재 그들의 학습 상황에 문제가 있음을 나타내주는 지표가 된다고 보는 관점이다. 이러한 관점에서는 학습자 오류가 그들이 적절치 못한 교육을 받았기 때문에 발생한 것이며, 오류는 곧 교수 기술의 결함을 나타내주는 신호라고 주장한다. 두 번째는 제2언어 학습 과정에서 오류는 필연적으로 일어날 수밖에 없다는 관점이다. 이러한 관점에서는 오류가 발생한 후에 교사나 연구자들이 해당 오류를 적절히 처리함으로써 오류가 **화석화**(fossilization)되는 것을 막는 것이 중요하다고 본다.

그러면 학습자들이 언어를 습득하는 과정에서 가설을 세우고 시험한다는 것을 어떻게 확인할 수 있는가? 코더는 그의 연구에서 아동과 엄마 사이에 오간 다음 대화를 통해 아동이 어떻게 언어를 바로잡아

가는지 보여주었다.

Mother	Did Billy have his egg cut up for him at breakfast?
Child	Yes, I showeds him.
Mother	You what?
Child	I showed him.
Mother	You showed him?
Child	I seed him.
Mother	Ah, you saw him.
Child	Yes, I saw him.

Corder(1981:11)

위 대화에서 아동은 세 개의 가설을 시험하고 있다. 우선 과거시제에서 주어와 동사의 일치에 관한 것, 또 다른 하나는 어휘 show와 see의 의미 구별, 그리고 마지막으로는 see의 과거시제형에 대한 것이다. 우리는 이 대화에서 아동이 'showeds → showed → seed → saw'라고 형태를 바로잡아 가는 과정을 관찰할 수 있다. 그리고 이를 통해 언어 학습자들이 발화에서 어떤 실수를 하고 그것을 바로잡을 때 일련의 가설을 세우고 그것을 검증하는 작업을 거친다는 것을 확인할 수 있다. 교사 혹은 연구자들은 학습자 발화에서 일어난 오류와 그것이 수정되는 양상을 관찰함으로써 학습자 언어에 대한 이해를 심화시켜 나갈 수 있는 것이다.

1.3. 학습자 언어의 연구 방법

언어를 학습하고 습득하는 것 역시 인간이 무엇인가를 배우는 과정이며, 그 과정에서 실수를 저지르는 것은 지극히 자연스러운 일이다. 우리가 자전거를 배울 때나 수영을 배울 때 실수 없이 한 번에 배우는 일은 거의 불가능하다. 학습자는 실수를 통해 스스로 올바른 방법을 찾기도 하며, 실수에 대해 받는 피드백으로부터도 많은 것을 배운다. 따라서 실수는 우리가 원하는 목표에 보다 가깝게 도달할 수 있도록 도와주는 긍정적 기능도 한다.

1970년대의 학습자 언어 연구는 학습자들이 목표어에 대해 어떤 규칙과 패턴을 알고 있는지를 확인하는 것을 목적으로 하였다. 오류를 연구하는 연구자들은 학습자 언어가 나름의 규칙을 기반으로 하는 언어 체계라는 인식을 갖고 있었다. 그들은 오류를 분석함으로써 학습자들이 제2언어를 습득하는 과정에서 어떤 오류를 '왜' 일으키는지 찾고자 하였다. 오류 분석은 현재까지도 유용성을 갖는 학습자 언어 연구의 방법이다. 다음은 오류 분석의 방법과 절차를 살펴보도록 한다.

2. 오류 분석

2.1. 오류 분석과 대조 분석

오류 분석(error analysis)은 대조 분석과 마찬가지로 학습자의 불완전한 언어 사용에 관심을 둔다. 그러나 대조 분석 연구가 학습자의 모어와 목표어의 언어학적 차이에 주목하여 언어 간 전이를 중심으로 한 데 비해 오류 분석은 모어로 인한 부정적 전이만이 아니라 오류를 발생시키는 다양한 원인을 파악하고자 하였다는 점에서 두 연구는 차이가 있다.

오류 분석에서 다루는 오류의 범위는 '언어 간 전이'와 함께 목표어 선행 학습 내용이 후행 학습에 영향을 미친 '언어 내 오류', 문법적으로는 맞지만 상황에 맞지 않아 발생한 '사회언어학적 오류', 더 넓게는

'심리언어학적 오류', 학습자의 '정의적 요인에 의한 오류' 등을 아우른다.

2.2. 오류의 범위와 양상

오류 분석의 범위가 어디까지인가를 논하기에 앞서 학습자 발화를 유형화할 필요가 있다. 학습자 발화는 크게 다음 세 가지 유형 중 하나에 속하게 된다.

학습자 발화의 유형

(1) 표면형에 일탈을 포함한 것

(2) 표면형이 적형이며 맥락에 맞게 의미 해석이 되는 것

(3) 표면형은 적형이지만 맥락에서 의미 해석이 잘 되지 않는 것

만약 학습자의 오류를 연구하는 목적이 교수요목의 개발이나 개정, 오류에 대한 피드백 방법 모색 등의 실용적인 데 있다면 위의 세 가지 발화 유형 중 (1)과 (3)만을 연구 대상으로 삼으면 된다. '표면적으로 일탈이 없고 맥락에서 의미가 통하는 발화'의 경우에는 오류 분석 자료에 포함시킬 필요가 없다. 그러나 만약 오류 분석을 수행하는 목적이 학습자의 언어 상태를 기술하고 발달 상황을 살피는 데 있다면 위의 (2)와 같은 발화 유형도 중요한 분석 대상이 된다. 학습자가 형식이나 의미 면에서 잘못 사용한 것뿐 아니라 바르게 사용한 발화도 함께 다루어져야 학습자들의 현재 언어 상태를 객관적으로 기술할 수 있기 때문이다.

학습자 언어 연구에서 오류 분석의 대상을 규정하기 위해 생각해 보아야 할 문제는 '학습자 발화에서 실수와 오류는 다른가', '실수와 오류를 구별해야 한다면 어떻게 해야 하는가' 등이다. 어떤 발화에서

틀린 부분들을 관찰하면 언어 능력의 문제가 아니라 수행의 문제인 경우가 많다. 예를 들어 말을 할 당시에 긴장을 해서 발화 실패를 했거나 문장의 시작을 잘못하여 말이 꼬였거나 한 것이 그러하다. 만약 이러한 이유에서 발생한 문제라면 그것은 Hockett(1948)에서 **우연한 실수**(lapses)라고 규정한 것에 속한다.

이러한 발화는 대체로 화자가 스스로 수정할 수 있으며, 상대방으로부터 피드백을 받으면 바로 수정이 가능하다. 중요한 것은 의사소통에서 의미 해석의 어려움을 가져오지 않는다. 하지만 제2언어 학습자들이 잘못 생산한 발화가 모두 이처럼 간단히 설명되지는 않는다. 우선 학습자들은 자신이 잘못 만든 문장에 대해 무엇이 틀렸는지 알지 못할 때가 더 많고 지적을 받아도 고치지 못하는 경우도 많다.

학습자 발화에서의 **오류**(error)는, 발화 당시의 심리적, 정의적 요인이나 기억의 문제로 인해 이미 알고 있는 것을 일시적으로 잘못 쓰는 것이 아니다. 오류는 화자의 언어 능력이 부족해서 일어난 현상이다. 그래서 학습자가 아무리 주의를 기울여도 스스로 교정할 수 없는 것이다. 오류는 학습자의 당시 언어 능력과 그들이 지니고 있는 중간언어 체계를 보여주는 지표가 된다. 그러면 학습자 발화에서 관찰된 부정확한 형태가 실수인지 오류인지를 어떻게 판정할 수 있을까.

우선 동일 학습자의 다른 발화를 수집하여 같은 표현이 어떻게 사용되었는지를 확인하는 방법이 있다. 같은 요소를 지속적으로 잘못 쓰고 있다면 그것은 오류로 볼 수 있으며, 일회적으로 잘못 쓴 것이라면 실수로 판별할 수 있을 것이다. 물론 이러한 판정이 가능하려면 해당 요소의 사용 빈도가 확보되어야 하므로 동일 학습자의 같은 시기 발화 자료의 양이 많아야 한다. 다음은 오류를 발화한 학습자 본인에게 직간접적인 질문을 통해 해당 언어 요소의 습득 여부를 확인하는 방법도 있다. 학습자가 자기 수정을 할 수 있다면 이는 실수로 볼 수 있다. 그러나 몇 차례 같은 피드백을 받아도 형태가 교정되지 않는다면 이는 습득 부족에서 발생한 오류라고 할 수 있다. 마지막으로 메타언어나 학습자 모어를 이용하여 학습자가 스스로 그 언어 요소에 대해 알고 있는지를 설명하도록 질문하는 방법도 있다.[4]

2.3. 오류 분석의 절차와 방법

오류 분석은 교실에서의 볼 수 있는 상호작용적 피드백과는 다르다. 과학적 연구 방법으로서 오류 분석은 규모 있는 학습자 발화 자료를 확보하여 일정한 절차를 거쳐 연구를 수행한다. 오류 분석의 단계는 〈그림 1〉과 같다.

〈그림 1〉 오류 분석의 절차

1) 자료 수집

일반적인 교실 환경에서 학습자들의 발화 자료를 접하고 오류 수정을 해 주는 것과 달리 오류 분석을 위해서는 대규모 학습자 발화 자료를 수집하는 일이 필요하다. 연구의 목적에 따라 학습자가 생산한 문어 자료가 대상이 될 수도 있고, 구어 자료가 필요한 경우도 있다. 예를 들어 학습자 중간언어의 발음이나 억양을 연구하고자 한다면 문

---

4) 그러나 학습 환경, 혹은 오류 연구 환경에서 이러한 방법들이 언제나 가능한 것은 아니다. 학습자 발화 자료의 특정 부분이 오류인지, 실수인지를 판단하는 것은 분석자에게 달려 있는 경우가 많다. 이러한 문제들은 오류 분석 연구의 객관성에 대한 논쟁거리가 되기도 한다.

어 자료는 이에 적합하지 않으며, 구어 자료가 준비되어야 할 것이다. 반면에 학습자의 글쓰기에서 나타나는 응집성이나 주제의 일관성 등 담화 차원에서의 오류를 확인하고자 한다면 문어 자료를 수집해야 한다. 학습자 발화 자료를 수집할 때 주의해야 할 사항은 다음과 같다.

자료 수집에서 주의할 점
- 학습자의 언어 습득 양상을 객관적으로 파악하기 위해 오류를 포함한 부분과 오류가 없는 부분을 모두 수집한다.
- 오류의 원인을 보다 정확히 파악하기 위해 발화의 맥락을 보존하여 수집한다. 즉, 어떤 상황에서 누구에게 한 말인지, 어떤 목적으로 쓴 글인지 등의 맥락 정보와 함께 기록한다.

2) 오류 식별

준비된 자료를 면밀히 검토하여 학습자 오류를 찾아내는 작업이 필요하다. 이렇게 학습자 발화에 오류가 있는지 확인하는 것을 **오류 식별**(error identification)이라고 한다. 오류는 문장 수준에서 분명히 드러나는 경우도 있고, 좀 더 넓은 맥락에서 적절성을 고려해야 명확해지는 경우도 있다. 대부분의 경우에는 문법적 정확성이 문제가 되지만 간혹 문법 사용에는 문제가 없으나 발화가 상황에 맞지 않아서 오류가 되는 경우도 있다.

문장 수준에서 오류가 명확히 드러나는 경우 이를 **명시적 오류**(overt error)라고 한다. 반면에 문장만으로는 판단할 수 없고 맥락이나 상황을 고려할 때 오류임이 드러나는 경우 이를 **비명시적 오류**(covert error)라고 한다. 학습자 발화 자료에서 뽑은 다음 예문을 통해 오류 식별에 대해 알아보자.

(1) ㄱ. 그리고 인터넷을 많이 사용하는 사람들 중에 새로운 단어와
       용어가 생깁니다.

    ㄴ. 그런데 12시 넘어서 갑자기 아버지가 나타났다.

    ㄷ. 시험공부를 하다가 도서관에서 잠을 자고 있었다. <u>그런데 12
       시가 넘어서 갑자기 아버지가 나타났다.</u> 도서관 문을 닫아
       야 하니 이제 집에 가라고 했다.

　(1)-ㄱ은 문장 차원에서 표면적 적격성을 갖추지 못하였으므로 명시적 오류에 해당한다.[5] 그러나 (1)-ㄴ의 경우는 이 한 문장만으로는 특별히 틀린 것이 없어 보인다. 즉, 표면적으로 아무 문제가 없는 적격한 문장이다. 그런데 (1)-ㄴ을 포함한 맥락이 (1)-ㄷ과일 때, 학습자는 '경비 아저씨'를 '아버지'로 잘못 쓴 것으로 보인다. 이렇게 (1)-ㄴ처럼 문장만으로는 오류를 확인할 수 없지만 맥락 속에서는 오류가 발견될 때 이를 '비명시적 오류'로 보는 것이다. 오류 분석에서는 명시적 오류뿐 아니라 비명시적 오류도 모두 대상으로 해야 한다. 따라서 학습자 발화 자료를 수집할 때 담화 단위에서 텍스트를 수집해야 하며, 과제 유형이나 상황 등에 대한 정보도 자료와 함께 수집해야 한다.

(2) ㄱ. 선생님, 당신은 식사를 했습니까?

    ㄴ. 그럼 교수님, 내일 수업시간에 만납시다.

　(2)-ㄱ과 (2)-ㄴ은 담화 상황에 맞지 않아서 오류인 사례들이다. (2)-ㄱ은 학생이 교사를 찾아와서 건넨 인사말인데, 청자를 가리키는 '당

---

5) 이때 오류문을 정문으로 재구성한다면 '그리고 인터넷을 많이 사용하는 사람들<u>의</u> 새로운 단어와 용어를 <u>만듭니다.</u>' 정도가 될 것이다.

신'은 학생이 교사에게 사용하기에 부적절하다. (2)-ㄴ은 이메일의 마지막에 쓰인 인사말이다. 이 학생은 청유형 높임 표현을 시도했으며 '-ㅂ시다'가 높임의 기능을 한다는 점에서 문법적으로는 문제가 없다. 그러나 한국 문화에서는 학생이 교수나 교사에게 두루 높임 표현을 쓰는 것이 허용되지 않는다. 즉, '-ㅂ시다'가 갖는 화용적 제약으로 인해 오류인 것이다.

이러한 사례를 볼 때, 학습자 발화의 오류를 식별할 때는 담화 맥락이 보존된 발화 자료, 즉 발화가 이루어진 상황(화자와 청자의 관계, 어디에서 이루어진 대화인가 등)에 대한 정보를 활용할 수 있어야 한다는 것을 알 수 있다.

3) 오류 기술

학습자 발화 속에서 오류를 찾아낸 뒤에는 목표어로 그 문장을 재구성하고 재구성한 문장을 학습자의 문장과 비교한 후 그 차이점을 기술할 수 있다. 이 단계를 **오류 기술**(error description)이라고 한다. 학습자 발화 중에서 오류를 포함하는 문장이 어떤 의미인지 해석 가능할 때에 한하여 분석 대상으로 할 수 있다. 바꿔 말하면 오류를 포함한 문장의 의미가 분명하지 않을 경우에는 문장을 재구성할 수 없고, 따라서 분석도 불가능하다. 즉, 오류가 있되 전달하고자 하는 의미가 명확하고 목표어 문장으로 재구성할 수 있을 때 기술 대상이 된다.

(3) ㄱ. 나는 가수 비가 좋아해요. (학습자 발화)

(3)은 문장 차원에서 명백히 오류이다. 또한 어느 부분이 목표어 규칙과 다른지 문맥이나 상황의 도움 없이도 쉽게 파악할 수 있다. 이

문장을 목표어(한국어) 문장으로 재구성하면 다음과 같다.

> (4) ㄴ. 나는 가수 비를 좋아해요. (재구성 1)
> ㄷ. 나는 가수 비가 좋아요. (재구성 2)

(4)-ㄴ과 같이 문장을 재구성할 경우, 학습자 문장 (3)-ㄱ은 동사 '좋아하다'의 목적어인 '비'에 목적격 조사 '를'을 써야 하는데 주격 조사 '가'를 써서 오류가 발생했다고 기술된다. 즉, 오류가 발생한 영역이 '조사'가 된다. 하지만 (4)-ㄴ과 같이 문장을 재구성하면 다른 기술이 가능하다. 이때는 (4)-ㄱ이 '서술어'를 잘못 선택한 오류가 된다.

- **첨가(addition)** 불필요한 요소가 덧붙어서 오류가 발생함
  예) 친구가 한국에 놀러 <u>왔어서(→와서)</u> 같이 여행을 했어요.
- **누락(omission)** 반드시 필요한 요소가 빠져서 오류가 발생함
  예) <u>중국 사람(→중국 사람은)</u> 여행하는 것을 좋아합니다.
- **대치(substitution)** 비슷한 범주나 전혀 다른 범주의 요소로 바꿔 써서 오류가 발생함[6]
  예) 고등학교 때 시험 <u>있어서(→있는데)</u> 그때 한국어 시험도 있어요.
- **어순(word order)** 목표어 어순에 맞지 않아서 오류가 발생함
  예) 한 번도 비빔밥을 <u>먹어 안→(안 먹어)</u> 봤어요.

오류 기술 단계에서는 앞서 언급한 것처럼 발화 표면 구조에 드러난 오류 양상에 따라 **첨가, 누락, 대치** 혹은 선택, 그리고 **어순** 오류로 크게

---

6) Corder(1981)에서는 언어 선택을 잘못해서 생긴 오류를 하나의 유형으로 보았으며, 이는 다른 연구에서의 '대치' 오류와 비슷한 개념이라고 할 수 있다.

나누어 볼 수 있다. 또한 오류는 그것이 철자 차원에서 발생한 오류인지 문법 차원에서 발생한 오류인지 혹은 어휘·의미 차원에서 발생한 것인지에 따라 다시 세분화될 수 있다.

〈표 2〉 오류 분류를 위한 범주(Corder, 1981)

	철자 및 음운 graphological phonological	문법 grammatical	어휘·의미 lexico-semantic
누락 omission			
첨가 addition			
선택 selection			
어순 ordering			

오류 기술의 문제점은 오류문을 목표어 문장으로 재구성하는 과정에서 분석자의 관점에 따라 오류 유형을 다르게 볼 수도 있다는 점이다.

(5) ㄱ. *저 요즘 토픽 시험 위한 학원에 다니고 있어요.

ㄴ. 저 요즘 토픽 시험을 위해 학원에 다니고 있어요.

ㄷ. 저 요즘 토픽 시험 학원에 다니고 있어요.

(5)-ㄴ과 (5)-ㄷ은 모두 (5)-ㄱ을 적절히 재구성한 문장이라고 할 수 있다. 그런데 (5)-ㄴ으로 문장을 재구성할 때와 (5)-ㄷ으로 재구성할 때 오류의 유형도 달라지고 기술할 내용도 달라진다. (5)-ㄴ은 조사 누락(목적격 조사 '을'이 빠짐)과 어미 대치 오류(연결어미 '-아/어' 자

리에 관형형 어미 '-ㄴ'이 쓰임)가 일어났다고 기술된다. 반면에 (5)-ㄷ은 어휘 첨가(불필요하게 '위한'이 쓰임)의 오류가 된다.

위의 예에서 쉽게 확인할 수 있듯이, 학습자 발화에서 오류를 기술할 때 가장 큰 문제가 되는 것은 오류문과 동일한 의미를 나타내면서 적격하게 이루어진 목표어 문장을 무엇으로 볼 것인가 하는 점이다. 특히, 학습자의 의도를 확인할 수 없는 상황에서 연구자는 그들의 의도를 어떻게 재구성된 문장에 충분히 반영할 것인가 하는 점도 문제가 된다. 이 과정에서 연구자들의 주관적 처리가 개입되는 것은 여전히 오류 분석이 해결해야 할 문제로 존재한다.[7]

4) 오류 설명

오류 설명(error explanation)은 학습자 발화에서 오류가 왜 발생했는지 원인을 밝히는 부분이다. 오류 분석에서 오류 설명은 매우 중요한 단계이다. 앞서 오류 분석의 연구 목적 중 하나가 교수법, 교육 자료 등을 개선하는 데 있다고 밝힌 바 있다. 이를 위해 연구자 또는 교사는 학습자의 중간언어 체계에서 잘못된 규칙을 발견하고 적절한 피드백을 제공하거나 수업 내용을 보충하는 등의 후속 단계를 마련해야 한다. 이를 위해서는 학습자가 어떤 이유로 잘못된 규칙 체계를 갖게 되었는지 밝혀야 한다.

오류 분석에서는 오류가 발생하는 주요 원인을 언어 간 전이, 언어 내 전이, 학습의 장, 의사소통 전략의 실패 등으로 분류하였다. 이를

---

7) 이러한 문제를 해결하는 방안으로 이승연(2007)에서는 문장 재구성의 세 가지 원칙, 첫째, 학습자가 생산한 문장으로부터 최소한으로 수정하고, 둘째, 학습자의 발화 의도를 최대한 살리며, 셋째, 한국인의 발화 경향을 반영한다는 원칙을 제시한 바 있다. 이 원칙에 따르면 (4)-ㄱ에서 학습자가 '위하다'를 사용하려는 의도가 있었음이 확인되므로 (4)-ㄴ으로 수정하는 편이 낫다고 할 수 있다.

중심으로 학습자 오류를 구분하여 연구한다면 외국어를 배우는 동안 학습자의 인지적, 정의적 변화가 어떻게 일어나는지, 그리고 그 과정에서 중간언어 체계가 어떻게 확립되어 가는지 이해해할 수 있을 것이다. 다음은 각각의 오류 원인에 대한 설명과 예문을 제시한다.

○ **언어 간 전이(interlingual transfer)**

언어 간 전이는 모어의 간섭을 말한다. 이러한 오류는 제2언어 학습 초기에 특히 많이 일어나는데, 이는 학습자가 제2언어 사용에 끌어들일 수 있는 언어 규칙 중 가장 강력한 것이 모어의 규칙이기 때문이다.

> (6) ㄱ. 앞으로 회장으로 <u>왈발이 활동하고(→ 활발히 활동하고)</u> 싶습니다. (이탈리아인 학습자, 구어 자료)
> ㄴ. 판다는 <u>두 개 다리(→다리가 두 개)</u> 있어요. (중국인 학습자, 구어 자료)

(6)-ㄱ에서 보듯, 어두에서 'h'가 묵음(silent)이 되는 언어가 모어인 학습자는 한국어 어두의 'ㅎ'을 발음하지 않기도 한다. 이러한 오류는 학습자 모어의 영향이라는 것이 명백해 보인다. 따라서 교사 혹은 연구자가 학습자의 모어에 대한 지식을 갖고 있거나 그 언어의 체계에 친숙하다면 이러한 오류들을 찾아내고 분석하는 데 도움을 받을 수 있다. 제2언어 교사에게 언어학적 지식이 필요한 것도 이와 같은 이유에서이다.

○ 언어 내 전이(intra-lingual transfer)

제2언어 학습자들은 목표어 규칙의 일부를 습득하기 시작하면 그 규칙들을 일반화시켜 나간다. 이는 학습 이론의 관점에서 보면 당연한 현상이며, 학습자는 일반화를 통해 기존에 배운 내용을 선행 경험으로 삼아 새로운 요소들을 포섭하고자 한다. 그러나 이러한 작업은 제2언어의 습득을 돕기도 하지만 한편으로는 방해가 되기도 한다. 규칙을 지나치게 일반화시킨 결과 오류가 발생하기 때문이다.

> (7) ㄱ. <u>오늘에(→오늘, 오늘은)</u> 공부 십이과 했어요.
> ㄴ. 그 전에 많이 친구가 <u>사귀했어요(→사귀었어요).</u>

(7)-ㄱ에서는 부사격 조사 '에'가 시간 명사인 '오늘' 다음에 결합하여 오류가 발생했다. 부사격 조사 '에'는 한국어 학습자가 학습 초기부터 사용하는 조사들 중 하나이다. 학습자는 '에'가 장소나 시간을 나타낸다는 것을 인식하고 있어서 시간 명사나 장소 명사 다음에 '에'를 주로 결합시킨다. 아직 조사 결합이 일부 단어들에는 결합하지 못한다는 제약 조건을 파악하지 못한 것이다.

(7)-ㄴ은 접사 '-하다'를 잘못 사용한 오류이다. '공부하다, 일하다, 조용하다' 등과 같이 한국어에서 '-하다'는 체언에 결합하여 용언을 만들어내며 생산성이 매우 높다. 따라서 학습자는 주변 언어를 통해 이러한 조어 규칙을 인식하고 '사귀-'에도 '-하다'를 결합해 보았으나 이는 한국어의 사용 규칙에 맞지 않는다.

앞서 살펴본 것과 같이 과잉일반화 오류는 모어 배경에 관계없이 많은 학습자에게서 빈번하게 발생한다. 그리고 언어 습득 과정에서 일반적으로 나타나는 현상이므로 발달적 오류라고 한다. 언어 내 전이의 존재는 초기 대조 분석 가설에 대한 강력한 반박 근거가 되었다. 이른바 내조 분석의 깅설에서 학습지 모어와 목표어의 차이가 외국어 습득을 어렵게 하는 절대적 원인이라고 보았던 것이나, 대조적 차이를 보이는 항목을 교육하면 오류를 예방할 수 있다고 했던 것들이 발달적 오류 현상의 발견으로 설득력을 잃었기 때문이다.

○ 학습의 장(context of learning)

또 다른 원인으로는 **학습의 장** 오류를 들 수 있다. 학습의 장이란 학습자가 목표어를 배울 당시의 환경을 이루고 있는 모든 것을 뜻한다. 학교에서 교과목으로 외국어를 배웠다면 교사와 교재가 있는 교실이 학습의 장이 되며, 이민자로서 사람들과 접촉하면서 자연스럽게 언어를 습득했다면 주변 사람 요인이 학습의 장이 된다.

교실 수업에서 간혹 교사나 교재로 인해 학습자가 언어에 대한 잘못된 가설을 만들어 가는 경우가 있다. 이를 '잘못된 개념', 혹은 '유도된 오류'라고 칭한다. 즉 해당 표현을 언제 어떻게 써야 할지 정확히 알려 주지 않았거나 아예 설명을 하지 않아서 오류가 발생한 경우이다. 따라서 교사는 언어 항목을 설명할 때 의미와 형태뿐만 아니라 제약 조건, 화용적 의미 등에 대한 정보도 충분히 제공해야 한다.

○ 의사소통 전략(communicative strategy)

학습자들은 자신의 의견을 명확히 전달하고 의사소통에 실패하지 않기 위해 다양한 전략을 사용한다. 새로운 단어를 만들어 내기도 하고, **돌려 말하기**(circumlocution), **외워서 말하는 문형**(prefabricated pattern) 등이 그러한 전략에 속한다. 일반적으로 이러한 전략 사용은 의사소통 상황에서 매우 긍정적이며 학습자에게 전략적 능력은 꼭 필요한 것

중 하나이다. 그러나 때로는 이러한 의사소통 전략을 사용하는 과정에서 오류가 발생하기도 한다.

> (8) ㄱ. 할아버지는 작년부터 나무다리로(→목발을 짚고) 걸어 다니셨습
>   니다.
>   ㄴ. 대가족(→가족 여러 명)과 여행을 가고 싶다는 생각했습니다.

(8)-ㄱ에서는 학습자가 '목발'을 대신하여 기존에 알고 있던 단어인 '나무'와 '다리'를 합쳐서 '나무다리'라는 새로운 말을 만들어 사용했다. 또한 (8)-ㄴ에서는 학습자가 '대가족'의 의미를 정확히 알지 못한 것으로 보인다. 한국어의 '대(大)-'에 규모가 크거나 수가 많다는 의미가 있다는 것을 알고 이 말과 '가족'을 합쳐서 '가족 여러 사람'을 표현하고자 하였다. 이러한 표현은 비록 오류로 분류되기는 하지만, 우리는 이를 통해 학습자가 목표어 지식을 어떻게 활용하고 새로운 표현들을 시도하는지 확인할 수 있다.

5) 오류의 평가

학습자의 오류는 의사소통에 지장을 주는 정도에 따라 **전반적 오류**(global error)와 **부분적 오류**(local error)로 나눌 수 있다. 전반적 오류는 의사소통에 심각한 지장을 초래하는 오류로 교정이 시급하다. 반면에 부분적 오류는 주로 화석화된 요소들을 포함하며 의사소통에 큰 지장을 가져오지 않는다. 그 결과 목표어 원어민과의 소통에서 특별한 문제를 일으키지 않는다.

Hendrickson(1980)에서는 자연스러운 의사소통에 방해가 되지 않는다면 학습자 오류를 굳이 수정해 줄 필요가 없다고 하였다. 전달하고자 하는 의미가 명확히 전달되었음에도 불구하고 오류를 수정한다

변 오히려 의사소통의 흐름을 방해할 우려가 있기 때문이다. 그러나 총체적 오류인 경우 메시지 전달에 실패하여 의사소통 지체가 불가능해지기 때문에 반드시 적절한 방법으로 수정되어야 한다.

○ **다양한 오류 처리 방법(피드백의 유형과 예)**[8]

교사는 학습자 오류에 대해 교수 학습 상황이나 학습자 유형에 맞는 피드백 방식을 익혀서 자연스럽고 능숙하게 오류를 처리할 필요가 있다. 피드백의 다양한 유형과 구체적인 예를 살펴보도록 한다.

• **고쳐 말하기(recast)**

비정형적이거나 미완성인 발화를 교사 혹은 목표어 화자가 조심스럽게 다시 고쳐 말하거나 확장시키는 암시적 피드백 유형이다.

> 예) 학습자 : 어제 공항에서 <u>친구가 만났어요</u>.
> 교사 : 아, <u>친구를 만났어요</u>? 친구는 어디에 갔어요?

• **명료화 요구(clarification request)**

교사가 학습자로 하여금 발화를 고쳐 말하거나 반복하도록 유도하는 방법이다.

> 예) 학습자 : 오늘 많이 아파 병원 안 가요.
> 교사 : 미안해요. 못 들었어요. 다시 한번 말해 주세요.

---

8) 피드백 유형은 Brown(2007)에서 제시된 것을 따랐다.

- **상위 언어적 피드백(metalinguistic feedback)**

교사나 목표어 화자가 학습자 발화의 정형성에 관한 해설이나 정보를 덧붙이는 방법의 피드백이다.

> 예) 학습자 : 어제 친구하고 산에 가요.
> 교사 : 그랬군요. ○○씨 지금 우리 <u>과거 시제</u>를 공부하고 있는데, 뭐라고 말해야 할까요?

- **유도하기(elicitation)**

학습자 스스로 수정하도록 유도하는 교정 기술로 응답 요청에서 좀 더 명백하게 나타난다.

> 예) 학습자 : 한국 올 때 엄마가 <u>잘 갔다와요</u>, 말했어요.
> 교사 : <u>한국어로 말할 때 어떻게 말하죠?</u> 엄마가 잘 갔다…
> 학습자 : 아, 잘 <u>갔다 오라고</u> 말했어요.

- **명시적 교정(explicit correction)**

학습자에게 형태 오류를 명확하게 지적하거나 교정된 형태를 제공하는 방법으로 강조 억양과 함께 제공된다.

> 예) 학습자 : 나는 <u>드라마가 많이 봐요</u>.
> 교사 : <u>드라마'가'가 아니라, 드라마'를' 많이 봐요 라고 하세요.</u>

- **반복(repetition)**

학습자 발화의 비정형적 부분을 교사가 반복하는 것으로 이것도 역시 억양을 바꿔 강조한다.

예) 학습자 : 나는 주말에 <u>드라마가 많이 봐요.</u>

교사 : <u>드라마가? 드라마가 많이 봐요?</u>

3. 오류 분석 결과의 활용

오류 분석의 결과는 어떻게 활용할 수 있을까. 앞서 밝힌 것과 같이 우리는 학습자 오류를 연구함으로써 그들이 어떻게 언어를 습득해 가는지 확인할 수 있다. 학습자 오류 분석을 통해 학습자 언어의 발달 단계를 세운 연구를 소개하도록 한다.

제2언어 연구에서 학습자가 구사하는 목표어는 모어(L1)나 목표어 (L2)와는 다른 독립된 체계로 인정해야 하며, 그들의 언어가 지니는 불완전성은 예방되거나 방지될 수 없다고 생각하게 되었다. 그렇다면 학습자 중간언어는 어떻게 발달해 나갈까. 코더가 학습자의 오류를 분석한 결과를 바탕으로 제시한 '제2언어 발달 모델'을 살펴보도록 한다.[9]

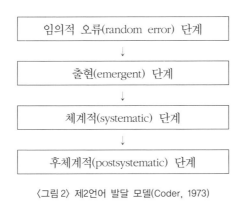

〈그림 2〉 제2언어 발달 모델(Coder, 1973)

---

9) 이 부분은 Brown(2007) 9장 내용의 일부를 정리한 것이다.

3.1. 임의적 오류 단계

임의적 오류(random error) 단계에서 학습자들은 일관성 없고 무작위적인 오류를 범한다. 이 단계를 코더는 **전체계적 단계**(presystematic stage)라고 명명하였다. 이 단계의 학습자들은 특정 항목 부류에 체계적인 질서가 존재한다는 것을 어렴풋이 알고 있으나 대략적 추측을 하여 일관성 없는 오류를 범한다. 예를 들어 비슷한 시기에 학습자가 'John cans sing.', 'John can to sing.', 'John can singing.' 등의 문장을 사용한다면 이 학습자는 자신이 아는 영어에 대한 지식을 바탕으로 나름대로 다양한 실험을 하고 부정확한 추측을 실행하고 있는 단계라는 것을 보여주는 것이다. 이 시기의 학습자는 전체계적 단계의 특성을 보이고 있다.

3.2. 출현 단계

출현 단계(emergent stage)는 학습자가 제2언어를 좀 더 일관성 있게 사용하는 단계로, 학습자들이 제2언어의 체계를 구분해 가고 특정 언어 규칙들을 내재화하기 시작한다. 학습자는 이 시기에 나름의 중간언어 규칙을 세우는데, 이는 목표어 규칙과 같을 수도 있고 다를 수도 있다. 이 단계에서 학습자들이 목표어에 대한 규칙과 원리를 파악한 뒤에도 종종 이전 단계로 후퇴하는 **퇴행**(backsliding)을 겪기도 한다.

이 시기의 학습자는 오류에 대한 지적을 받더라도 이를 스스로 수정하지 못한다. 또한 지적을 받으면 특정 언어 구조나 화제를 회피하는 현상을 보이기도 한다. 다음 예문에서 볼 수 있듯이 학습자는 원어민의 반응에도 불구하고 자신이 어떤 오류를 범했는지를 파악하지 못한다.

학습자	I go New York.
원어민	You're going to New York?
학습자	[이해하지 못하며] What?
원어민	You will go to New York?
학습자	Yes.

  다음은 한국어 학습자와 교사의 대화이다. 여기서 학습자는 어휘 오류(방동님→집주인)를 보였으며 교사는 그에 대해 암시적 피드백 ('방동님?')을 제공하였으나 학습자가 알아차리지 못하자 명시적으로 피드백을 준다('방동님이 누구예요?').[10] 결국 학습자가 '집주인'으로 수정을 하기는 하지만 이는 학습자의 언어 지식에 근거한 것이 아니고 인터넷 사전의 도움을 받은 것이다.

교사	음.. 텔레비전은 누구 거예요?
학생	누구? 방동님.
교사	방동님?
학생	아, 방동님의 텔레비전.
교사	방동님이 누구예요?
학생	방동님, 아? 잠깐만. (스마트 폰으로 검색)
	아, 집주인.

3.3. 체계적 단계

  체계적 단계(systematic stage)에서 학습자는 제2언어를 보다 일관성 있게 발화한다. 이 단계의 학습자들이 머릿속에 내재화한 규칙은 구조를 갖추고 일관성을 띠고 있으며, 목표어 체계에 더욱 근접한 모습

---

10) 여기서 방동(房東)은 중국어로 집주인을 의미하는 단어이다. 따라서 이 오류는 모어의 간섭, 즉 언어간 전이 오류의 사례가 된다.

을 보인다. 학습자들은 자신의 발화에 나타난 오류를 지적 받으면 스스로 수정할 수 있는 능력을 갖추게 된다. 영어 대화의 사례에서 하나를 살펴보자. 이 대화에서 학습자는 원어민의 피드백(반복하기)을 받고 나서 바로 발화를 수정하여 재발화한다.

> 학습자   Many fish are in the lake. These fish <u>are serving</u> in the restaurant near the lake.
>
> 원어민   [웃으며] The fish <u>are serving</u>?
>
> 학습자   [웃으며] Oh, no, the fish <u>are served</u> in the restaurants!

3.4. 후체계적 단계

후체계적 단계(postsystematic stage)에는 학습자는 거의 오류를 일으키지 않으며 발화의 유창성과 의미 전달력에 문제가 거의 없다. 이러한 상태를 **안정화**(stablization) 단계라고 한다. 이 단계의 특징은 학습자가 스스로 오류를 수정할 수 있다는 점인데, 거의 오류를 범하지 않으나 오류를 범하더라도 다른 사람의 지적 없이 스스로 고칠 수 있다. 그러나 이 시기의 학습자들은 작고 사소한 오류들은 인식하지 못한 채 자신의 언어로 만드는 **화석화**(fossilizaiton) 현상을 보이기도 한다.

> 학습자   범죄, 이거 범죄이에요.
>
> 교사   피해자가 많아요?
>
> 학습자   피해자가 아직 우리 세 명 피해자 신고했어요.
>
>   근데 다른 피해자가 있지만 <u>안 신고했어요</u>. <u>신고 안 했어요</u>.

위의 대화에서 학습자는 어순 오류가 일어난 문장을 별다른 피드백 없이도 바로 수정하여 재발화하였다. 지금까지 살펴본 대로 학습자들은 제2언어를 완전히 습득하기까지 대체로 이러한 발달 과정을 보인다. 그런데 언어 요소별로 발딜 단계가 서로 다를 수 있는데, 예를 들어 같은 시제 형태라도 '-았/었-'은 2단계에 있지만 의지나 추측을 나타내는 형태 '-겠-'은 1단계일 수도 있다.

█ 화석화

매우 숙달된 제2언어 화자라고 해도 잘못된 언어 형태를 꽤 오랫동안 사용하는 경우가 있다. 이러한 현상은 주로 '외국인 말씨(foreign accent)' 즉, 외국인 특유의 억양이나 강세에서 두드러지며, 조사나 어미 같은 문법 형태의 오류나 어휘 사용의 오류에서도 찾아볼 수 있다. 틀린 언어 형태 사용이 거의 영구적으로 반복되는 현상을 '화석화'라고 한다. 화석화 발생에 대해 몇몇 연구자들은 학습자와 원어민 간의 관계에서 그 원인을 찾기도 한다.

교사를 포함한 원어민은 학습자의 발화를 듣고 일정한 반응을 보인다. 즉 "당신이 무슨 말을 하고 있는지 '이해하고/이해하지 못하고' 있다."(인지적 피드백), "나는 이 대화를 '계속하고 싶다/싶지 않다'."(정의적 피드백) 등의 반응을 보인다. 이러한 피드백은 학습자로 하여금 '내가 구사하고 있는 언어가 잘못되었나?'하는 의심을 갖게 하기도 하며, '내가 지금 잘 말하고 있구나'하는 확신을 갖게도 한다. 후자의 경우 학습자의 언어는 강화된다.

만약 학습자가 잘못된 형태를 사용하여 문장 발화를 하였음에도 불구하고 원어민이 긍정적인 정의적 피드백('의사소통을 계속하자')을 줌과 동시에 긍정적인 인지적 피드백('당신 말이 무슨 뜻인지 알겠다')을 제공하면 학습자들은 자신이 사용한 형태가 바르다는 확신을 얻게 된다. 이는 학습자가 잘못된 형태를 내재화시키도록 하는 부정적 결과를 가져온다. 따라서 학습자가 올바른 언어를 사용하도록 하는 데 주변 원어민의 피드백이 중요한 역할을 하며, 학습자의 화석화를 막기 위해 적절한 부정적인 인지적 피드백을 제공해야 함을 알 수 있다.

다음은 학문목적 한국어 학습자가 작성한 이메일이다. 현재 5급 정도의 한국어 숙달도를 갖고 있는 몽골 유학생이다. 이 학생이 작성한 이

메일을 보면 어떤 부분에서 화석화가 일어났는지 확인할 수 있을 것
이다.

> (1) 안녕하세요 교수님 ! 그 날에 몸이 많이 불편해서 학교에 가지 못했
>   습니다. 죄송합니다. 다음 시간에 뵙니다.
> (2) 안녕하세요 교수님! 날씨가 너무 추워지네요! 따뜻한 커피 마시고, 좋
>   은 하루 보내세요. 그럼 다음 수업 시간에 뵐게요. 안녕히 계세요.
> (3) 안녕하세요 교수님! 날씨가 추워지는데 건강을 잘 챙기시고, 여전히 늘
>   행복한 모습을 보여 주세요. 다음 수업 시간에 뵐게요. 안녕히 계세요.

4. 오류 분석의 문제점

4.1. 오류와 습득의 관계

그렇다면 학습자 발화에서 오류를 관찰하는 것만으로 학습자의 언
어 수준을 정확히 파악할 수 있을까. 우리는 학습자 발화에 오류가
나타나지 않는 것이 항상 그 학습자들의 '올바른 습득'을 보장하는 것
은 아니라는 점에 주의해야 한다. 반대로 특정 규칙에서 오류를 더
많이 일으키는 학습자가, 오류를 일으키지 않는 학습자보다 그 규칙에
대해 덜 이해하고 있다고 말할 수도 없다. 이러한 문제는 언어권별
학습자들의 발화 자료를 분석한 뒤 오류 분석이라는 연구 방법 자체
가 지닌 문제점을 지적한 Schachter(1974)에서 제기되었다.

샤흐터(J. Schachter)는 페르시아어, 아라비아어, 중국어, 일본어 원
어민이 작성한 영어 작문 자료 분석하여 영어 관계대명사 사용의 오
류를 검토하였다. 그 결과를 언어권별로 정리하면 다음과 같다.

<표 3> 언어권별 관계대명사 오류(Schachter, 1974)

학습자 모어	관계대명사 사용 오류 빈도수
페르시아어	43회
아라비아어	31회
중국어	9회
일본어	5회

〈표 3〉의 오류 빈도 결과만 보면 분명히 중국어와 일본어를 모어로 사용하는 학습자들이 페르시아어나 아라비아어를 모어로 사용하는 학습자들보다 관계대명사 사용 규칙을 잘 알고 있는 것처럼 보인다. 그러나 학습자들의 관계대명사 사용 전체를 대상으로 하여 그 중에서 적합하게 사용한 횟수와 오류가 발생한 횟수를 비교하였을 때는 생각이 달라질 수 있다.

<표 4> 언어권별 관계대명사 사용(Schachter, 1974)

학습자 모어	관계대명사		
	전체 사용	적합한 사용	오류(오류율)
페르시아어	174	131	43(25%)
아라비아어	154	123	31(20%)
중국어	76	67	9(12%)
일본어	63	58	5(8%)

〈표 4〉에서 오류 횟수와 오류율은 비례한다. 그러나 관계대명사를 사용한 전체 횟수를 놓고 보면, 페르시아어와 아라비아어를 모어로 하는 학습자들이 나머지 학습자들에 비해 압도적으로 많은 사용을 했

다는 것을 확인할 수 있다. 페르시아어와 아라비아어에 관계대명사가
존재하기 때문에 영어의 관계대명사를 사용하는 데 심리적 부담이 적
었던 것이 이러한 현상을 나타낸 이유가 되었을 것이라고 생각할 수
있다. 반면에 중국어나 일본어를 모어로 사용하는 학습자들은 자신들
의 모어에 없는 문법 요소인 관계대명사를 사용하는 것 자체가 부담
스러운 일이고, 일단 사용을 할 때는 보다 더 신중하게 사용했을 것이
라 생각할 수 있다.

결국 오류의 내용을 자세히 들여다보면 학습자들에 의해 특정 요소
의 사용이 억제되면 오류 비중도 낮아진다는 것을 알 수 있다. 그러나
오류의 비율이 낮은 것이 곧 학습자가 그 규칙에 대해 올바른 언어
지식을 갖고 있는 것을 의미하지는 것은 아니라는 것도 이 연구를 통
해 알 수 있다.

이는 오류분석에서, 학습자가 잘못 사용한 형태에만 초점을 맞추면
분석 결과가 그들의 언어 발달을 사실대로 보여주지 못할 수도 있다
는 것을 시사한다. 오류 연구는 학습자의 발화 자료 전체, 즉 오류와
비오류를 아우르는 관찰이 바탕이 되어야 하며, 특정 규칙의 발화 빈
도, 바르게 사용된 빈도, 오류가 일어난 빈도 모두가 복합적으로 고려
되어야 한다.

4.2. 산출자료에 대한 연구 편중

오류 분석은 주로 학습자가 산출한 자료, 즉 말하기 수행과 쓰기
결과물을 대상으로 실시하는 경우가 많다. 오류는 표현 영역에서만이
아니라 이해 영역, 즉 읽기와 듣기에서도 일어날 수 있다. 그러나 읽기
와 듣기에서의 오류가 연구 대상이 된 경우는 드물다. 그 이유는 우선
학습자의 이해 영역에서 발생한 오류는 관찰하기 어렵다는 점이 가장

크다. 말하기나 글쓰기는 학습자의 수행 결과가 가시적이고 관찰 가능하지만 읽기나 듣기의 경우에는 내면에서 일어나는 이해 여부를 측정할 수 있는 도구가 없이는 연구가 어렵다.

학습자 언어에 대한 연구는 일반적으로 그들이 산출한 언어만을 대상으로 하기 쉽다. 그러나 학습자 언어란 산출과 수용 모두를 말하는 것이므로 그에 대한 연구 역시 두 가지 측면을 모두 다루어야 마땅하다.

4.3. 오류 분석의 주관성

학습자 오류를 분석하고 그에 대해 설명하는 과정에 연구자의 주관이 개입될 여지가 매우 높다. 오류 식별에서부터 오류 평가까지 모든 과정이 연구자의 직관에 의존하기 때문이다. 오류 식별 단계에서 문법성을 판단하는 직관은 사람마다 다를 수 있으며 이 때문에 동일한 문장에 대한 문법성 판단 결과가 달라질 수도 있다. 또한 오류 기술 단계에서는 오류문에 대응되는 목표어 문장을 무엇으로 보느냐에 따라 오류 양상이 달라진다는 점도 문제이다. 물론 기존의 연구에서 오류문을 재구성할 때의 원칙을[11] 제시한 바 있으나 여전히 문제는 해결되지 않은 상태이다.

오류 설명에서도 연구자의 주관적 판단을 배제할 수 없다. 동일한 오류라 하여도 오류 발생 원인에 대한 다양한 해석이 가능하기 때문이다. 특히 학습자에 대한 정보를 충분히 가지지 못한 경우 오류 설명이 객관성과 타당성을 지니기 어려울 수도 있다. 따라서 앞으로의 연구에서는 오류 분석의 각 단계 활동이 객관성을 지니기 위해 갖출 조건이 규명되어야 할 것이다.

---

11) 각주 7의 내용을 참고할 수 있다.

▪ 참고문헌

이승연(2007), 「한국어 학습자 오류의 판정 및 수정 기준 연구」, 『이중언어학』 33. 이중언어학회, 119-213.

Brown, H. D.(2007), *Principles of Language Learning and Teaching,* 5th ed. Pearson Longman.

Corder, S. P.(1974), Error Analysis, In J. Allen & S. P. Corder (eds.), *The Edinburgh Course in Applied Linguistics,* vol. 3. Oxford: Oxford University Press.

Corder, S. P.(1971), Idiosyncratic dialects and error analysis, *International Review of Applied Linguistics,* 5, 161-170.

Corder, S. P.(1973), *Introducing applied linguistics,* Harmondsworth, UK: Penguin Books.

Corder, S. P.(1981), *Error Analysis and interlanguage.* London: Oxford University.

Hendrickson, J. M.(1980), The Treatment of Error in Written Work. *Modern Language Journal,* 64, 216-221.

James, C.(1998), *Errors in Language Learning and Using.* New York : Addison Welsey Longman Inc.

Nemser, W.(1971), Approximative systems of foreign language learners, *International Review of Applied Linguistics,* 9, 115-123.

Richards, J.(1971), A non-contrastive approach to error analysis, *English Language Teaching,* 25, 204-219.

Schachter, J.(1974), An error in error analysis, *Language Learning,* 24. 205-214.

Selinker, L.(1972), Interlanguage, *International Review of Applied Linguistics,* 10, 209-231.

제7장

코퍼스 언어학

코퍼스 언어학의 기본 개념들을 이해하고 제2언어 교육에 코퍼스를 활용하는 방안을 모색한다.

- 코퍼스란 무엇이며, 코퍼스 언어학의 연구 대상은 무엇인가.
- 코퍼스는 언어학과 언어 교육 연구에 어떻게 활용되는가.
- 제2언어 학습자 코퍼스는 어떤 절차로 구축하며 어떤 연구에 활용할 수 있는가.

주요 용어

코퍼스(corpus/corpora), 말뭉치, 균형성(balance), 대표성(representativeness), 원시 코퍼스(raw corpus), 주석 코퍼스(tagged/annotated corpus), 문어/구어 코퍼스(literary/spoken corpus), 균형 코퍼스(balanced corpus), 표준 코퍼스(standard corpus), 참조코퍼스(reference corpus), 학습자 코퍼스(learner corpus), 오류 코퍼스(error corpus)

1. 코퍼스 언어학이란

1.1. 코퍼스와 코퍼스 언어학

코퍼스(corpus, 말뭉치)는 언어학이나 언어 교육의 특정 분야를 연구하는 이들에게는 이미 친숙한 개념일 것이다.[1] 그러나 대부분의 사람들은 코퍼스와 코퍼스 언어학이 무엇이냐는 질문을 받았을 때, 무엇인지 모른다고 답할 수도 있고 알고 있더라도 무엇인지 명확히 설명하기 어려울 수도 있다. 코퍼스가 무엇인지 알아보기 위해 우선 사전 및 코퍼스 언어학 연구에서의 정의를 살펴보도록 한다.

코퍼스란 언어분석의 특정한 목적으로 편찬된 텍스트들의 구조화된 모음으로 구성되며, 규모가 크고 특정 언어 전체를 대표하도록 만들어진다. Graeme Kennedy(1998)

언어 연구를 위해 텍스트를 컴퓨터가 읽을 수 있는 형태로 모아 놓은 언어 자료. 매체, 시간, 공간, 주석 단계 등의 기준에 따라 다양한 종류가 있다. 늑코퍼스. 표준국어대사전(1999)

코퍼스는 '몸체(body)'를 뜻하며 코퍼스 분석(corpus analysis)이란 언어 자료를 모아 놓은 것을 분석하는 것을 뜻한다. 코퍼스는 짧게는 한 차례의 담화나 (신문이나 잡지의) 글이 될 수도 있고 크게는 자연 상태에서 발화된 구어나 문어로 언어 몇 십만 단어 수준에 이르기도 한다. Swann et al.(2004)

코퍼스는 컴퓨터에 저장된, 구어 혹은 문어로 이루어진 자연적 텍스트를 뜻한다. Reppen & Simpson-Vlach(2010)

---

[1] 코퍼스는 말뭉치, 말모둠이라고도 불린다. 이 책에서는 '코퍼스'로 통일하여 지칭하도록 한다.

위의 정의들을 종합해 보면 코퍼스는 인간의 발화 자료를 컴퓨터에 입력하여 모아 놓은 것으로, 언어의 실제 모습을 총체적으로 드러내 보여주는 자료라고 할 수 있다. 코퍼스는 구체적인 연구 문제를 탐구 하거나 언어 사용에서의 당면 과제를 해결하는 데 적절한 기반을 제공 하는 **기계 가독형 텍스트**(machine-readable text)이다. 코퍼스는 전통 적으로 언어학, 언어 교육에서 주로 활용되었으며, 최근에는 디지털 인문학, 정보 통신 분야의 중요 데이터로 각광받고 있다.

코퍼스 언어학(corpus linguistics)이란 넓게는 코퍼스를 기반으로 한 모든 언어학적 연구를 포괄한다. 여기에는 코퍼스의 데이터를 활용한 연구 외에 코퍼스 구축을 위한 방법론도 포함된다. 코퍼스 언어학은 음운론, 형태론, 방언학과 같이 언어의 구조나 사용을 밝히고자 하는 연구라기보다는 실세계에서의 문제를 해결하는 데 초점을 두고 있기 때문에 응용언어학의 대표적인 분야로 꼽힌다.

고전적 의미의 코퍼스는 1900년대 전반부 미국 구조주의 언어학의 자료로부터 기원을 찾을 수 있다. 실증적 자료 수집과 분석을 중요하 게 생각한 구조주의 언어학에서는 인간의 발화를 토대로 언어 이론을 정립했다. 이때 연구를 위해 수집하고 분석한 발화 자료들이 초창기 의 코퍼스라고 할 수 있다. 그러나 당시에는 컴퓨터를 이용한 대규모 자료 처리가 불가능했던 시기이므로 오늘날의 코퍼스와는 다른 개념 이었다.

현대적인 의미의 기계 가독형 코퍼스는 1960년대의 **브라운 코퍼스** (Brown Corpus)가 최초라고 일컬어진다. 그러면 우선 코퍼스 개발의 역사를 간략히 살펴보고 코퍼스에는 어떤 유형이 있는지 알아보도록 한다.

1.2. 코퍼스 개발의 역사와 유형

1) 코퍼스 개발의 역사

Brown(2006)에서는 코퍼스 개발의 역사를 제1기(1960~1980년대), 제2기(1980~1990년대), 제3기(2000년대)로 크게 나누고 각 시기의 특성을 〈표 1〉과 같이 기술하였다. 코퍼스 개발은 텍스트를 처리할 수 있는 기계나 소프트웨어 등의 도구의 역사와 함께 발달했다고 볼 수 있다. 각 시기를 특징짓는 키워드는 '전산화(제1기)', '스캐너 및 컴퓨터 조판(제2기)', '인터넷(제3기)'라고 할 수 있다. 그 이후, 즉 2010년대 이후에는 ICT 기술의 발달에 힘입어 대규모 데이터인 빅데이터가 생산되기 시작하였으며,2) 코퍼스 역시 빅데이터와의 경계가 허물어질 정도로 기하급수적으로 규모가 늘고 있다고 할 수 있다.

〈표 1〉 코퍼스 개발의 역사(Brown, 2006)

구분	시기	특징
제1기	1960~80년대	• 코퍼스 개발의 초기 단계 • 100만 어절 단위의 코퍼스를 구축, 유지하는 방안을 모색함. • 전자 파일을 모아 코퍼스를 구축할 수 있는 여건이 되지 않아 문자로 기록된 자료를 모두 입력하여 전산화시킴.
제2기	1980년대	• 스캐너 사용기 • 초기 스캐너 사용으로도 2,000만 어절의 코퍼스 구축이 가능해짐.

---

2) 이 시기에 가장 중요한 것은 데이터 기록 및 저장 매체의 혁신, 데이터 처리 기술의 발달이라고 할 수 있다.

	1990년대	• 컴퓨터 조판의 산물 • 코퍼스 개발의 첫 번째 발전기 • 코퍼스 구축의 규모를 크게 확대시킴.
제3기	2000년대	• 인터넷 발달의 산물 • 코퍼스 개발의 두 번째 발전기 • 인쇄물 혹은 기록물로 존재한 적 없는 텍스트들도 무한히 사용 가능해짐.

2) 코퍼스의 분류

코퍼스는 구축 목적, 텍스트 가공 여부, 코퍼스를 구성하는 텍스트 유형, 언어 매체 유형 등에 따라 다양하게 나뉜다. 여기서는 코퍼스의 유형과 특성을 살펴보고 각 코퍼스에 속하는 사례들을 살펴보겠다.

○ 원시 코퍼스와 주석 코퍼스

코퍼스는 가공 여부에 따라 원시 코퍼스와 주석 코퍼스로 구분된다. **원시 코퍼스**(raw corpus)는 텍스트를 가공하지 않은 상태로 저장해 놓은 것을 말한다. 원시 코퍼스 가공 이전의 상태로도 연구에 활용되지만 다양한 주석 코퍼스를 생산하기 위한 기초 자료로서 더 가치를 갖는다.

주석 코퍼스(annotated corpus, tagged corpus)는 텍스트를 일정한 기준으로 분석한 뒤 품사, 구문, 의미 등의 언어학적 요소나 문헌, 주제, 내용 혹은 오류 등의 정보를 일관된 형식의 표지로 달아 놓은 것을 말한다. 이때 일정한 정보를 담고 있는 주석에 대한 표시를 **태그**(tag)라고 하며 주석을 다는 작업을 **태깅**(tagging)이라고 한다. 필요한 정보를 일괄적으로 검색하거나 처리할 때 주석이 유용하게 사용된다. 대표적인 주석 종류에는 다음의 것들이 있다.

코퍼스 주석의 유형

- 품사 태그(POS tagging)
- 구문 주석(syntactic annotation)
- 운율 주석(prosodic annotation)
- 의미 주석(semantic annotation)
- 화용 주석(pragmatic annotation)
- 담화 주석(discourse annotation)
- 문체 주석(stylistic annotation) 등

○ **문어 코퍼스와 구어 코퍼스**[3]

코퍼스를 구축한 재료에 따라 문어 코퍼스와 구어 코퍼스로 나눌 수 있다. 신문이나 잡지, 소설, 교과서 등의 문어 텍스트를 입력해 놓은 것은 **문어 코퍼스**(literary corpus)이며, 일상 대화나 방송 토론, 강연 등의 전사하여 입력했다면 **구어 코퍼스**(spoken corpus)이다.

간혹 뉴스나 드라마의 대본을 활용하여 코퍼스를 구축하는 경우도 있는데, 이 경우는 엄밀히 말하면 구어 코퍼스로 보기는 어렵다. 방송 대본이란 일상 대화와는 달리 작가에 의해 의도적으로 계획되고 짜인 담화 또는 발화를 담고 있기 때문이다.[4] 따라서 이런 부류의 코퍼스는 **준구어 코퍼스**(quasi-spoken)로 따로 분류하기도 한다. 연설문, 담화문 역시 최종적으로 전달되는 방식은 음성 언어이지만 텍스트가 담고 있는 문체나 텍스트 성립 과정을 생각하면 완전한 구어로 보기는 어렵다.

---

3) 단순히 음성 언어로 이루어진 자료를 구어 자료라고 보기는 어려우며, 반대로 문자로 기록되어 있다고 하여 문어 자료로 볼 수도 없다. 구어와 문어는 문체(style)의 문제와도 복잡하게 관련된다.

4) 이러한 자료는 정제된 대화로 이루어져 있으며 대화의 패턴이 전형성을 띠고 있다는 점에서 해당 언어 화자들의 구어 담화의 특성을 연구하는 데 이용되기도 한다.

코퍼스가 특정 언어를 대표하는 샘플이 되기 위해서는 문어와 구어가 균형을 이루는 **균형 코퍼스**(balanced corpus)로 구축되는 것이 바람직하다. 이 때문에 최근 코퍼스 개발에서는 구어 자료의 비중을 높이는 데 주력하고 있다. 그러나 구어 자원이 중요해진 또 다른 이유는 최근에 거의 모든 사회가 주목하고 있는 인공지능 개발이 구어 담화 상황을 기반으로 하기 때문이기도 하다.

○ 단일 언어 · 이중 언어 · 다중 언어 · 병렬 코퍼스

코퍼스를 구성하고 있는 언어의 수에 따라서도 코퍼스를 구분할 수 있다. **단일 언어 코퍼스**(monolingual corpus)는 코퍼스 내에 한 언어의 용례만을 포함하고 있는 것을 말한다. 한국어만으로 이루어진 코퍼스 혹은 영어만으로 이루어진 코퍼스라면 각각 한국어 코퍼스, 영어 코퍼스이며 단일 언어 코퍼스로 분류된다. **이중 언어 코퍼스**(bilingual corpus)는 두 언어로 구성되어 있는 것이며, 셋 이상의 언어로 이루어진 경우 **다중 언어 코퍼스**(multilingual corpus)라고 한다.

병렬 코퍼스(parallel corpus)란 같은 내용의 텍스트를 둘 이상의 언어로 입력한 코퍼스이다. 영어 원본을 한국어 번역과 함께 입력해 놓는다면 영한 병렬 코퍼스라고 할 수 있다. 병렬 코퍼스는 하나의 파일 안에 원문과 번역을 입력하는 경우도 있고, 각기 다른 파일로 입력하는 경우도 있다. 병렬 코퍼스는 두 언어의 차이에 주목하는 통번역, 대조분석, 언어 교육 등에 유용하다.

▌병렬 코퍼스 사례

다음은 언어정보나눔터(https://ithub.korean.go.kr)의 병렬 자료 게시판이다(검색일: 2021.1.24.).

첫 번째 화면에는 한일문화교류센터의 잡지(한국어/일본어)에 실린 글을 병렬 말뭉치로 제공해 놓은 게시물이 올라와 있는데, 그 중에서 '바다가 열리는 곳, 전남 진도 한 시간의 기적, 바다를 걷는다!!(한국어)'와 '海が割れる「全羅南道珍島」−時間の奇跡 海を歩こう!!(일본어)' 두 파일이 병렬 코퍼스로 올라가 있다. 파일들을 열어서 대조해 보았다.

```
6JT_12KK - Windows 메모장              6JT_12KJ - Windows 메모장
파일(F) 편집(E) 서식(O) 보기(V) 도움말(H)    파일(F) 편집(E) 서식(O) 보기(V) 도움말(H)
<text>                                <text>
<body id=1>                           <body id=1>
<div id=1.1>                          <div id=1.1>
<head id=1.1.h1>                      <head id=1.1.h1>
바다가     바다/NNG+가/JKS            海       海/NG
열리는     열리/VV+는/ETM             が       が/PJKG
곳        곳/NNG                      割れる    割れる/VIN
-전남      -/SS+전남/NNP              「       「/SYPO
진도       진도/NNP                    全羅南道  全羅南道/NPAG
</head>                                        /SYB
<p id=1.1.p1>                         珍島      珍島/NPAG
<s id=1.1.p1.s1>                      」       」/SYPC
한        한/MM                       </head>
시간의     시간/NNG+의/JKG            <p id=1.1.p1>
기적,      기적/NNG+,/SP              <s id=1.1.p1.s1>
바다를     바다/NNG+를/JKO            —       —/NNR
걷는다!!    걷/VV+는다/EF+!/SF+!/SF    時間      時間/NADP
</s>                                  の       の/PCS
```

병렬 말뭉치는 동일한 문장을 둘 이상의 언어로 입력해 놓은 것이므로 언어의 구조나 어휘, 문법 요소, 또는 문장 부호까지도 대조하기에 용이하다는 점이 특징이다. 일대일 대응어가 없는 경우 의미 상당구나 문장까지도 찾을 수 있게 해 주므로 언어학적으로나 응용언어학적으로 유용하다.

○ 샘플 코퍼스 · 모니터 코퍼스

일정량의 텍스트만 수집한 코퍼스를 **샘플 코퍼스**(sample corpus)라고 한다. 브라운 코퍼스나 LOB의 경우 100만 어절을 구축한 후 새로운 텍스트를 추가하거나 변경하지 않는 것이 예가 된다. 반면에 언어의 변화를 관찰하기 위해 새로운 언어로 자료의 일부를 갱신하거나 증보해 나가는 코퍼스를 **모니터 코퍼스**(monitor corpus)라고 한다. 모니터 코퍼스는 COCA와 BOE 코퍼스가 대표적이다.

○ 범용 코퍼스·특수 목적 코퍼스

다양한 연구에 활용할 목적 하에 종합적으로 구성한 코퍼스를 **범용 코퍼스**(general corpus)라고 한다. 반면에 특수한 연구 목적 하에 특정 언어를 수집한 코퍼스를 **특수 목적 코퍼스**라고 한다. 가령 특정 연령대 언어 사용자의 발화 자료를 모은 코퍼스, 제2언어 학습자의 언어 습득과 오류를 연구하기 위해 구축한 코퍼스 등은 특수 목적 코퍼스로 분류될 수 있을 것이다. 21세기 세종 계획 코퍼스의 경우 범용 코퍼스의 사례가 되며 국립국어원의 한국어 학습자 말뭉치는 특수 목적 코퍼스의 예가 된다.

1.3. 국내외의 주요 코퍼스

1) 국외 주요 코퍼스

○ 브라운 코퍼스

1960년대 미국 브라운 대학의 프랜시스(N. Francis)와 쿠체라(H. Kučera)가 함께 구축한 최초의 코퍼스이다. 브라운 코퍼스(Brown Corpus, Brown University Standard Corpus of Present-Day American English)는 1961년 미국의 출판물로부터 100만 어절 가량의 영어 자료를 모아 입력한 것인데, 이는 일반 서적 20권 정도의 분량이다. 오늘날 사용하는 코퍼스의 규모에 비하면 한없이 작지만, 1960년대의 전산 기술과 저장 매체의 수준을 고려할 때 100만 어절은 혁신적 규모의 성과였다고 할 수 있다. 브라운 코퍼스는 코퍼스 역사에 있어 선구적 역할을 했다고 평가받는다.

쿠체라와 프랜시스는 브라운 코퍼스를 이용하여 '미국 영어의 전산 분석(Computational Analysis of Present-Day American English 1967)'
을 발표하였다. 이 연구는 코퍼스를 이용한 언어 연구로는 최초의 깃
으로 일컬어진다.[5] 브라운 코퍼스 개발자 중 한 명인 쿠체라가 참여
한 *American Heritage Dictionary(1969)* 역시 사전으로서는 최초로 어휘
의 코퍼스 내 빈도 및 기타 정보를 활용하였다. 따라서 기존의 규범적
성격의 사전으로부터 기술적(descriptive) 측면이 혁신적으로 강화된
사전이라고 평가받는다.

○ 랭카스터-오슬로-베르겐 코퍼스(LOB 코퍼스)

1980년대에 랭카스터, 오슬로 대학과 노르웨이의 베르겐 센터가 합
작하여 만든 **LOB 코퍼스**(Lancaster-Oslo-Bergen Corpus, LOB)는 브라
운 코퍼스의 미국 영어와 대응되는 현대 영국 영어(1960년대의 영국
문어)를 데이터로 한 것이다. 미국 영어와의 비교 연구를 위해 규모와
장르를 최대한 브라운 코퍼스와 동일하게 맞췄다. 텍스트는 15개 범
주, 500개 텍스트로 구성하였다.

영국의 사용자에 의해 작성된 언어 자료 중에서 계층화된 무작위
표본 추출 방식으로 자료를 선택하였다.[6] 이는 개별 텍스트의 선택이
개인의 취향이나 선호도로부터 의식적 또는 무의식적으로 영향을 받
는 것을 막기 위해서였다. 원시 코퍼스와 품사 주석 코퍼스 두 가지

---

5) 이 연구에서 당시 영어 단어의 사용 빈도를 실증적으로 측정한 것은 영어 교육
   이나 심리학 연구 분야에 중대한 영향을 미치기는 했으나, 100만 어절의 발화 자
   료가 하나의 언어 특성을 대표하여 보여준다고 하기에는 그 양이 부족하고 그
   효용에 있어서도 제한이 있었음은 인정할 수밖에 없다. 그럼에도 불구하고 이 연
   구는 코퍼스를 이용한 언어 연구로서 가장 많이 인용되는 연구 중 하나이다.
6) 계층화된 표본 추출은 모집단을 두 개 또는 그 이상의 하위 모집단으로 구분한
   후, 각 하위 모집단에서 표본을 각각 무작위로 추출하는 방법이다(류성진, 2013).

버전으로 되어 있다.[7]

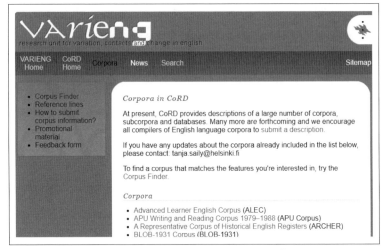

〈그림 1〉 LOB 웹 화면(검색일: 2021.1.24.)[8]

○ **영국 국가 코퍼스**

영국 옥스퍼드 출판부와 다수의 출판업체가 합작하여 만든 **영국 국가 코퍼스**(British National Corpus, BNC)는 약 1억 어절 규모로 구축되었으며, 1908년부터 1990년대 초까지의 현대 영국 영어로 구성되어 있다. 4,100여 개 다양한 장르의 텍스트로부터 추출한 샘플로 구성되어 있는데, 이 중 문어가 90%, 구어가 10%를 차지한다. 특기할 만한 점은 구어 10%의 구성을 화자의 나이, 사회 계층, 거주 지역(남부, 중부, 북부), 성별 등의 사회언어학적 요소에 따라 안배하였다는 점이다.

---

7) 자세한 내용은 https://www.helsinki.fi/en/researchgroups/varieng에서 확인할 수 있다.

8) http://www.natcorp.ox.ac.uk

214

BNC는 영국의 언어를 기반으로 하지만, 영어 외의 다른 언어들은 포함하지 않았다. 따라서 기본적으로 단일 언어 코퍼스이다. 그러나 코퍼스 내에 영국식 영어가 아닌 영어 변이형이나 외국어 단어들은 일부 포함되어 있기도 한다.

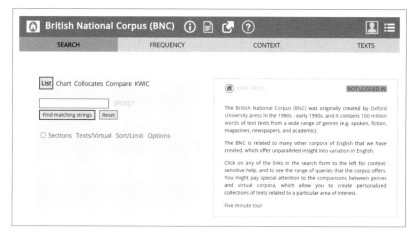

〈그림 2〉 BNC 웹 화면(검색일: 2021.1.24.)[9]

○ **콜린스-버밍엄 대학 국제 언어 데이터베이스**

사전 이름으로 더 잘 알려져 있는 코빌드(COBUILD)는 Collins Birmingham University International Language Database의 첫 글자를 따서 만든 약어(acronym)이다. 1980년대 버밍햄 대학은 콜린스(Collins) 출판사의 재정 지원을 받아 2천만 어절 규모의 코퍼스를 구축하고 이를 이용하여 코빌드 영어 사전을 편찬하였다. 이 사전은 1987년에 초판이 나온 이후로 현재까지도 판을 거듭해 오고 있다.

---

9) http://www.natcorp.ox.ac.uk

기존의 사전이 편찬자의 직관에 의존하여 집필되거나 수작업을 통해 모은 자료를 토대로 만들어졌던 것과는 달리, 코빌드 사전에서는 대규모 코퍼스가 사전 편찬에 이용하였다는 것에 의의가 있다. 이는 이후의 사전 편찬 방향을 혁신적으로 바꾸어 놓았다. 콜린스-코빌드 사전은 표제어 선정도 코퍼스에 기초하였으며 용례(usage) 역시 코퍼스에서 추출한 것을 사용하여 보다 실제적이고 자연스러운 언어 기술이 가능하게 하였다. 코빌드 사전 이후 코퍼스는 사전 편찬에 없어서는 안 될 필수적 자료 혹은 사전에 필요한 정보의 근원으로 인식되고 있다.

2020년 기준 코빌드 코퍼스는 45억 단어 이상의 영어 분석 데이터를 포함하고 있으며 매달 새로운 데이터가 입력되고 있다. 웹사이트, 신문, 잡지, 책 등의 문어 자료 및 라디오, TV, 일상대화 등의 구어 자료로 구성되어 있다.

○ 현대 미국 영어 코퍼스[10]

현대 미국 영어 코퍼스, 즉 **COCA**(The Corpus of Contemparary America English, COCA)는 브리검영(Brigham Young) 대학의 Mark Davis 교수에 의해 개발되었다. 과거에는 BYU 코퍼스로 불렸다. 현재 세계적으로 가장 많은 사람들이 이용하는 코퍼스이다. 총 17개의 코피스로 이루어졌으며 웹에서 직접 검색하고 항목들을 확인할 수 있다 (그림 3 참고). 일부 코퍼스는 내려받기도 가능하다.

COCA 웹사이트에서는 이 코퍼스의 용도를 다음과 같이 권장하고 있다.

---

10) https://www.english-corpora.org/coca/

COCA의 권장 용도

- 원어민이 실제로 말하고 쓰는 방법을 확인할 수 있다.
- 단어나 구문, 연어의 빈도를 확인할 수 있다.
- 언어의 변이형과 변천 과정을 살필 수 있다. 예) 언어의 역사, 방언, 장르 등
- 문화에 대한 통찰력을 얻을 수 있다. 예) 시간이 지나면서, 문화권에 따라 같은 언어가 다른 개념을 나타내는 것[11]
- 실제적인 언어 교육 자료와 자원을 마련할 수 있다.

〈그림 3〉 COCA 웹 화면(검색일: 2021.1.24.)[12]

---

11) 현재까지의 코퍼스 검색은 의미와 개념보다는 형태를 중심으로 한다. 따라서 같은 어형이 어떤 다른 의미로 쓰이고 있는가를 연구하는 데 더 적합하다. 그러나 의미 주석 또는 의미 분석 코퍼스에 대한 관심이 높아지고 개발 역시 추진되고 있으므로 향후에는 의미 중심의 코퍼스 활용도 가능해질 것으로 예상된다.

지금까지 살펴본 국외 코퍼스는 영어를 중심으로 대규모 코퍼스가 구축되어 있다. 또한 COCA나 BNC와 같은 코퍼스는 개발 성과를 웹에 개방하고 검색 도구를 제공하여 이용 접근성이 높다는 평가를 받는다. 이러한 노력은 차세대 코퍼스 개발에 좋은 모델이 되고 있다. 그러면 국내의 코퍼스 개발은 어떻게 진행되고 있는지 개발 흐름에 따라 살펴보도록 한다.

2) 국내 주요 코퍼스

○ 연세 한국어 말뭉치(1987~1999)

연세대학교 언어정보개발연구원에서 개발된 연세 한국어 말뭉치는 2종의 표준 말뭉치와 9종의 말뭉치(균형, 시대별, 특수 말뭉치 포함)를 포함하고 있다. 이를 활용한 「연세 한국어사전」(1998)이 편찬되었다. 1990년대 중반 이후 연세 말뭉치는 주로 언어학적 연구와 각종 특수 사전의 편찬, 초등교육과 외국어로서의 한국어 교육과 관련된 자료를 개발하는 데 활용하고 있다.

○ 고려대학교 한국어 말모둠 1 및 장르별 텍스트 코퍼스

고려대학교 민족문화연구원(이전 민족문화연구소)에서 구축한 「고려대학교 한국어 말모둠 1」은 약 1,000만 어절 규모로 구어 12%와 문어 88%로 구성되어 있다. 구축 자료는 1910년 이후의 것을 대상으로 하였으나 주로 1970~90년대 자료가 중심이 되었다. 이 외에 고려대학

---

12) COCA 웹사이트에서 검색어 'good'을 입력한 초기 화면(위: 장르, 주제, 연어 정보 등을 개괄적으로 보여줌)과 KWIC으로 정렬하여 맥락을 보여주는 화면(아래)이다.

교에서는 장르별 텍스트 코퍼스(KGENRE Corpus)를 개발하였는데, 이는 다양한 텍스트 장르에서 드러나는 언어적 특성을 비교하기 위해 구축한 것이다. 약 40만 어절 규모로 이루어져 있으며 '한국어 말모둠 1'과 같이 구어 12%, 문어 88%로 이루어져 있다.

○ 과기원 코퍼스 1 및 국어 정보 처리 기반 구축 코퍼스

한국과학기술원에서 1996년에 구축된 '과기원(KAIST) 코퍼스 1'은 예술·비예술, 구어·문어 두 가지 관점에서 균형 잡힌 말뭉치를 구축하고자 하였다. 이 외에 한국과학기술원에서는 1994년부터 1997년까지 약 7,160만 어절 규모의 국어 정보 처리 기반 구축 말뭉치를 구축하였는데 이는 후에 세종 말뭉치에 통합되었다.

○ 21세기 세종 계획 코퍼스

1998년도부터 국립국어원 및 관련 학계가 연대하여 개발하기 시작한 21세기 세종계획 코퍼스는 BNC를 벤치마킹하여 약 1억 어절 규모의 구축을 목표로 삼았다. 당시 언어 정보 문화의 기본 바탕과 자원을 확충하기 위해 수립된 '국어 정보화 중장기 발전 계획'의 일환으로 1998년에 추진되기 시작하여 2007년에 코퍼스 개발이 완료되었다. 21세기 세종계획의 명칭은 국어 정보화의 기본 바탕이라 할 수 있는 '훈민정음'을 창제한 세종대왕의 이름을 딴 것이다.

21세기 세종계획 코퍼스는 문어, 구어, 병렬(한영, 한일), 역사 말뭉치로 구성되어 있으며, 언어정보나눔터에서 로그인을 한 뒤 이용할 수 있다. 코퍼스를 만들고 검색할 수 있는 도구로 지능형형태소분석기, 한마루 2.0, 글잡이 II 등이 공유 자료 게시판에 올라와 있어 이용할 수 있다.

▍한국의 코퍼스 개발 현황

문화체육관광부와 국립국어원은 1998년부터 2007년까지 10년 동안 21세기 세종계획을 추진하여 2억 어절의 자료를 구축하여 공개한 바 있다. 이 자료는 많은 이용자들에 의해 각 분야의 연구 및 참고 자료로서 활용되어 왔다. 그로부터 10여 년이 지난 뒤, 국립국어원은 인공지능의 한국어 처리 능력 향상을 위한 한국어 학습 자료 코퍼스를 구축하고 이를 웹에 공개하였다(2020년 8월).

이 코퍼스는 일상 대화, 웹 한국어 자료, 신문, 서적 등이며, 규모는 약 18어절에 달한다. 기존의 코퍼스가 학술적 연구를 위한 자료 제공에 그쳤다면, 오늘날의 코퍼스는 산업계의 요구까지 수용하였다. 챗봇이나 인공지능 비서가 한국어를 알아듣고 정확히 분석하여 반응하는 성능을 갖추게 하려면 양질의 한국어 학습 자료가 필수적이다. 이에 국립국어원에서는 2018년부터 인공지능 산업계 및 관련 연구 기관과 협력하여 공공재로서의 대규모 한국어 학습 자료를 구축하기 시작했으며, 2020년에 일부를 발표하였다.

21세기 세종계획에 비해 일상 대화나 메신저 등 구어 자료의 비중이 커졌다는 점에 주목할 만하다. 이는 IT 산업의 구어 기반 서비스에서 필요로 하는 것이기도 하지만, 한국어 구어 및 방언 연구에서도 매우 중요한 자료이기 때문이다. 이 자료를 통해 4차 산업혁명의 핵심 기술인 인공지능 서비스 개발과 고도화의 중대한 기반을 마련할 수 있으며, 한국어학 연구와 언어 교육 발전도 기대할 수 있을 것이다.[13]

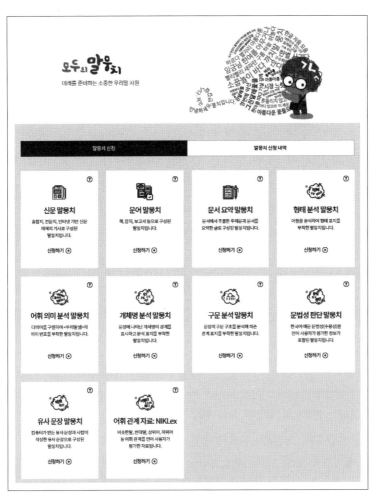

국립국어원 모두의 말뭉치 웹 화면(검색일: 2021.1.24.)

---

13) 국어원 소식지, https://www.korean.go.kr/nkview/news_pdf/2020_09.pdf

2. 언어 연구와 코퍼스

2.1. 코퍼스의 효용

코퍼스는 중요한 언어 자원으로 언어 이론 연구의 기반이 될 뿐만 아니라 사전 편찬, 언어 교육 등의 응용 분야에도 가치 있는 자료를 제공한다. 특히 코퍼스 내 **출현 빈도**(occurrence frequency)는 언어학적 가설을 검증할 때 매우 강력한 증거를 제공하기도 한다. 또한 특정 어휘끼리 자주 함께 어울리는 현상인 연어 또는 공기어 및 공기 관계 등을 관찰할 수 있게 하여 어휘 연구의 자료로도 활용된다.

또한 코퍼스는 언어의 기능적인 측면을 밝히는데 효과적이다. 코퍼스는 실제적이고 자연적인 언어 형식을 제공하기 때문에 언어의 의미와 화용 기능을 실제 맥락 속에서 확인할 수 있게 해 준다. 이 밖에도 최근에는 코퍼스를 이용하여 언어의 변화를 살필 뿐 아니라 사회가 겪어온 변화를 확인하고 나아가 앞으로 겪게 될 변화를 예측하기도 한다.

▮ 코퍼스 분석으로 발견한 사회 현상

2020년 8월, 국립국어원에서 발간한 온라인 소식지 '쉼표, 마침표.'에는 흥미로운 글이 실려 있다. 신문 코퍼스의 어휘 사용 빈도를 분석한 결과, 동일한 직업을 가리키는 명칭인 '간호부'와 '간호원', '간호사'가 시대별로 다른 사용 양상을 보인다는 것이다. 우리는 TV나 영화에서 이러한 직업을 가진 사람이 '간호원'이라고 불리는지 '간호사 선생님'이라고 불리는지만 봐도 시대 배경이 대략 언제인지 짐작할 수 있다. 그런데 언제부터 왜 그렇게 바뀌었는지에 대해서는 대부분 잘 모른다.

코퍼스에서는 단어의 사용 빈도를 통해 어느 시기에 명칭이 바뀌기 시작했는지를 확실히 알 수 있다. 그런데 단지 사용 빈도만 가지고는 이런 변화가 '왜' 생겼는지를 설명하기는 어렵다. 이를 설명하기 위해서는 의료 정책의 변화, 간호 인력에 대한 교육 체계, 간호 직업의 전문성에 대한 인식 등 여러 사회적인 문제들을 함께 탐구해야 한다. 이런 사례를 볼 때 코퍼스는 그 자체만으로는 사회 문제의 원인과 해결 방안에 대한 답을 줄 수는 없다. 그러나 어떤 사회 현상이 벌어지고 있는지, 그러한 현상들 중 무엇에 좀 더 집중하여 논의해야 하는지 등에 관한 힌트는 줄 수 있을 것이다.

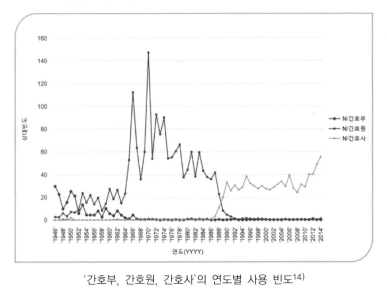

'간호부, 간호원, 간호사'의 연도별 사용 빈도[14]

2.2. 코퍼스 활용 분야

지금까지 코퍼스를 활용하는 대표적인 분야는 사전 편찬, 언어학, 언어 교육 등이었으며, 이 밖에도 통·번역, 언어 정책 등에도 코퍼스가 유용한 자료를 제공해 왔다. 최근에는 기계 학습, 음성 인식, 챗봇

---

14) 국립국어원(https://www.korean.go.kr), '쉼표, 마침표.' 2020년 8월.

개발 등과 관련하여 인공지능의 한국어 학습을 위한 학습 자료로서 코퍼스가 활용되기도 한다. 코퍼스가 활용되는 분야들에 대해 살펴보도록 한다.

1) 언어학

코퍼스는 언어 현상을 통계적으로 계량화하여 보여줌으로써 언어 연구자의 직관을 벗어난 객관적 연구를 가능하게 한다. 앞서 언급한 대로 코퍼스는 연어와 공기어 연구에도 유용하다. **연어**(collocation)란 어휘가 문장 속에서 다른 어휘를 선택하는 관계를 말한다. 예를 들어 '사고(事故)'라는 명사가 주어일 때 서술어는 '나다', '발생하다', '생기다' 등이 쓰일 수 있으며 '나타나다', '오다'는 쓰이지 않는다. 따라서 '사고'는 '나다, 발생하다, 생기다'와 연어 관계에 있으며, '나타나다', '오다'와는 연어 관계가 없다고 할 수 있다.

이러한 현상은 한국어 원어민의 직관으로도 확인되지만, 코퍼스를 이용하여 객관적 언어 사실로서 검증할 수도 있다. 이처럼 연어 관계를 형성하고 있는 어휘들과 공기 제약을 보이는 어휘들은 코퍼스를 이용함으로써 쉽게 파악할 수 있다. 이 밖에 코퍼스의 담화 자료를 분석하여 언어의 기능과 의사소통의 특징을 밝히는 데도 이용하고 있으며, 화용과 화행에 관한 연구에도 적극 활용하고 있다.

2) 사전 편찬

사전은 어휘의 언어학적 정보를 집대성하는 작업이다. 따라서 다양한 문맥과 상황의 발화 자료를 모아 놓은 코퍼스는 사전의 기술 내용을 파악하는 데 필수적이라고 할 수 있다. 표제어를 선정하는 것부터 어휘의 의미와 다의성, 문법적 특징 및 제약, 실제 용례 선정 등에 기초 자료가 된다.

1980년대 코빌드 사전 이후, 표제어를 비롯하여 어휘의 의미, 용례까지 사전에 오르는 언어는 모두 그 언어 사용자들의 실제 언어 사용과 같아야 한다는 일종의 원칙이 생겨났다. 또한 사전에서 다양한 신어(新語)와 외래어, 전문 용어 등을 다룰 때도 코퍼스는 각 어휘의 사용 맥락과 의미를 보여준다는 점에서 유용하다.

3) 인공지능 기술 개발 자원

인공지능의 차세대 핵심 기술은 자연어 처리 기술이며 이는 언어에 대한 전산적 이해와 구현 능력을 요구한다. 이는 미래 시장을 선점하고 기술적 동향을 선도하기 위한 필수 조건이다. 따라서 세계적으로 많은 곳에서 국가 차원의 대규모 언어 자료를 구축하는 데 주력하고 있으며 한국에서도 이러한 흐름에 발을 맞추고 있다.

인공지능의 한국어 처리 기술을 발전을 위해서는 다양한 유형의 코퍼스가 개발되어야 한다. 그 중에서도 특히 어휘 의미 분석 코퍼스는 동형이의어로 인해 발생하는 중의성 문제를 해결하고 어휘 의미를 정교하게 식별하고 분류할 수 있도록 한다는 점에서 개발이 필수적이다. 또한 언어 사용자 간의 자연스러운 대화 패턴을 찾고 이를 인공지능 서비스에 구현하기 위해 대량의 구어 대화 코퍼스를 수집하고 가공하고 있는 상황이다.

4) 언어 교육

언어 교육의 내용을 결정할 때도 코퍼스는 유용한 자료가 된다. 코퍼스 분석을 통해 사용 빈도가 높은 어휘나 문법 등에 관한 정보를 얻을 수 있으며 이를 근거로 기초 어휘, 교육 대상 어휘 및 문법, 교육 대상 언어 기능과 주제 등을 선정하고 등급화할 수 있다. 또한 장르나 언어 사용역에 따라 다르게 나타나는 언어 사용 양상을 분석함으로써 학습자의 학습 목적에 맞는 언어 자료를 개발하고 제시할 수 있다.

Carter & McCarthy(1997)은 언어 교실에 코퍼스를 도입하여 활용하는 방법을 제안한 최초의 연구이다.[15] 언어 교육 분야에서는 용례 추출기를 사용하여 코퍼스로부터 적절한 용례를 찾아내고 이것을 **컴퓨터 기반 언어 학습**(Computer-Assisted Language Learning, CALL)의 자료로 사용한다. 또한 의사소통 기능 및 과제에 집중하는 최근의 언어 교수 접근법에서 코퍼스를 통해 좀 더 실제적이고 현실적인 언어 자료를 제공받을 수 있다.

이 밖에 특정 언어를 학습하는 이들의 발화 자료를 수집하여 활용하기도 한다. 이러한 자료는 제2언어 학습 과정에서의 오류 양상이나 발달 단계에 대한 정보를 제공해 준다. 이렇게 학습자 언어를 코퍼스로 구축한 것을 **학습자 코퍼스**(learner corpus)라 한다. 학습자 코퍼스를 통해 학습자 발화에 나타난 오류를 유형화하고 각 오류의 빈도를 조사할 수도 있다. 또한 언어권별, 숙달도별, 학습 지역별, 학습 목적별 습득 양상의 차이를 비교해 볼 수도 있다. 다음은 언어 교육에 활용하는 코퍼스의 종류와 학습자 발화 자료를 수집하여 코퍼스로 구축하기까지의 과정에 대해 알아보기로 한다.

---

15) 언어 교실에서 학습자들이 직접 코퍼스를 사용하도록 하는 방법에 대해서는 상반된 주장이 제기되고 있다. 귀납적, 관찰적 교육을 강조하는 관점에서는 학습자들이 코퍼스를 사용하는 것을 찬성하는 쪽이다. 그러나 코퍼스에 드러난 언어는 다분히 기술적이며 복잡하고 학습자들에게 필요한 정보만으로 이루어져 있지 않다는 이유로 언어 교실에서 사용하는 것을 반대하는 주장도 있다.

3. 학습자 코퍼스의 개념과 구축

3.1. 언어 교육용 코퍼스

외국어 학습에 활용될 수 있는 코퍼스는 그 목적에 따라 표준 코퍼스, 참조 코퍼스, 학습자 코퍼스 등으로 나눌 수 있다.[16] 넓은 의미의 학습자 코퍼스는 앞의 세 부류를 모두 포함하며 이때는 '학습자용 코퍼스' 즉, '학습자를 위한 코퍼스'의 개념이다. 표준 코퍼스나 참조 코퍼스는 학습자 발화 자료를 다루지는 않지만 학습자가 제2언어를 학습하는 데 이용될 수 있다. 좁은 의미의 학습자 코퍼스는 학습자의 중간언어로 구성된 것을 지칭한다. 즉, 학습자의 발화 자료 수집하여 구성한 것만을 가리킨다. 다음은 표준 코퍼스, 참조 코퍼스와 학습자 코퍼스에 대해 자세히 알아본다.

○ **표준 코퍼스**

표준 코퍼스(standard corpus)란 언어 사회 구성원들의 표준적인 언어 사용을 보여주는 코퍼스를 의미한다. 사전 등을 편찬하기 위한 목적으로 구축된 코퍼스로 언어 현실을 그대로 반영한다는 특성이 있다. 따라서 제2언어 교재나 학습 사전의 개발, 교육용 어휘 혹은 문법 목록의 선정 등에 중요한 근거로 활용될 수 있다. 현재 대규모 코퍼스는 문어의 비중이 높은 편이며, 최근에 와서 구어 자료에 대한 수요가 높아지면서 구어 자료의 비중이 높아지고 있다. 한국어 교육에서는 문어뿐 아니라 구어 교육도 중요하다는 점을 고려할 때 표준 코퍼스에서 구어 자료가 더욱 확보되어야 할 것이다.

---

16) 설명의 편의상 이 부분에서는 한국어 교육 상황을 기준으로 한다.

■ 표준 코퍼스 용례 검색기의 예

표준 코퍼스의 용례를 제공하고 있는 사이트 중에서 한 곳을 소개한다. 고려대학교 민족문화연구원 홈페이지(https://riks.korea.ac.kr)에서는 SJ-RIKS 코퍼스를 이용하여 현대국어 용례 검색 서비스를 제공한다.17) 이 코퍼스는 21세기 세종계획에서 구축한 '세종 형태의미 분석 코퍼스'를 수정, 보완하여 약 1,500만 어절 규모에 이른다.

기본 검색 기능에서는 형태소, 어절, 연어 중 하나를 선택하여 검색할 수 있다. 검색 결과는 형태소의 의미별로 구분되어 제시되므로 동형어의 결과들을 분리할 수 있다는 점이 편리하다.

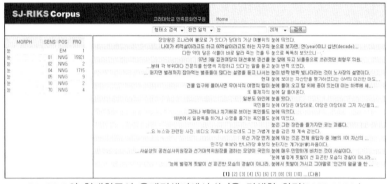

SJ-RIKS의 현대한국어 용례검색기에서 '눈'을 검색한 화면(2020.11.30.)

○ **참조 코퍼스**

학습 현장에서 사용되는 교사의 어휘나 표현, 교안, 그리고 교재나 시험 등의 지시문, 사전 뜻풀이, 용어, 기타 각종 규범적·표준적 텍스트를 수집하여 구축한 코퍼스를 **참조 코퍼스**(reference corpus)라 한다. 이러한 코퍼스는 제2언어 학습의 내용을 제공하는 표준 코퍼

---

17) Sejong-Research Institute of Korean Studies(http://riksdb.korea.ac.kr)

스와는 달리 '학습과 교수를 지원하는 언어'를 바탕으로 한다는 특징이 있다. 현재까지 구축된 코퍼스 중 한국어 교육을 위한 참조 코피스 역할을 하는 것으로는 '한국어능력평가(TOPIK) 자료 코퍼스', '한국어 교재 코퍼스', '한국어 교재 내의 대화문 코퍼스' 등을 들 수 있다.

○ 학습자 코퍼스

학습자 코퍼스(learner corpus)는 제2언어 학습자들이 목표어를 학습하는 과정에서 생산한 발화, 즉 그들의 중간언어를 수집한 자료를 말한다. 표준 코퍼스가 특정 언어의 원어민에 의해 생산된, 비교적 완전한 발화를 담고 있는 데 비해 학습자 코퍼스는 아직 제2언어 습득이 완전하지 않은 학습자들의 중간언어가 반영되어 오류를 내포하고 있기 때문에 이를 **오류 코퍼스**(error corpus)라 부르기도 한다.

학습자 코퍼스 구축에서 중요한 것은 설계 단계에서부터 학습자 변인과 발화 자료의 언어 형식 등에 대한 고려가 있어야 한다. 그리고 가급적 다양한 연구 주제에 재사용할 수 있도록 만들어야 한다. 이를 위해서는 학습자 코퍼스 구축에 앞서 장기적인 계획을 세우고 다양한 연구에 활용할 수 있는, 재사용이 가능한(reusable) 코퍼스를 제작하는 것이 바람직하다.

⬛ 국립국어원 한국어 학습자 말뭉치[18]

국립국어원의 국어 정보화 사업의 일환으로 수집, 가공, 구축한 한국어 학습자 말뭉치는 2015년부터 5년 동안 작업하여 약 380만 어절 규모로 구축되어 있다. 한국어 학습자 말뭉치 나눔터에서는 학습자 말뭉치의 용례를 검색할 수 있고 통계 정보를 이용할 수도 있다.

말뭉치 구축 개요(2020년 12월 기준)

구축 기간	2015. 05. ~ 2019. 12.
수집 표본 국적	142개국
수집 표본 언어권	93개 언어권

	합계		문어		구어	
	어절 수	표본 수	어절 수	표본 수	어절 수	표본 수
원시 말뭉치	3,784,091	26,152	2,952,566	24,342	831,525	1,810
형태 주석 말뭉치	2,629,261	18,521	2,037,753	17,266	591,508	1,255
오류 주석 말뭉치	793,374	4,903	462,325	4,149	331,049	754

3.2. 학습자 코퍼스의 구축과 활용

학습자 코퍼스는 대상으로 삼고 있는 학습자 언어가 어떤 형태를 띠고 있는가에 따라 구축 방법이 달라진다.[19] 우선 문자로 기록된 자료를 입력하여 사용하는 경우도 있고, 녹음 혹은 녹화 상태의 음성 자료를 전사하여 이용하는 경우도 있다. 학습자의 구어 발화를 코퍼스로 만들고자 할 때는 '녹음-전사-입력'이라는 여러 단계의 절차를 거쳐야 한다. 또한 발화에 수반되는 다양한 비언어적 요소들과 억양, 어조, 휴지 등에 대한 기록 체계를 따로 마련해야 하는 등 절차가 다소 복잡하고 어렵다는 문제가 있다. 이 때문에 학습자 말뭉치 구축에서

---

18) 국립국어원 한국어 학습자 말뭉치 나눔터(https://kcorpus.korean.go.kr)

19) 학습자 코퍼스는 사실 누구나 만들고 이용할 수 있다. 앞서 언급한 바와 같이 넓은 의미의 코퍼스는 형태와 규모에 특별한 제약이 없기 때문에 자신의 연구 목적에만 맞는다면 1,000어절짜리라고 해도 유용한 자료로 활용될 수 있다. 보통 이런 경우에는 '코퍼스'보다는 '학습자 발화 자료'라고 부르는 것이 더 일반적인 듯하다.

도 문어 자료에 비해 구어 자료의 수가 석을 수밖에 없다.

다음은 학습자 코퍼스를 구축하는 절차와 각 과정에서 헤야 할 일에 대해 알아보도록 한다. 학습자 코퍼스의 구축 과정을 문어 자료 사용을 기준으로 도식화하면 〈그림 4〉와 같다.

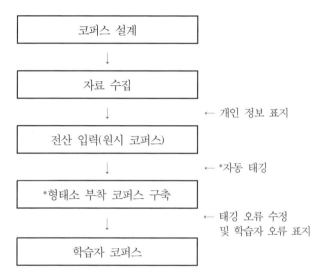

〈그림 4〉 학습자 코퍼스 구축 과정(* 표시된 과정은 생략 가능)

1) 코퍼스 설계

코퍼스 설계 과정에서는 코퍼스의 사용 목적을 고려하여 필요한 자료를 어디에서 어떻게 구할 것인지에 대해 계획을 세운다. 코퍼스는 연구의 목적, 수집 대상과 수집 기간, 자료 처리 방법 등에 대한 계획을 갖고 설계해야 한다. 간혹 연구자가 이미 확보하고 있는 자료를 이용하여 코퍼스를 만들고자 하는 계획을 세울 수도 있다. 이때는 자신이 생각하는 연구의 목적과 해당 자료의 성격이 맞는지 객관적으로 살펴보아야 한다. 또한 사용하고자 하는 자료에 연구자가 밝히고자 하는 중간언어의 특징이나 현상을 뒷받침해 줄 수 있는 규모의 용례가 포함되어 있는지도 검토해야 한다.

2) 자료 수집

문어의 경우 자료 수집은 주로 학습자의 작문, 쓰기 시험, 일기, 이메일 등을 대상으로 한다. 구어는 일상 대화(대면 대화, 전화 대화 등), 교실 활동 대화, 발표, 연설 등에서 자료를 수집한다. 구어는 본질적으로 일회성을 지니므로 전사와 분석 작업을 고려하여 반드시 발화를 녹음 혹은 녹화해 두어야 한다.

모든 자료는 출처 및 자료의 성격을 명확히 기록해 두어야 한다. 특히 발화를 제공한 학습자의 개인 정보도 수집해야 하는데, 이때 개인 정보로는 '국적, 모어, 숙달도, 교육 기관, 학습 환경,[20] 학습 기간, 학습 목적, 성별, 연령, 직업' 등이 있다. 만약 연구자가 학습자의 '사회적 계층', '교육 정도', '출신 지역' 등을 참고하여 사회언어학적 관점의 연구를 수행하고자 한다면 이러한 내용을 개인 정보 항목으로 포함시킬 수도 있다. 이 밖에도 해당 자료가 어떠한 과제를 수행하면서 발화된 것인지, 혹은 어떠한 상황과 문맥에서 생산된 것인지[21] 함께 기록해 두면 발화 상황과 맥락에 대한 정보를 이용할 수 있어 유용하다.

구어 코퍼스의 경우 좀 더 세분화된 정보가 필요하다. 학습자의 구

---

20) 학습 환경으로는 국가를 경계로 '국내'와 '국외'로 나눌 수도 있고, 학습 지역에서 목표어의 지위에 따라 '제2언어', '외국어'로 나누어 볼 수도 있다. 이 밖에도 원어민과의 접촉 상태에서 자연스럽게 '습득'한 상황인지 언어 교실에서 공식적인 '수업'을 받은 상황인지도 하나의 기준이 될 수 있다.

21) 글쓰기 자료라면 자유 작문, 통제된 작문, 시험 답안, 일지, (사적/공적) 이메일, 문자 메시지 등으로 범주로 나눌 수 있고, 구어 담화라면 (사적/공적) 대화, 발표, 전화 등으로 나눌 수 있다.

어 발화가 이루어지는 상황에 대해서는 일상적 대화, 수업 중 발표, 말하기 시험, 인터뷰 등으로 기록할 수 있다. 또한 의사소통에 침여하는 사람들에 대한 정보도 필요하다. 대화 상대가 원어민인지 동료 학습자인지, 학습자와 친밀한 관계에 있는지 사회적 거리가 있는지 등을 기록하면 연구에 도움이 된다.

3) 전산 입력

학습자 발화 자료를 입력할 때는 코퍼스의 자료 입력 원칙에 따라 원본의 내용을 그대로 입력한다. 학습자에게서 얻은 자료는 종종 해독이 어렵거나 처리하기 어려운 부분이 있는데, 이런 부분을 따로 표시해 둘 방안도 미리 마련해야 한다. 구어의 경우에는 사전에 학습자의 발음을 어떤 언어 혹은 기호로 **전사**(transcription)할 것인지에 대한 규정을 만든 후에 입력을 시작해야 한다. 구어는 문어와 달리 눈에 보이는 형태 즉 문자로 기록해 놓은 것이 아니므로 듣기에 따라, 듣는 사람에 따라 다른 소리로 인식할 수 있기 때문이다. 따라서 자료 입력을 객관화시키기 위해 입력 지침을 정하는 것이 바람직하다.

전산 입력까지 마친 코퍼스는 원시 코퍼스로 저장된다. 원시 코퍼스는 주석 처리를 하기 전, 즉 본격적으로 가공되기 전단계의 코퍼스로서 다양한 목적의 연구 자원으로 활용된다. 원시 코퍼스는 반드시 원자료를 별도로 보관해 두어야 추후 다른 목적의 주석 처리에 이용할 수 있다.

4) 형태 분석 및 태깅

형태 분석 단계에서는 문장, 어절, 형태소/품사 등에 관한 정보를 주석 처리한다. 학습자 코퍼스의 활용에서 형태소 분석이 필수적인 것은 아니며, 원시 코퍼스 상태에서도 분석은 얼마든지 가능하다. 그러나 형태 주식 처리가 된 코퍼스를 이용하면 특정 형태의 사용 양상이나 오류 발생 빈도, 정확도 등을 파악하는 데 유리하다.

형태소 분석은 보통 **자동 형태소 분석기**(프로그램)를 이용하며, 코퍼스의 문장을 형태소로 나누고 각 형태에 문법 범주 이름을 붙이는 작업을 거친다. 그러나 학습자 언어 즉 중간언어는 원어민의 언어 체계와 다르기 때문에 일반 코퍼스 분석을 위해 개발된 자동 형태 분석기를 이용할 경우 형태 분석 오류율이 다소 높게 나타난다. 그러나 학습자 말뭉치 개발 연구가 진행되면서 형태 분석의 성능도 점차 개선되고 있으므로 분석 정확도가 높아질 것으로 기대된다.

이 밖에도 원시 코퍼스 상태에서 연구에 필요한 부분에만 부분 태깅을 하여 사용하는 방법도 있다. 예를 들어 중간언어의 조사 사용을 관찰하고자 할 경우, 학습자 원시 코퍼스의 문장에 쓰인 조사들만 찾아서 일정한 연구자가 정한 표시를 해서 이용하는 방법이 있다. 이렇게 가공한 자료는 다양한 검색 도구를 이용하여 사용할 수 있다.

5) 학습자 코퍼스의 활용

구축한 코퍼스를 활용하는 방법이 따로 정해져 있는 것은 아니다. 코퍼스의 규모가 크다면 원하는 모든 용례를 수작업으로 찾는 것은 불가능하므로 대량의 자료를 한꺼번에 처리할 수 있는 경제적인 검색 도구를 이용해야 한다. 텍스트 내에서 특정 단어나 구, 태그, 텍스트 유형 등을 찾을 수 있게 해 주는 프로그램을 **콘코던서**(concordancer)라고 한다. 인터넷에서 이용하는 온라인 콘코던서와 컴퓨터에 설치하여 이용하는 오프라인 콘코던서가 다양하게 개발되어 있으므로 이러한 도구 활용법을 잘 익히고 사용하면 연구에 큰 도움을 받을 수 있다.

▎콘코던서 소개

여기서는 연구자가 제작한 코퍼스를 검색할 수 있는 간편한 분석 도구를 소개한다. 현재 많은 연구자가 사용하고 있는

AntConc(https://www.laurenceanthony.net/software/antconc)

일본 와세다 대학의 Laurence Anthony 교수가 개발한 콘코던서로 한국어 자료도 오류 없이 검색할 수 있다. 웹페이지에서 내려받기 할 수 있으며 유튜브에 활용법이 안내되어 있어 사용하기 편리하다. 무엇보다 프로그램은 가볍지만 기능이 다양하여 많은 연구자들이 이용하고 있다.

Laurence Anthony Website 화면

WordSmith(https://www.lexically.net/wordsmith)

영국 Aston University의 Mike Scott 교수가 1996년에 개발한 코퍼스 분석 도구이다. 어휘 통계(빈도, 평균 등), 연어 추출, 핵심어 분석, 용례 검색 등 다양한 기능을 갖추고 있다.

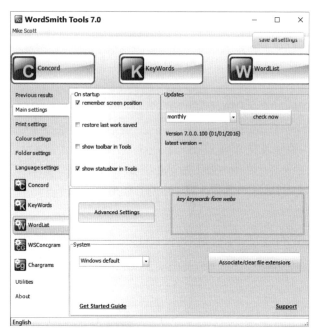

WordSmith7.0 화면

- 코퍼스 언어학, 학습자 코퍼스에 대해 좀 더 알고 싶으면 다음 연구를 참고하시오.

강현화(2017), 『학습자 말뭉치의 구축과 활용 연구』, 소통.

박명수(2017), 『코퍼스 언어학의 이해와 실제』, 한빛문화.

서상규 · 한영균(1999), 『국어정보학 입문』, 태학사.

안동환 역(2010), 『코퍼스 언어학 개론』, Kennedy, G.(1998), *An introduction to corpus linguistics*. 한국문화사.

유석훈 · 김유영 역(2015), 『바이버의 코퍼스 언어학: 언어구조와 용법에 관한 연구』, Biber, D. Conrad, S. & Reppen, R.(1998), *Corpus Linguistics: Investigating Language Structure and Use*, 고려대학교 출판문화원.

최재웅 역(2018), 『코퍼스언어학: 방법 이론 실제』, McEnery, T. & Hardie, A.(2011), *Corpus Linguistics*, 고려대 출판문화원.

- 참고문헌

김일환(2020). 사라진 말들, '안내양', '간호원', 그리고 '장애우', 국립국어원 온라인 소식지 〈쉼표, 마침표.〉, 2020년 8월.

류성진(2013), 『커뮤니케이션 통계 방법』, 커뮤니케이션북스.

Brown, K.(ed.)(2006), *Encyclopedia of Language and Linguistics*, 2nd ed., 2006, Elsevier Science.

Carter, R. A., & McCarthy, M. J.(1997), *Exploring Spoken English*. Cambridge, UK: Cambridge University Press.

Swann, J. et al(2004), *A Dictionary of Sociolinguistic*s, The University of Alabama Press;Tuscaloosa.

Reppen & Simpson-Vlach(2010), Corpus linguistics, In *An Introduction to Applied Linguistics*, 2nd ed. Hodder Education.

제8장

사회언어학

사회언어학의 연구 목적과 연구 주제, 그리고 학문적 특성을 이해한다.
- 사회언어학의 연구 대상은 무엇이며 어떤 과정을 거쳐 학문 영역으로 정착되었는가.
- 사회언어학의 하위 영역으로는 무엇이 있으며 주된 연구 주제는 무엇인가.
- 한국어의 사회언어학적 특성으로는 어떤 것들이 있는가.
- 사회언어학과 언어 교육은 어떤 관계에 있는가.

주요 용어

사회언어학(sociolinguistics), 언어 사회(speech community), 언어 변이(language variation), 사피어-워프 가설(Sapir-Whorf Hypothesis), 다언어 사회(multi-lingual society), 다이글로시아(diglossia), 지역 방언(dialect, vernacular), 사회 방언(sociolect), 경어법(honorific system), 의사소통 능력(com-municative competence), 피진(pidgin), 크레올(creole)

1. 사회언어학이란

1.1. 사회언어학의 개념

사회언어학(socio-linguistics)이란 언어와 사회의 관계에 중점을 둔 응용언어학의 하위 분야이다. 사회언어학에 대해 Hudson(1980)은 '사회와의 관계 속에서의 언어 연구(The study of language in relation to society)'라고 정의하였으며, Milroy & Milroy(1990)는 '실제 화자들이 사용할 때의 사회적 문맥 및 상황적 문맥 속에서의 언어에 대한 연구'라고 규정하였다.

언어는 그것을 사용하는 **언어 사회**(speech community)를 전제로 한다. 그리고 각 언어 사회는 다른 사회와 구별되는 문화나 사고방식을 공동체 내에서 공유한다. 그뿐만 아니라 한 사회 내에서도 시간의 흐름에 따라 변화가 일어나 과거와 현재의 모습이 달라진다. 공시적 측면에서 한 사회의 특성은 그 사회 구성원이 사용하는 언어에 일정한 영향을 미친다. 통시적 측면에서 사회의 변화는 언어 변화에 원인을 제공한다. 이렇듯 언어와 사회는 밀접한 관계에 있다.

사회와 언어의 관계에 대해서는 두 가지 관점에서의 연구가 가능하다. 하나는 역사적, 혹은 통시적 관점에서 **언어의 변천**(linguistic change)을 연구하는 것이며, 또 다른 하나는 공시적 관점에서 어느 특정한 순간의 언어 사용 양상 혹은 **언어의 변이**(language variation)를 살피는 것이다. 사회언어학은 언어와 사회의 관계를 이러한 두 관점에서 연구하는 것을 모두 포함한다. 사회언어학을 간단히 말하면 '언어의 변이와 변천에 대해 연구하는 학문'이라고 할 수 있다.

일반언어학에서는 언어를 그 자체로서 추상적, 독립적 개체라고 간주한다. 그리고 그것이 사용된 사회적 배경이나 실제 발화의 맥락과 환경은 중시하지 않는다. 그러나 사회언어학은 발화 당시의 환경과 맥락의 중요성을 인식하고 **언어 사용**(language use)을 연구의 대상으로 한다. 따라서 어떤 말을 '누가, 언제, 누구에게, 어떤 목적으로 한 말인가'에 집중하여 살피는 것이 중요하다.

1.2. 사회언어학의 성립[1]

'사회언어학'이라는 용어는 커리(C. Currie)의 논문 〈A Projection of Socio-linguistics: The Relationships of Speech to Social Status(1952)〉에 처음 등장하였으며, 학문적 관심이 집중된 것은 1960년대에 들어서의 일이다. 1963년 미국의 사회과학연구협회 산하에 사회언어학위원회(Committee on Sociolinguistics)가 창립되고 뒤이어 1964년에 UCLA에서 Conference on Sociolinguistics라는 세미나를 개최하면서 사회언어학이 독립적인 학문 영역으로서 인정받게 되었다.

또한 1960년대에는 저명한 사회언어학자인 라보프(W. Labov), 피시먼(J. Fishman)의 연구물들이 출판되면서 사회언어학 연구에 박차를 가하였다.[2] 영국에서는 사회언어학이 기능주의 언어학과 함께 언어학 연구의 새 패러다임을 열었으며, 같은 시기 미국에서는 다민족주의와 다문화주의가 융성하면서 언어의 다양성을 긍정적으로 평가하고 소수민족의 언어, 흑인 영어 등 사회방언에 나타나는 규칙을 발견하고자 하였다. 20세기의 이러한 발전은 그 이전의 학문적 움직임으로부

---

1) 이 부분의 내용은 이익섭(2000)을 참고하였다.
2) 심리언어학(psycholinguistics)이라는 용어가 1954년도에 처음 등장한 후, 1961년부터 각종 사전 및 백과사전류에 등재되었던 것과 달리 사회언어학(sociolinguistics)은 1960년대 말까지도 사전에 등재된 바가 없어 심리언어학보다 조금 늦게 학문적 관심을 얻게 되었다고 보인다.

터 영향을 받은 것이라 할 수 있다. 유럽과 미국에서 언어를 사회와 관련지어 살핀 이른 시기의 연구들을 먼저 살펴보도록 하자.

1) 유럽의 사회언어학 발달

유럽에서는 17세기부터 언어와 사회의 밀접한 관계를 인식해 왔다. 특히 독일의 언어학 전통에서는 '언어가 사회의 모습을 만든다'는 사상이 헤르더(J. G. von Herder, 1744-1803)와 훔볼트(W. von Humbolt, 1767-1835)에 의해 발전되었다. 이는 '언어와 민족(국민) 사이에는 밀접한 관계가 있다'는 사상으로 굳어져 독일 언어학의 근간이 되었다.

프랑스의 사회학자 뒤르켐(E. Durkheim, 1838-1917)은 '다른 사회 규범이 개인에 미치는 영향과 비슷하게, 언어 역시 개인에 영향을 미친다.'고 주장하였다. 이러한 생각은 그의 제자 메이에(A. Meillet, 1866-1936)로 이어져 훗날 '프랑스 언어사회학파'를 형성하였다. 메이에는 언어를 사회적 행위라고 보았으며, 언어학은 사회과학에 속한다고 주장하였다. 또한 언어의 변종은 사회 변화의 한 결과일 뿐이라고 인식하여 사회 지향적 언어관을 펼쳤다. 메이에는 언어학과 사회학을 접목시키고, 언어의 사회적 특성과 언어 변화의 사회적 요인의 본질을 구명한 최초의 학자가 되었으며, 이후 사회 언어학의 발달에 큰 영향을 미쳤다.

2) 미국의 사회언어학 발달

미국에서는 휘트니(D. Whitney 1827-1894)가 언어의 규칙을 만드는 세 가지 요인으로 '개인적 요인, 사회적 요인, 경제적 요인'을 강조하여 사회가 언어에 미치는 영향에 주목하였다. 휘트니는 '말(speech)은 개인 소유가 아니라 사회 소유다' 혹은 '사람이 말을 하는 것은 생각하기 위해서가 아니라 자기 생각을 나누어 주기 위해서다. 개인의 사회적 욕구, 사회적 본능이 사람으로 하여금 말을 하게 하는 것이다'라고 하여 언어의 사회적 기능을 중시하였다. 당시 유행하던 실증자연주의(positivist-naturalist linguistics) 언어학자들의 주장인 '언어는 생명체로서 사회와는 독립적으로 존재한다'는 생각을 반박하고 오히려 이와 반대로 언어와 사회의 종속적 관계를 중시하며 사회언어학의 기틀을 닦았다.

사피어(E. Sapir)와 그의 제자 워프(B. L. Whorf)는 '언어의 구조가 그 언어를 사용하는 사람들의 세계관에 영향을 미친다'는 이른바 '**사피어-워프 가설**'(Sapir-Whorf hypothesis)을 세워 큰 반향을 불러 일으켰다. 사피어(Sapir)는 '아메리칸 인디언의 언어인 누트카(Nootka)어 연구를 통해 듣는 이가 아이들인지 곱사등(척추장애인)인지 애꾸인지에 따라 화자가 사용하는 말이 달라진다'는 사실을 발견했다. 또한 야나(Yana)어에서는 남성어와 여성어가 구별되어 쓰인다는 사실을 밝혀 사회언어학 분야의 업적을 세웠다. 이후 그는 언어와 문화, 사회의 본질을 사회언어학적인 관점에서 연구하기 시작하였다(이익섭 2000: 19-20).

▌ 언어가 사고에 미치는 영향

사피어-워프 가설은 언어와 사고가 밀접하게 관련되어 있다는 관념에서 출발하여 언어의 차이가 사고방식이나 문화적 차이를 형성한다는 내용을 담고 있다. 이 가설에 따르면 언어마다 어휘와 문법 사용에서 차이를 지니고 있으며, 그 차이가 언어 사용자의 사고를 각기 다르게 규정한다는 것이다. 예를 들어 언어가 다르면 동일한 자연 현상에 대해서도 다른 방식으로 표현한다. 그리고 이러한 표현 방식의 차이가 다시

각 언어의 사용자들에게 다른 방식으로 현상을 경험하게 만든다는 것이다. 이와 관련하여 워프는 "우리는 우리 모어가 그어 놓은 선에 따라 자연 세계를 분절한다"는 주장을 한 바 있으나 오늘날 보편적으로 받아들여지고 있지는 않다.

언어가 의식을 결정한다는 워프의 초기 주장은 인간의 의식 세계를 언어에 가두었다는 점에서 비판을 받았다. 더 나아가 오늘날 여러 언어학자나 인지주의자들은 인간이 사고할 때 사용하는 언어는 특정 자연 언어가 아니라 사고를 위한 언어(language of thought), 즉 **정신어**(mentalese)라는 추상적인 언어에 기대고 있다고 본다.

하지만 언어와 의식이 상호간에 영향을 주고받는 것은 쉽게 경험할 수 있다. 또한 이러한 현상을 인식하고 있기 때문에 인종차별적 표현이나 성차별적 용어, 비속어 등을 피하고자 노력하는 것이기도 하다. 실제로 1950년대부터 비판을 받아 온 워프의 관점은 1990년대에 와서 재평가를 받기 시작했다. 특히 공간이나 시간, 성, 수 등의 인지적 개념이 모어의 영향을 받는다는 연구 결과들에 의해 이러한 생각이 지지되었다.

3) 방언 연구와 사회언어학

사회언어학의 초기 연구는 지역에 따른 언어의 차이를 연구하는 데서 비롯되었다. 언어 사회가 속한 지역의 차이가 방언의 분화를 가져온다는 사실은 이미 오래 전에 발견되었으며, 방언의 구별에 언어 사회의 차이가 큰 역할을 한다는 점도 주목되어 왔다. 다음은 사회언어학에 중요한 영향을 미친 방언 연구들을 정리한 것이다.[3]

- **라프(K.M. Rapp)** 1841년 논문에서 독일의 어느 지역에는 지리적 조건에 의한 언어 차이보다 사회적 조건에 의해 결정된 방언 차이가 많

---

3) 이 부분은 이익섭(2000:20-22)의 내용을 바탕으로 정리하였다.

다는 점을 지적하였다.

- **베게너(P. Wegener)** 1880년 논문에서 사회적으로 결정되는 변종을 강조하여 넓은 의미의 방언을 '방언(Mundart)', '지역 방언(Umgangssprache)', '표준어(Hochsprache)'로 분류하였다. 그는 이러한 연구를 통해 한 사회가 언어적으로 여러 계층으로 이루어져 있음을 밝혔다.

- **고샤(L. Gauchat)** 1905년 어느 시골 마을에서의 방언 연구 결과에서 세대 간 음성 실현과 음성 변화의 경향에 차이가 있음을 밝혔다. 또한 여성이 남성보다 언어 변화를 더 적극적으로 받아들이고 있음을 확인하였다.

- **미국 및 캐나다 언어지도** 이 연구에서는 사회언어학적 배경에 따른 언어 제보자 구분을 실시하였다. 언어 사용자들을 1~3 유형의 세 집단으로 나누고[4] 이들을 각각 노년층과 중년층으로 하위분류하여 총여섯 계층으로부터 언어 자료를 수집하였다. 이러한 연구는 언어 사용과 사회적 계층의 관계를 밀접하게 적용시킨 예가 된다.

위의 연구 내용을 볼 때 연구자들은 언어 변이, 즉 방언 차이가 지역 변인에만 기인한다고 보지 않고, 성별, 교육 정도, 연령, 문화 접촉 정도 등의 사회적 요인에 의한다는 관점에서 연구를 수행했다는 점을 확인할 수 있다. 실제로 이러한 조사 결과에서 노년층과 중년층 사이에 규칙적인 언어 차이를 보여 연령이라는 사회적 요인이 언어 변이에 영향을 미친다는 사실이 밝혀졌다.[5]

---

4) 1유형-정규 교육을 거의 못 받은 자, 독서량도 적고 사회적 접촉도 적은 자, 2유형-대체로 중고등학교 정도의 교육을 받은 자, 독서량과 사회 접촉이 조금 많은 자, 3유형-대학 교육 정도를 받은 자, 문화적 배경이 있고 독서량과 사회 접촉의 정도가 큰 자.

5) 특히 사우스 캐롤라이나(South Carolina)에서는 모음 뒤 'r'의 특징적 발음이 지리적인 조건이 아니라 사회적인 조건에 의해 달라진다는 점이 확인되어 언어 변이와 사회적 조건의 관계를 좀 더 명확히 밝혀주었다(이익섭 2000:22).

2. 사회언어학의 연구 분야

2.1. 사회언어학의 연구 영역

사회언어학의 연구 영역 분류는 라보프, 하임즈(D. Hymes), 밀로이와 밀로이(Milroy & Milroy) 등에 의해 시도된 바 있다. 이 가운데 사회언어학 연구에서 폭넓게 받아들여지고 있는 Labov(1972)의 분류를 먼저 살펴보겠다.

라보프의 사회언어학 3대 영역

- **언어사회학(The sociology of language)** 대규모 사회적 요인을 다루는 분야로서 소수민족의 언어, 이중 언어사용, 언어의 표준화, 신생국가의 언어 계획 등의 실용적, 거시적 문제를 다룬다.

- **말하기의 민족지학(the ethnography of speaking)** 언어에 대한 기능적 연구를 지향하는 영역으로 특정 문화 안에서의 언어 사용 유형, 언어사건(speech event)의 형식, 화자가 상황에 따라 적절한 말을 선택하는 규칙, 화·청자, 주제, 배경 간의 관계 등에 대한 연구들이다. '말하기의 민족지학'은 하임즈(D. Hymes)의 명칭을 따랐다.

- **언어학(linguistics)** 일반언어학의 틀을 그대로 유지하여 음운론, 형태론, 통사론, 의미론에 걸쳐 언어 규칙을 만드는 것을 추구하는 연구를 말한다. 라보프는 언어학을 사회언어학의 하위 영역으로 분류했다.[6]

---

6) 라보프는 사회적 요인을 고려하지 않는 언어 연구는 있을 수 없다고 보았다. 그의 관점에서는 기존의 언어학 연구는 '탈맥락적 언어학'이며 제한된 영역으로 인식되었다. 그는 언어 규칙에 대한 연구 역시 사회언어학적 관점에서 수행되어야 한다고 주장하였다.

윌리엄 라보프(William Labov, 1927~)

윌리엄 라보프

윌리엄 라보프는 미국의 언어학자로, 사회언어학 연구방법론의 창시자로 일컬어진다. 그는 사회언어학, 언어변화, 방언학 등을 연구해 왔다. 그의 저서 *The Social Stratification of English in New York City* (1966)에서 수행한 음운변이 연구는 이후의 사회언어학 연구에 있어서 하나의 전범이 되었다.

그는 이른바 **관찰자의 역설**(observer's paradox)을 피하기 위해 독창적인 자료 수집 방식을 고안하였는데 그 중 가장 유명한 것이 뉴욕시의 백화점에서 손님으로 가장하여 점원에게 질문함으로써 원하는 자료를 수집한 것이다.

라보프의 음운변이 연구[7)]

1962년 11월, 라보프는 어느 단일 직업군의 언어에서 드러나는 사회계층 현상을 살피기 위해 맨해튼의 세 대형 백화점을 선정하여 점원들을 대상으로 언어 조사에 착수하였다. 그는 점원의 말투에는 그 백화점에 드나드는 고객들의 말투가 반영되어 있을 것이라고 가정하였다. 그리고 그는 자신이 고객인 것처럼 가장하여 점원에게 한두 마디 질문하는 방법으로 언어를 수집했다. 그는 질문에 대한 답을 한 차례 얻는 데 그치지 않고 점원의 말을 잘 못 알아들은 것처럼 같은 질문을 다시 하여 점원이 같은 대답을 조금 다른 방식으로 다시 하게 만들었다. 이는 의식의 차원에서 무의식적인 '일상적 발화'와 의식적인 '뜻을 명료하게 전달하고자 할 때의 발화'가 어떻게 달라지는가를 관찰할 수 있는 매우 기발한 방식이었다.

조사 방식

라보프의 조사에 사용된 대화 패턴의 예시

> **조사자** Where can I find ladies' shoes? 숙녀화 매장이 어디입니까?
> **판매원** On the fourth floor. 4층입니다.
> **조사자** What did you say? / Excuse me? 네? 몇 층이라고요?
> **판매원** Fourth floor. 4층이요. (주의를 기울인 말투)

라보프는 언어변수 [r]이 단어 내의 위치에 따라서 어떻게 발음되는지
를 확인하기 위해 응답자(점원)가 "fourth floor"라고 답하게 만드는 질
문을 마련하였다. 즉, 그는 4층에서 파는 물건을 미리 확인한 후 다른
층에 있는 매장 점원에게 "○○을 어디에서 파나요?"라고 묻거나 4층에
서 일하는 점원에게는 "여기가 몇 층인가요?"라고 물음으로써 "fourth
floor"라는 대답을 유도하였다. 그러나 그는 여기서 그치지 않고 대답을
알아듣지 못한 것처럼 "Excuse me?"라고 재차 물어 점원들이 보다 분명
한 악센트와 발음으로 "fourth floor"라고 답할 수 있도록 하였다. 그 결
과 서로 다른 네 종류의 r이 점원에 의해 발화되었다.

사회계층과 [R]음의 위치에 따른 실현의 상관관계 조사 변수

R음의 위치	자음 앞에서. 예) fourth
	어말에서, 예) floor
태도	의식하지 않은 상태에서
	주의를 기울인 말투에서

코딩: r-1(권설음), r-0(schwa, 장모음화 또는 묵음)

통계 분석

뉴욕 세 백화점에서의 r 실현율

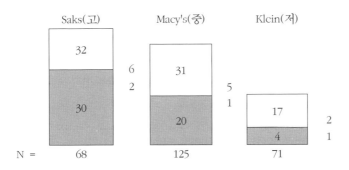

Saks(고)	Macy's(중)	Klcin(저)

네 가지 r을 모두 권설음으로 발음한 경우, 즉 모두 r-1인 경우

네 가지 r 중 적어도 한 번은 r-1로, 적어도 다른 한 번은 r-0로 발음한 경우

분석 결과

- 고급 백화점에 종사하는 직원의 r-1 실현 비율이 높게 나타남.
- 주의 깊게 발음할 때는 어느 백화점에서나 r-1의 실현 비율이 높아짐.
- 백화점 내의 다른 직종 혹은 다른 매장 간의 비교에서도 비슷한 차이를 보임.
- 확인 요청에 대한 의식적 발화에서 r-1이 더 우세하게 발음됨.

※ /r/의 발음이 사회적 계층이라는 변수와 분명한 상관관계에 있다는 것이 증명됨.

라보프의 사회언어학 영역 구분 외에도 Llamas & Stockwell(2010: 144-151)에서 제시한 사회언어학의 연구 주제들을 통해, 사회언어학에서 중점을 두는 문제들이 무엇인지 확인할 수 있다.

---

7) 이 부분은 이익섭(2000)의 내용을 요약 정리한 것이다.

- Categorizing the ways people speak(발화 방식의 범주화)

  idiolect and sociolect(개인어 및 계층 방언 연구)

  standard, non-standard and codification(표준/비표준과 규준화)

  prestige, stigmatization and language loyalty(선망, 오명, 언어 충성도)

  dialect, accent and language planning(방언, 말씨와 언어 계획)

  speech communities(언어 공동체)

- Descriptive tools of language variation(언어 변이의 기술)

  the linguistic variable(언어학적 변수)[8]

  phonological variation(음운 변이)

  grammatical variation(문법 변이)

  lexical variation(어휘 변이)

  discoursal variation(담화적 변이)

  linguistic variation(언어학적 변이)

- Social factors that correlate with language variation
  (언어 변이와 관련된 사회적 요인들)

  geographical and social mobility(지리적, 사회적 이동)

  gender and power(성별과 권력)

  age(연령)

  audience(청자)

  identity(정체성)

  social network relations(사회적 연결 관계)

---

8) 사회적으로 조건 지어져 특정한 사회적 의미를 가지는 변이형(variant)이 있는 언어 항목을 말한다. '언어학적 변항'이라고도 하는데, 예를 들어 한국어에서 '확실히, 과자, 장관' 등을 [학시리, 가자, 장간]이라고 단모음화하는 현상이 있고, 이것이 어떤 사회 계층과 관련된다면 이때 이중모음 /ㅘ/가 언어학적 변수가 된다(이익섭 2000:98).

2.2. 사회언어학의 연구 주제

앞서 제시한 주제 가운데 몇 가지에 대해 좀 더 자세히 살펴보도록 한다. 우선 사회언어학 연구의 주제 가운데 방언에 대해 알아보자. 일반적으로 방언은 언어 변이와 지리적 분포의 관련성을 밝히는 지역 방언 연구와 언어 사용자의 사회적 계층에 따른 변이를 살피는 사회 방언 연구로 나뉜다. 지역 방언과 사회 방언이 한국에서는 어떻게 나타나고 있는지를 살펴보도록 한다.

1) 지역 방언과 사회 방언

○ 지역 방언(방언 혹은 사투리, dialect 혹은 the vernacular)

일반적으로 한 나라에는 표준어가 있고 다양한 방언이 존재한다. 여기서 말하는 방언은 지역적 차이에 따른 언어 변이를 일컫는다. 영토가 넓을수록 방언이 다양하게 분화되고 방언간의 차이도 크다.

한 언어의 방언들은 기본적인 의사소통은 가능하지만 의미를 상세하고 정확하게 전달하는 데는 방해가 되기도 한다. 예를 들어 "거기 정구지 좀 다오."라고 할 때 '정구지'가 표준어 '부추'의 방언 중 하나라는 것을 알지 못한다면 화자의 요청에 대해 적절한 반응을 보일 수 없다. 그런데 부추는 지역에 따라 '부자', '붙이', '불구', '비자', '세우리', '솔', '쉐우리', '염지', '졸', '푸초', '푼추', '분추', '소풀' 등으로 불린다고 하니 한 사회 내에서 얼마나 많은 지역적 변이가 존재하는지 알 수 있다.

방언의 사용은 이러한 의사소통의 장애 외에도 서로 다른 방언을 사용하는 사람들 사이에는 심리적인 경계를 형성하기도 하여 나와 남을 구별 짓기도 하며, 더 나아가 나와 다른 방언을 사용하는 사람들에 대해 선입견 내지는 편견을 갖게 할 수도 있다.

물론 이러한 부정적 기능 외에 방언 사용에는 긍정적 측면도 존재한다. 방언은 언어, 즉 어휘와 표현을 풍요롭게 하고, 나와 다른 말씨를 쓰는 상대방에 대한 호기심을 불러일으키기도 하며, 같은 방언을 쓰는 사람들 사이에 각별한 유대감을 느끼게 하기도 한다. 더 나아가 학문적으로는 방언이 언어의 옛 형태를 간직하고 있는 경우가 많아 언어 역사 연구에 귀중한 자료를 제공하는 경우가 많다.

> **▍표준어의 가치와 언중의 인식**
>
> 한 집단 내에서 방언의 사용이 가져오는 부정적 작용을 막기 위해 구성원들이 공통으로 사용할 말의 표준을 정한다. 이러한 말을 **표준어**(standard language)라고 한다. 한국어 어문 규정에서는 "표준어는 교양 있는 사람들이 두루 쓰는 현대 서울말로 정함을 원칙으로 한다"고 하여 지역, 계층, 시기 등을 기준으로 정하고 있다. 표준어 자체는 다른 방언들보다 특별히 가치가 높은 언어는 아니다. 표준어의 바탕이 되는 방언을 포함하여 모든 방언들은 동등한 자격을 가지며 표준어는 그 중에서 정치적, 경제적, 문화적 편의를 위해 하나의 방언을 선택하고 그것을 이상적으로 다듬은 것 뿐이다. 한국어에서는 서울 방언이 현재 그런 역할을 하고 있다.

한국의 지역 방언은 '서울/경기방언', '충청방언', '호남방언', '영남방언', '제주방언', '강원방언' 등이 있으며(남한 기준) 각각의 방언은 다시하위 방언으로 구분된다. 방언들 사이에는 어떤 차이가 있을까. 다음그림의 '옥수수(표준어)'가 각 지역에서 어떤 이름으로 불리는지 살펴보자.

<그림1> 옥수수 방언 분포도[9]

　　남부 지방은 '강넹(넹)'이를 주축으로 주로 '강낭-', '강냉-', '강넹-' 계
통으로 나타나고 영남과 호남을 제외한 지역에서는 '옥수-', '옥시-' 계
통으로 나타나는 것이 특징이다. 이처럼 변이형이 남북으로 이분적
분포를 보이는 것은 한국어가 남방계 언어와 북방계 언어가 만나서
형성되었다는 학설에 근거를 제공하기도 한다.

---

9) '방언 연구' 30년 집념 결실…한국 '사투리 지도' 나왔다. 『동아일보』(2008.3.24.).

그러면 한국인은 방언에 대해 어떤 인식 혹은 태도를 가지고 있을
까. 재미있는 설문조사 결과가 있다. 이정민(1981)의 "한국어의 표준
어 및 방언들 사이의 상호 접촉과 태도"라는 연구에서 방언 사용자의
자기 방언과 다른 방언에 대한 인식, 그리고 표준어에 대한 인상을
조사하였는데 그 결과는 다음과 같다.

<표 1> 방언에 대한 태도(이정민, 1981)

방언	태도	자기 방언		타도 사람	방언	태도	자기 방언		타도 사람
		남	여				남	여	
영남방언	믿음직하다	70	52		충청방언	점잖다	50	65	22
	씩씩하다	75	29	20		촌스럽다	30	70	25
	무뚝뚝하다	70	81	18		듣기 좋다	25	15	
	듣기 좋다	60	19			상냥하다	25	10	
	점잖다	20	19			믿음직하다	20	10	
	듣기 싫다			20		씩씩하다	15	10	
						듣기 싫다			17
호남방언	믿음직하다	65	41		표준어(경기방언)	듣기 좋다	92	92	
	듣기 좋다	47	29			배움직하다	61	57	
	씩씩하다	41	23			상냥하다	52	38	47
	촌스럽다	24	53			점잖다	46	27	
	간사하다			33		부럽다	32	23	
	듣기 싫다			35		믿음직하다	24	23	
	상냥하다			8		간사하다			11

※ 자기 방언에서는 10% 이상 응답이 나온 것만 제시   (숫자의 단위는 %)
※ 타 방언에 대해서는 상위 2위까지와 '듣기 싫다'를 제시

위의 조사 결과에서 한국 사람들의 방언에 대한 태도는 다음과 같이
분석, 정리될 수 있을 것이다.

- 자기 방언에 대해서는 긍정적인 느낌과 인상을 가지지만 (표준어
  를 제외한) 타지역 방언에 대해서는 그다지 긍정적인 인상을 가
  지지 않는다.
- 지방 방언의 경우 남자들이 여자들보다 자기 방언에 대해 긍정적
  인 생각을 갖는다는 것을 알 수 있다. 그러나 여자들의 자기 방
  언에 대한 태도는 부정적이라는 것을 확인할 수 있다.

이와 비슷한 조사는 이후 몇 차례 더 이루어졌으며 방언에 대한 인
식 역시 시간이 지나면서 변화를 겪는 것으로 확인되었다. 예를 들어
이정민(1981년)에서는 호남방언에 대해 '듣기 싫다'가 35%로 영남
(20%), 충청(17%)에 비해 높게 나타났었으나, 강범모(2005)의 조사에
서는 영남, 호남, 충청방언에 대한 '듣기 싫다'는 반응이 10~20%로 비
슷하게 조사되었다. 또한 여성이 자기 방언에 대해 갖는 부정적인 인
식은 1981년에 비해 2005년에는 약화된 것으로 나타났다. 이처럼 방
언에 대한 언중들의 인식은 사회의 변화와 더불어 변하기도 한다.

이 밖에 표준어와 방언 사용에 대한 태도를 2005년, 2010년, 2014년
세 차례에 걸쳐 조사한 김덕호(2014)에서도 의미 있는 결과를 확인할
수 있다. 〈표 2〉에서 보는 것처럼 국어 사용에서 '표준어든 방언이든
무엇을 사용해도 무방하다'에 대한 긍정적인 답변은 2005년부터 2014
년까지 꾸준히 높아졌다. 반면에 '방언은 가능하면 사용하지 않는 것
이 바람직하다'에 대한 견해는 2014년도에 들어 매우 낮아졌다. 이 내
용을 놓고 볼 때, 언중의 표준어와 방언 사용에 대한 편견이 사라지고
방언에 대한 거부감 역시 낮아지고 있음을 알 수 있다.

〈표 2〉 표준어와 방언 사용에 대한 태도(김덕호, 2014)

연도	2005	2010	2014
표준어든 방언이든 어느 것을 사용해도 무방하다.	20.8	31.5	35.0
표준어와 방언을 구분하여 사용하는 것이 바람직하다.	47.8	27.5	43.4
방언은 가능하면 사용하지 않는 것이 바람직하다.	24.2	25.4	17.6
별 생각이 없다.	7.1	15.6	3.9

(숫자의 단위는 %)

○ 사회 방언

사회방언은 사회 계급, 연령, 성별, 인종 등과 같은 사회적 요인에 의해 분화된 방언이다. 언어 사용자의 사회적 계층에 따라서 언어 변이가 나타난다는 사실은 라보프를 비롯한 많은 사회언어학자들의 연구를 통해 확인되었다. 그런데 이러한 조사가 아니더라도 우리는 일상생활에서의 경험을 통해 어떤 사람이 사용하는 언어가 그 사람의 계층이나 직업, 혹은 성별, 연령 등을 나타내 준다는 것을 쉽게 알 수 있다.

〈표 3〉에서는 영어의 언어 변종 중 -ing의 발음과 사회적 계층의 관계를 보여준다. 영어의 eating, sleeping 등에 쓰인 -ing는 [iŋ]과 [in] 두 가지로 발음된다. 뉴욕에서 조사된 자료를 분석한 Labov(1972)에서는 [in]으로 발음되는 비율이 사회계층과 관련된다는 것을 밝혔다.

〈표 3〉 사회계층에 따른 영어 -ing 발음(Labov, 1972)

사회계층	/in/ 발음 비율
1	7%
2	32%
3	45%
4	75%

한국어에도 이와 비슷한 연구가 많다. 어두경음화는 단어의 첫 자음인 예사소리를 된소리로 발음하는 현상이다. 부수다를 뿌수다로 발음하거나 거꾸로를 꺼꾸로, 비뚤어지다를 삐뚤어지다, 조끼를 쪼끼로 발음하는 것이 예가 된다. 서울 지역에서 수집된 발화를 조사한 이주행(2003)에서는 한국어의 어두경음화가 〈표 4〉와 같이 사회계층에 따라 다르게 나타나는 것을 보여준다. 즉, ULC(upper low class)와 MLC(middle low class)에서 가장 높은 비율을 보인다. 사회계층이 높아질수록 어두 경음화 비율이 낮아지는 것 역시 주목할 만하다.

〈표 4〉 어두 경음화와 사회계층의 관계(이주행, 2003)

사회계층	어두 경음으로 발음하는 비율
HC	25%
UMC	33%
LMC	33%
ULC	68%
MLC	50%
LLC	33%

사회 방언은 구어에서는 발음이나 억양으로 구별되기도 하고 특정 어휘의 사용을 통해 드러나기도 한다. 경우에 따라서는 특정 직업을 가진 사람들이나 어떤 집단(특히 소수 집단)에 대해 소속감을 가진 사람들이 집단 내 구성원들과만 배타적으로 소통하기 위해 만들어낸 말인 경우가 많다. 한국어에서는 청소년이 사용하는 급식체나 인터넷 커뮤니티 중심으로 확산된 야민정음 등도 이러한 유형에 속한다.

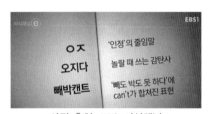

'야민정음' 이렇게 쓰입니다

멍멍이	→	댕댕이
귀엽다	→	커엽다
폭풍눈물	→	롬곡옾눞
명곡, 명작, 명문	→	띵곡, 띵작, 띵문
대박	→	머박
세종대왕	→	세종머왕
개그맨 유재석	→	개그맨 유재석
이명박 전 대통령	→	이띵박 전 머통령
박근혜 전 대통령	→	박ㄹ혜 전 머통령

사진 출처: EBS 지식채널   자료 출처: 한겨레 2017.10.08.

〈그림 2〉 급식체와 야민정음

넓은 의미에서 이러한 언어를 **은어**(隱語, jargon)라고 하며, 은어는 대표적인 사회 방언이다. 주로 축약과 비유의 방법으로 생성되는 은어는 이를 알아듣는 사람과 알아듣지 못하는 사람들로 구별하는 기능을 한다. 따라서 세대간, 직업 간 의사소통의 단절을 가져오기도 하여 은어 사용이 권장되지는 않는다.10)

> ▌ 반언어
>
> 속어나 은어를 포함하는 개념으로 **반언어**(antilanguage)라는 용어가 사용되기도 한다. 이 용어는 할러데이(M. Halliday)에 의해 처음 사용되었으며 주로 소수 집단(powerless or marginal groups in a society)에 의해 사용되고 자신들의 활동을 다른 사회 구성원들로부터 은폐하기 위

---

10) 최근에는 은어가 초등학생과 중·고등학생들 사이에서 생산적으로 사용되고 있다. 청소년들은 은어 사용을 통해 기성세대와 자신들을 구별하며, 개성과 정체성을 찾으려 하는 특성이 있다. 은어가 집단 문화의 산물이라는 점 때문에 청소년의 적극적인 수용과 참여가 이루어진다고 할 수 있다.

해 사용하는 언어를 가리킨다. 범죄자, 학생, 동성애자 등의 집단에서 배타적으로 사용되는 언어들이 반언어의 예가 된다. 이러한 언어 변이는 주로 속어나 은어를 사용하여 유지되며, 다른 언어로부터 어휘를 가져와 사용하기도 한다. 주로 음운이나 어휘 등을 왜곡시켜 타인이 이해하지 못하도록 한다. 폭력배 사이에서 교도소를 '학교'라고 하는 것이라든가, 남을 속이는 일인 '사기'를 사기꾼들끼리 '접시'라고 하는 것, 전문 사기꾼을 '전문의'로 초보 사기꾼을 '레지던트'라고 부르는 일 등이 모두 antilanguage에 속한다고 할 수 있다.

2) 다언어 사회

하나의 언어를 채택하여 사용하고 있는 한국과 달리, 국가나 지역 안에서 둘 이상의 언어를 공식적으로 함께 사용하고 있는 곳이 전 세계적으로 매우 많다. 경우에 따라 국가나 정부에 의해 공식적으로 채택된 것은 아니더라도 언어 사용자들에 의해 다수의 언어가 자발적으로 선택되어 쓰이는 경우도 있다. 예를 들어 인도에서는 힌디어와 영어가 국가 차원의 공용어로 채택되어 있지만 힌디어와 영어 화자수를 합한 것의 두 배에 해당하는 사람들이 64종의 토착어 가운데 하나를 사용하고 있다고 한다. 이러한 언어 사용 양상을 보이는 사회를 다언어 사회라고 한다. 〈표 5〉에서는 세계의 다언어 국가에서 사용되는 언어들에 대한 정보를 확인할 수 있다.

〈표 5〉 다언어 국가에서 사용되는 언어들[11]

국 가	언 어
아프가니스탄	파쉬토(Pashto)어, 다리(Dari)어
벨기에	네덜란드 어, 프랑스어, 독일어

---

11) World Data Annual, Encyclopedia Britannica, 1991.

볼리비아	스페인어, 아이마라어
보츠와나	츠와나어, 영어
카메룬	프랑스어, 영어
캐나다	프랑스어, 영어
사이프러스	그리스어, 터키어
핀란드	핀어, 스웨덴어
아이티	아이티 크레올어, 프랑스어
인도	힌디어, 영어
아일랜드	아일랜드어, 영어
이스라엘	히브리어, 아랍어
룩셈부르크	프랑스어, 독일어
마다가스카르	프랑스어, 마라가시어

다언어 사회는 사회 내에서 사용되는 언어의 수에 따라 다이글로시아와 폴리글로시아로 나눌 수 있다. 다음은 다언어 양상에 대해 살펴보도록 한다.

○ **다이글로시아**

다이글로시아(diglossia)는 '이언어 사용' 또는 '두 언어 변종 나누어 사용하기'쯤으로 생각할 수 있다. 다이글로시아라는 용어는 사회언어학자인 퍼거슨(C. Ferguson)이 1959년에 처음 사용하였으며, 그는 한 언어의 두 가지 다른 형태가 한 언어 사회에서 사용되고 있는 현상을 다이글로시아라고 규정하였다. 일반적으로 다이글로시아 상태를 이루는 두 언어는 사회적 지위가 다르고, 각각의 언어를 사용하는 장소와 상황이 명확히 나뉜다는 점이 특징이다.

두 언어 가운데 **고급 변종**(H-variety)은 그 사회에서 더 오래 사용된 언어이거나 고전적이라고 생각되는 언어인 경우가 많으며 고급 문화를 향유하는데 사용된다. 이러한 변종은 가정에서 모어로 습득되기보다는 개인이 성장한 후에 교육을 통해 습득되는 것이 일반적이다. 반대로 **저급 변종**(L-variety)은 **토착어**(vernacular)인 경우가 많으며 주로 일상적 대화나 전래 동화, 수수께끼와 같은 토속적 언어 행위에도 사용된다.

퍼거슨이 규정한 다이글로시아가 같은 언어의 다른 변종(예: 고전형-현대형)으로 이루어진 것과 달리 피시만(J. Fisherman)은 이 개념을 '한 언어 사회에서 서로 다른 두 언어가 사용되는 것'까지 확대하였다.12) 오늘날의 다이글로시아는 피시만의 개념 정의에 따라 한 사회 내에서 둘 이상의 다른 언어가 쓰이는 것을 말하는 경우가 많다.

다이글로시아의 예는 여러 나라에서 다양한 사례를 찾아볼 수 있다. 스위스의 어떤 도시에서는 도시 거주민들이 표준 독일어(standard German)와 스위스 독일어(Swiss German) 두 변종을 사용하여 다이글로시아를 이루고 있다. 표준 독일어는 교육을 통해 배우는 공식적 언어이며, 신문이나 문학 작품에 사용되는 반면, 스위스 독일어는 일상 대화에 주로 사용된다고 한다. 이처럼 다이글로시아의 두 언어는 사용되는 상황이나 기능이 다르며 습득되는 과정도 서로 다르다고 할 수 있다. 또한 파라과이는 스페인어와 과라니(Guarani)어를 함께 사용하는 이중 언어 사회인데 이 중 스페인어는 H형으로, 과라니어는 L형으로 사용되고 있다.

○ **폴리글로시아**

다이글로시아와 같이 언어의 두 가지 변종, 혹은 두 언어가 관련되

---

12) 피시만의 다이글로시아 개념이 발표된 후 퍼거슨의 개념은 협의의 다이글로시아 (narrow diglossia)로, 피시만의 개념은 광의의 다이글로시아(broad diglossia)로 불린다.

는 경우도 있으나, 한 언어 사회에서 세 개 이상의 언어 변종, 혹은 각기 다른 언어들이 사용되는 경우도 있다. 이런 경우에 그 사회를 **폴리글로시아**(polyglossia)라고 부른다. 말레이시아는 대표적인 폴리글로시아이며 한 사회 내에서 중국어(표준 중국어), 말레이어, 영어 세 언어가 함께 사용되고 있다. 말레이어는 다시 바하사 말레이어와 말레이어 두 개의 변종으로 나뉘는데 이 중에 중국어와 바하사 말레이어는 나머지 둘, 즉 영어와 말레이어에 비해 고급 언어(H)로 인식되고 있다.

○ **다언어 사회의 언어 간 지위**

다언어 사회 내 언어 간의 관계와 지위는 어떻게 될까. 앞서 예로 든 다이글로시아와 폴리글로시아의 경우, 각 언어들이 오랜 기간 동안 안정적으로 각각의 지위를 유지하며 사용되어 온 것처럼 느껴진다. 그러나 한 사회 내 언어들의 지위가 항상 고정불변인 것은 아니다. 영국 역사에서 영어와 프랑스어의 지위가 서로 넘나들며 변화한 것을 보면 그것을 쉽게 알 수 있다. 영국은 1066년 노르망인의 정복 이래로 다이글로시아 상태에 있었고, 프랑스어가 영어보다 지위가 높은 언어로 인식되었다. 상류 사회에서나 법률, 행정에서 모두 프랑스어가 사용되있고, 영어는 일빈인의 일상생활에 쓰이는 언어였다. 그러나 14세기 말에 이르러 영어의 지위가 프랑스어를 앞질렀고 지금은 영어-프랑스어 다이글로시아 상태가 사라졌다. 다만 과거에 다이글로시아 사회였던 흔적을 영어 단어들에서 찾을 수 있는데, 예를 들어 영어의 mouton(양고기)은 과거 고급 언어였던 프랑스어의 mutton을 받아들인 것이다.

▌언어 접촉

피진(pidgin)

피진은 사용하는 언어가 같지 않은 사람들 사이에서 의사소통을 시도하기 위해 이용하는 임시적 성격의 언어를 말한다. 예를 들어 특정 지역에서 외부에서 온 무역상들과 현지인이 교역을 위해 만났을 때 양측 언어의 어휘와 문법을 이용하여 의사소통을 한다. 이때 접촉하고 있는 두 언어의 어휘들을 단순한 문법 구조에 넣어 나열하던 혼성어를 피진이라고 한다. 피진은 과거 식민지 지역에서 생겨난 경우도 많다.

피진은 접촉한 두 언어 가운데 어휘는 상층어에서, 문법구조는 하층어에서 가져온다. 일반적으로 단순한 어휘들이 쓰이며 격변화 등 복잡한 문법 규칙이 없는 것이 특징이다. 피진은 두 집단의 상업 활동 혹은 접촉이 약화되면 저절로 사라지고, 접촉 빈도가 더 잦아지거나 관계가 밀접해지면 상위어 자체를 배워 본질적으로 불안정성을 띤다. 'pidgin'이라는 말은 영어 단어 business를 중국의 피진 영어로 발음한 데서 유래하였다. 20세기 초에 하와이 사탕수수 농장에서 일하게 된 일본, 한국, 필리핀 노동자들이 농장 소유주의 언어 중 어휘를 나열하는 방식으로 사용하기 시작한 하와이 피진이 대표적이다. 피진은 스페인어, 포르투갈어, 프랑스어, 독일어, 영어 등 주로 유럽어에 기반을 둔다.

크레올(creole)

크레올 혹은 크리올은 피진이 그 사용자들의 자손에 의하여 모어로 습득된 언어를 말한다. 크리올이 공용어로 인정되고 있는 나라들도 많은데, 파푸아 뉴기니의 톡 피신(Tok Pisin), 아이티의 아이티 크레올(Haitian Creole) 등을 들 수 있다. 크레올은 피진보다는 훨씬 복잡하고 정교화된 것이 특징인데, 시제나 상을 표시할 수 있는 형태를 갖거나 개별 언어에서 일반적으로 사용되는 조어법까지 생겨나 언어로서의 체계가 좀 더 공고해진다. '크레올' 혹은 '크리올'이라는 명칭은 신대륙 발견 뒤에 아메리카 대륙에서 태어난 에스파냐인의 자손을 부르던 말인 '크리오요(criollo)'로부터 유래하였다.

4) 한국과 다언어 사회

한국 사회에서 살고 있는 사람들에게는 '다언어 사회'가 무엇이며, 또 그것이 정확히 어떤 상태인지 와닿지 않을 수도 있다. 그 이유는 우리가 기억하는 오랜 시간 동안 한국에서는 한국어만 사용해 왔기 때문이다.[13] 그러나 오늘날 외국인의 국내 이주가 늘고 있으며 다양한 국적과 언어문화적 배경을 가진 이들이 한국 사회의 구성원으로서 살아가고 있다. 또한 그들의 자녀 중 많은 수는 한국에서 태어나 한국어를 모국어로 습득하고 이와 동시에 부모의 모어로부터 영향을 받아 **이중 언어 사용자**(bilingual)로 성장하고 있다. 이러한 변화는 향후 한국 사회의 언어 사용 양상에 변화가 생길 수도 있음을 전망하게 한다.

그러나 현재의 수준으로는 한국 사회가 아직 다언어 사회가 될 가능성은 낮아 보인다. 한국에서는 한국어가 단일 공용어로 사용되고 있으며, 특별한 국제회의나 행사를 제외한 대부분의 미디어, 공식 석상, 교육 현장 등에서 한국어가 사용되고 있기 때문이다. 그러나 지금의 변화 추세로 볼 때 한국어 단일 언어 상태가 언제까지 지속될 것인지 예측하기 어렵다.

남북문제 또한 언어 사회의 변화에 중요한 변수가 될 수 있다. 통일된 한국 사회에서 어느 언어가 표준 방언이 될 것인지가 정치, 경제, 교육을 좌우할 수 있기 때문이다. 이러한 상황에서 한국은 변화하는 국내외 상황의 흐름을 읽고 다가올 언어 상황의 변화를 예측하고 그에 대비하여 언어 계획과 언어 정책을 도모해야 할 것이다.

---

13) 한국 역사에도 언어와 관련하여 복잡한 상황들이 있었다. 멀리 거슬러 올라가면 몽골(원)의 언어문화로부터 영향을 받았던 시기도 있었고, 백년 전쯤에는 한국어(조선어)와 일본어가 한반도에 공존했던 때도 있었다. 그러나 1945년 독립과 함께 한국은 국어 회복 운동을 벌여 한국어를 공식적 단일어로 지정하고 자발적으로 일본어 사용을 억제하여 사회적으로 단일 언어를 사용하는 상태로 만들었다.

3. 사회언어학과 언어 교육

많은 언어 교육자나 연구자들은 언어 교육의 목적이 학습자의 의사소통 능력을 기르는 데 있다고 한다. **의사소통 능력**(communicative competence)은 1967년 하임즈(D. Hymes)가 촘스키의 언어 능력에 사회언어학적 요소를 가미하여 정의한 개념으로, 언어에 대한 지식만이 아니라 '실제 의사소통이 일어나는 상황과 맥락에서 적절한 언어를 성공적으로 사용할 수 있는 능력'을 말한다. 하임즈는 언어를 잘 사용한다는 것은 올바른 문장을 구성하는 규칙을 아는 것 외에도 다양한 언어 사용 상황(context)에 맞는 적절한 표현을 사용할 줄 아는 것이라고 강조하였다.

사비뇽(S. J. Savignon)은 의사소통 능력은 객관적, 절대적으로 규정되는 것이 아니며 의사소통 과정에 참여한 사람들 간의 협력에 의해 좌우되는 상대적인 것이라고 보았다. 이러한 관점에서 볼 때 의사소통 능력은 개인이 가진 고정된 능력이 아니라 상황과 참여자에 의해 역동적으로 달라지는 능력인 것이다.

언어 교육에서 가장 자주 인용되는 것은 커넬과 스웨인(Canale & Swain)이 주도한 일련의 연구에서 정리한 의사소통 능력의 개념 및 하위 범주일 것이다.

의사소통능력의 하위 범주

- **문법적 능력**(grammatical competence)
- **담화 능력**(discourse competence)
- **사회언어적 능력**(sociolinguistic competence)
- **전략적 능력**(strategic competence)

이 가운데 문법적 능력과 담화 능력은 언어 체계의 사용에 관련된 것이다. 문법적 능력은 언어에 관한 지식으로 촘스키의 언어 능력에 대응된다. 담화적 능력은 문법적 능력에 의해 형성된 발화문들을 의미 있는 텍스트, 또는 담화로 구성하는 능력이다. 즉 정확한 문장 사용에서 더 나아가 텍스트 양식에 맞는 구조, 담화 표지 등을 사용할 수 있는 능력을 말한다.

사회언어적 능력이란 언어와 담화가 사회 문화적 규칙을 따르고 있다는 것을 인식하고 담화 공동체가 따르는 규칙에 맞춰 언어를 사용할 수 있는 능력을 말한다. 사회언어적 능력은 그 사회 구성원들이 공유하고 있는 언어 사용에 관한 약속을 잘 알고 지키는 것이 핵심이다. 전략적 능력은 보통 언어 수행이 불완전할 때 이를 보충할 수 있는 다양한 방법을 사용할 수 있는 능력을 말한다. 언어 사용역이나 스타일 바꾸기, 의역하기, 우회적 화법, 반복, 회피, 추측 등의 다양한 방법을 통해 의사소통의 단절을 극복할 줄 아는 것이 전략적 능력의 핵심이다.

커넬과 스웨인의 의사소통능력 모형은 Bachman(1990)에 와서 다시 한 번 크게 수정되었다. 바흐만은 의사소통능력을 크게 **조직적 능력**(organizational competence)과 **화용능력**(pragmatic competence)으로 나누었다. 조직적 능력이란 커넬과 스웨인의 네 가지 능력 가운데 문법적 능력과 담화 능력을 포함한 것으로 언어 형식을 결정짓는 모든 규칙에 관한 능력을 의미한다.

바흐만은 커넬과 스웨인이 규정한 사회언어적 능력을 언어의 기능적 측면과 사회언어적 측면으로 나누었다. 언어의 기능적 측면이란 발화 생산자의 의도를 전달하여 수신자가 그것을 이해하도록 하는 것을 말한다. 이를 **언표내적 능력**(illocutionary competence)이라고 하는 데 예를 들어 '돈 빌리기(부탁)'를 위해 다양한 형태의 문장, '돈 좀 빌려 주세요.', '돈 좀 더 있으세요?', '아, 돈이 하나도 없네.' '나는 돈이 없어서 같이 못 가겠다', '지갑에 여유 좀 있으세요?' 등으로 구체화할 수 있는 것을 말한다. 이와 달리 화용적 능력은 공손함, 격식, 은유, 언어사용역 등과 관련된다.

언어학이 공동의 언어를 사용하는 화자들에 내재한 언어 능력을 파악하는 것을 목표로 했던 시기에는 언어 교육 역시 학습자가 목표어에 대한 언어학적 지식을 갖추게 하는 것이 중요했다. 그러나 오늘날 언어 교육은 언어를 사용하는 구체적인 상황, 즉 '누구에게 어디서 언제 무엇을 어떤 목적에서 말하는가'에 맞게 적절한 언어를 구사할 수 있는 능력, 즉 의사소통능력을 배양하는 것으로 변화하였다. 그 결과 언어 교육에서 사회언어학적 요소가 매우 중요해졌다고 할 수 있다.

■ 참고문헌

강범모(2005), 「한국인의 방언에 대한 태도의 추이: 1980년대와 2000년대」, 이성민 외 (편), 『통사구조와 의미구조 그리고 그 너머』, 한신문화사.

김덕호(2014), 「한국인의 방언 태도에 대한 추이 연구」, 『어문학』 126, 1-36.

이익섭(2000), 『사회언어학』(개정판), 민음사.

이정민(1981), 「한국어의 표준어 및 방언들 사이의 상호 접촉과 태도」, 한글, 173-174.

임지룡 역(2003), 『언어학개론』, J. Aitchison(1999) *Linguistics,* 한국문화사.

Bachman, L.(1990), *Fundamental considerations in language testing.* Oxford: Oxford University Press.

Canale, M. & Swain, M.(1980), Theoretical bases of communicative approaches to second language teaching and testing. *Applied Linguistics* 1, 1-47.

Hymes, D.H.(1966), Two types of linguistic relativity, In W. Bright (ed.) *Sociolinguistics,* 114-158. The Hague: Mouton.

Hudson, R.(1980), *Sociolinguistics.* Cambridge University Press.

Labov, W.(1972), *Sociolinguistic patterns.* Philadelphia, PA: University of Pennsylvania Press.

Llamas, C. & Stockwell, P.(2010), Socio-linguistic, In *An Introduction to Applied Linguistics,* 2nd ed. Hodder Education.

Milroy, J. & Milroy, L.(1990), Language in Society: Sociolinguistics, Collinge.

Savignon, S. J.(1983), *Communicative Competence: Theory and Classroom Practice.* Reading, M, A: Addison-Wesley.

Savignon, S. J.(1997), *Communicative Competence: Theory and Classroom Practice.* New York: McGraw-Hill. 2nd edition.

제9장

언어 정책론

언어 정책론의 연구 목적과 대상, 연구 주제에 대한 이해를 높인다.

- 언어 정책과 관련한 주요 개념에는 무엇이 있는가.
- 언어 교육과 언어 정책은 어떤 관계에 있는가.
- 한국 사회의 변화에 맞춰 한국어 교육 정책이 나아갈 방향은 무엇인가.

주요 용어

언어 계획(language planning), 언어 정책(language policy), 지위 계획(status planning), 자료 계획(corpus planning), 습득 계획(acquisition planning), 규범주의(normativism), 언어 순화(language purification), 세종학당(King Sejong Institute)

1. 언어 정책이란

1.1. 언어 계획과 언어 정책

우리는 이 책의 1장에서 언어가 우리에게 왜 중요한지에 대해 이야기했다. 언어는 관습화된 상징체계로 언어 집단 내에서 의사소통을 가능하게 하는 수단이 되어 준다. 따라서 언어는 타인과의 소통 수단으로서 한 사회를 통합하고 유지해 준다. 그러나 언어의 역할은 여기에 그치지 않는다. 언어는 한 사회 내에서 언어 사용자 간의 계층을 구별 짓기도 하고, 민족간에 정체성을 차별화하기도 한다. 바꿔 말하면 언어가 언제나 통합의 기능만을 하는 것은 아니다. 여러 언어가 공존하는 집단 내에서는 특정 언어 사용자에게 권력과 영향력이 부여되고 더 나아가 언어로 인해 사회의 분열과 갈등이 생기기도 한다. 이런 면에서 볼 때 언어는 통합의 힘(unifying force)와 함께 분리의 힘(divisive force)도 가지고 있음을 알 수 있다(강현석 외, 2014).

언어가 갖는 영향력 때문에 사람들은 언어의 형태나 사용을 조정하고 언어 선택에 관여하려는 노력을 해 왔다. 1950~60년대의 사회언어학자들에 의해 시작된, 언어 형태와 사용의 조정에 관한 이러한 노력과 행위들을 **언어 계획**(language planning)이라고 한다.[1] 예를 들어 한 언어 사회의 공용어 결정, 언어 표준형 선정, 교육용 언어 선택, 사회 내 소수 언어에 대한 지원 등이 모두 언어 계획의 범위에 들어간다.

---

[1] 언어 계획이나 언어 정책 등은 언어 상황에 대한 사회적 인식에서 출발하였으므로 사회언어학적 관점에 기반을 둔다. 따라서 언어 계획과 언어 정책은 사회언어학의 하위 분야라고 할 수 있다.

▎근대 국가와 언어 계획

근대 이전의 국가에서는 언어가 의사소통의 수단이나 통합의 도구이기보다는 지배의 수단이었다. 특히 문자의 경우, 왕족, 귀족, 소수 엘리트 등 특정 계층에서 독점적으로 향유되면서 문자 사용에서 소외된 계층에 대한 그들의 영향력과 지배력을 강화하였다. 그러나 근대적인 국가가 성립되면서 언어를 통해 사회적 평등을 실현하고 사회 통합을 이루고자 하는 노력이 생겨났다. 문자의 보급, 표기 방법의 표준화, 언어로 인한 차별 철폐 등을 골자로 하는 언어 계획이 국가의 기반인 '국민적 정체성'과 '내적 통합'을 도모한 것이다(조태린, 2006).

1980년대 후반에 이르러 '언어 정책'이라는 용어가 사용되기 시작하였다. **언어 정책**(language policy)은 언어 계획과 유사한 개념이지만 주로 언어 계획의 실행에 내포된 정치적, 사회적 목표를 부각할 때 쓰인다. 일반적으로 언어 정책에는 그 사회에서 공유되는 언어에 대한 신념이나 태도 등이 내포되어 있다. 예를 들어 한 사회 내에서 여러 언어를 사용하는 경우, 그 언어 사회 내에 둘 이상의 언어가 공존하는 것이 현실적으로 가치 있다고 믿는다는 신념이 깔려 있다고 볼 수 있다. 반면에 단일 언어 사용을 표방하는 사회는 원활한 소통과 화합을 위해 하나의 언어를 사용하는 것이 유리하다는 생각을 가지고 있다고 할 수 있다.

언어 정책의 중요성에 대해 예를 들어 살펴보자. 벨기에는 역사적 배경으로 인해 현재 세 언어(프랑스어, 네덜란드어, 독일어)가 공용어로 지정되어 있다. 벨기에 인구 119만여 명 중 약 60%는 북부 지역을 기반으로 네덜란드어(플라망어)를 쓰고, 약 39%는 남부 지방을 중심으로 하여 프랑스어(왈롱어)를 쓰고 있다. 수도인 브뤼셀은 네덜란드어와 프랑스어가 함께 쓰이고 있는 이중 언어 지역이며, 독일 접경 지역에서는 1% 정도의 인구가 독일어를 사용하고 있다. 벨기에는 어떤 언어를 교육에 사용할지에 대한 권한을 국립 교육부로부터 세 개의 지역 의회로 이전하였다. 따라서 현재 학교에서 사용되는 언어는 플랑드르 지역은 네덜란드어, 왈로니아 지역은 프랑스어, 또한 일부 지역은 독일어가 맡고 있다(김일환 역, 2020: 265-267).

▌벨기에의 언어 상황

자료 출처: 서울신문, 2010.6.15.

벨기에의 국내 정치를 지배해 온 양대 언어권의 갈등은 1830년 벨기에의 독립 이래 동등한 언어 교육 및 문화 정책을 요구하는 네덜란드어권(플란더즈 지역)과 평등한 언어 정책을 반대하는 프랑스어권(왈로니아 지역) 간 대립의 역사에서 기인하였다. 1910년 가톨릭 계통의 학교에서 네덜란드어와 프랑스어를 공식 언어로 사용하는 법안이 채택되면서 본격적인 언어권간 갈등 표출되기 시작하였다.

외교부(2019:33)

오늘날 벨기에의 언어 분립은 남과 북의 정치적, 경제적 차이와 맞물리면서 첨예한 갈등과 대립 구도를 이루고 있다. 지난 2010~2011년도에는 벨기에가 국가 분리의 위기까지 겪었으며, 1년 이상 무정부 상태에 머물러 있는 혼란을 겪기도 했다. 물론 벨기에의 갈등이 단순히 언어적 대립에서만 기인했다고 보기는 어렵다. 그러나 언어 대립이 나머지 갈등 요소들을 더욱 심화시키고 고착시키는 작용을 한 것은 명백해 보인다. 이러한 상황에 있는 국가는 언어 정책을 더욱 신중하게 수립해야 하며 언어적 차이로 인해 발생하는 문제를 해결하는 데 적극적으로 나서야 한다.

▌여행자의 눈으로 본 벨기에

"나는 기차로 며칠 동안 벨기에 전역을 발 닿는 대로 기분 좋게 돌아다녔다. 지방을 돌아다녀 보면 벨기에는 참 신기한 나라다. 전혀 한 나라라고 할 수가 없고 아예 두 나라라고 하는 게 더 맞는 말 같다. 네덜란드어권인 북부 플랑드르와 프랑스어권인 남부 왈론으로 뚜렷이 양분되기 때문이다. 벨기에의 남쪽 절반에는 가장 아름다운 경치와 예쁜 마을, 최고의 음식이 있다. 반면에 북부에는 가장 근사한 도시들과 빼어난 박물관, 교회, 항구, 해안 리조트, 인구 대다수와 국부(國富) 대부분이 몰려 있다.

플랑드르 사람들은 왈론 사람들이라면 질색을 하고, 왈론 사람들은 플랑드르계를 싫어한다. 그러나 이들은 프랑스인과 네덜란드인들을 더 싫어한다. 이들과 얘기를 하다 보면 이 두 집단을 하나로 묶어주는 끈은 바로 이 점이라는 걸 알게 된다."

『빌 브라이슨 발칙한 유럽 산책』, 벨기에 편

『거의 모든 것의 역사』의 저자이기도 한 빌 브라이슨은 벨기에에서의 첫인상을 이와 같이 적었다. 그의 글에는 벨기에에서 언어가 갖는 아이러니한 힘이 잘 묘사되어 있다. 벨기에 남부와 북부 사람들은 그들이 사용하는 언어로 서로 분리된다. 그러나 이웃 나라인 네덜란드나 프랑스 사람들부터 벨기에 사람들을 분리하면서 동시에 내적으로 통합하게 만드는 것 역시 벨기에의 언어들(벨기에 네덜란드어와 벨기에 프랑스어)인 것이다.

1.2. 언어 계획 및 정책의 유형

언어 계획 및 정책의 유형을 나누는 기준은 다양하다. 우선 언어 정책에 국가가 개입하는지에 따라 '국가 개입주의 언어 정책'과 '방임주의 언어 정책'로 나눌 수 있다(이광석 2006).[2] 또한 국가 내에 존재하는 언어가 어떤 기능을 하며 어떠한 사용 양상을 보이는가에 따라 '단일 언어 사용 정책'과 이중 또는 '삼중 언어 사용 정책'으로 나눌 수도 있다.

언어 계획 및 정책을 나누는 가장 대표적인 방법은 그 행위의 대상이 무엇이며 어디에 중점을 두고 있는가를 기준으로 한다. 이러한 기준에 따르면 언어 계획은 '언어 지위 계획', '언어 자료 계획', 그리고 '언어 습득(교육) 계획'으로 나뉜다(표 1). 여기서는 대상과 초점에 따른 언어 계획의 구분과 각 단계의 주요 활동에 대해 좀 더 자세히 살펴보기로 한다.

〈표 1〉 대상과 초점에 따른 언어 정책 및 계획의 유형(강현석 외: 394)

유형	대상과 초점	사례
언어 지위 계획	언어의 기능과 사용 범위	공용어/국민어의 공인, 표준어의 선정 및 보급, 자국어의 국제적 사용 확대, 소수자의 언어 인권 보장 등
언어 자료	언어의 체계와 형태	문자/철자법의 개발/개선, 표준 규범의 정

---

2) 이와 관련하여 언어 계획을 수립하고 시행하는 기관이나 제도가 존재하는가 여부에 따라 '명시적 언어 계획'과 '암시적 언어 계획'으로 나누어 볼 수도 있다. 전자의 경우 프랑스, 중국, 말레이시아, 한국 등이 예가 된다. 한국의 언어 계획 수립의 전문 기관은 '국립국어원'이며, 법적 근거는 '국어기본법'이다. 후자에는 영국과 미국 등이 해당되는데, 이러한 언어 사회에서는 전통이나 관습에 의한 압력의 형태로 언어 계획이 존재한다. 특히 미국의 경우 연방 정부 차원에서는 공용어를 명시하거나 관련 정책을 추진하지 않는 것을 원칙으로 한다.

계획		리, 전문용어, 신어 등 어휘 정비와 현대회, 언어 순화 등
언어 습득/교육 계획	언어 사용 능력	자국어(모어) 교육, 제2언어 교육, 외국어 교육, 국민의 문해력 향상 등

1) 언어 지위 계획

둘 이상의 언어가 한 사회에서 사용될 때 어떤 언어를 어떤 상황에서 사용할지 기준과 규칙을 세워야 한다. 즉, 학교 교육에 사용할 언어, 관공서의 공식 문서 작성에 사용할 언어, 종교적 의식을 치를 때 사용할 언어 등을 결정해야 하는 문제가 생긴다. 이렇게 한 사회 내의 언어들에 각각의 역할을 부여하는 모든 행위를 언어 지위 계획이라고 한다.

언어 지위 계획(status planning)은 본질적으로 정치적 활동이다. 언어 지위 결정에는 언어학자들의 견해가 반영되기도 하지만 사실상 최종 결정이나 시행은 모두 의회나 정부에 의해 주도되기 때문이다. 또한 어떤 언어를 공용어로 사용할 것이냐는 그 언어의 사용 집단인 민족의 세력 확장과도 깊이 연관된다. 이런 이유로 언어 정책 중에서도 특히 지위 계획은 정치와 무관하기가 어렵다.

지위 계획은 보통 한 나라가 다른 나라로부터 독립할 때, 혹은 더 큰 나라로부터 특정 지역이 국가로 독립할 때 반드시 발생한다. 역사적으로 볼 때 여러 종류의 토착 언어가 존재하던 사회가 식민지 상태에 있다가 독립하는 경우, 그 사회에서 통용되는 여러 언어 중 무엇을 공용어로 채택할 것인지에 대해 논의가 벌어진다.

예를 들어 인도는 1947년 영국으로부터 독립한 뒤, 방대한 인도 전역에서 전 국민에게 정부의 의사를 전달할 수 있고 지역별로 다른 언어를 사용하는 데서 오는 소통 불가 문제를 해결할 수 있는 언어가 요구되었다. 그들은 언어를 통인하여 인두의 통합을 도모하고 인도의 정체성을 확보할 수 있는 언어를 필요로 했다. 이에 인도 정부에서는 힌디어(공용어, 인도의 토착어 중 가장 많은 인구가 사용하는 언어)와 함께 영어(부공용어)를 인도 연방의 공용어로 정하고, 22개의 지정 언어를 발표했다.

█ 공용어

언어 지위 계획과 관련된 중요한 주제 중 하나는 **공용어**(official language) 문제이다. 다인종, 다민족 사회의 정치적 목표는 기본적으로 단일한 정치 체제와 정체성을 갖는 정치 공동체를 실현하는 것이다. 이러한 정치 공동체의 '이상적' 기반은 공통의 언어 사용이라고 할 수 있다. 대부분의 국가는 **국어**(national language)나 공용어를 정하여 국민 간에 표준화된 의사소통을 가능하게 하고 단일한 국민 정체성을 형성·강화하고자 한다. 특히 인종, 민족, 종교, 지역에 따른 분열이 심각한 국가에서는 사회 갈등을 조율하고 정치 공동체의 목표를 달성하기 위한 의도에서 공용어를 제정하기도 한다.

공용어는 국가나 공공단체에서 사용되며 특히 '정부의 인정'을 받은 언어이다. 이때 정부의 인정이 실현되는 방식은 나라마다 사회마다 다르다. 예를 들어 뉴질랜드에서는 원주민의 언어인 마오리(Māori)어가 영어와 함께 공용어의 지위를 갖고 있는데, 주요 정부기관에서는 기관명에 영어와 마오리어를 병기하고 영어로 된 고지문은 마오리어로 번역하여 배부하도록 되어 있다. 다민족 다언어 사회인 미국에서는 투표권리법에서 투표용지에 소수 민족의 언어 중 일부를 쓰도록 규정하고 있다. 캐나다의 경우에는 영어와 불어가 연방 법원, 의회 및 연방 기구에서 동등한 지위를 가지고 사용되고 있다.

공용어 정책과 함께 인도 정부는 3개 언어 원칙을 확정하였다. 3개 언어 원칙이란 힌디어를 사용하는 주에서는 힌디어와 영어를 제외한 현대 인도어(가능하면 남부 인도어)를, 힌디어를 사용하지 않는 주에서는 지역어와 영어, 힌디어를 공부해야 한다는 것을 골자로 한다. 이러한 원칙은 1968년 인도 교육부에서 입안한 '인도 교육 정책'에서 발표되었으며 이후 인도의 교육 정책에서 여러 차례 재확인되었다.

식민 지배를 받은 국가들 중에는 독립 후에도 지배 국가의 언어를 계속 공용어로 사용하는 경우도 있다. 이러한 정책은 식민지 시대에 지배국이 자기 언어 문화의 가치를 높이 인식시키는 동화주의 정책을 펼쳤을 때 나타나는 경우가 많다. 사하라 이남의 구 프랑스 식민 국가들은 국가 공식 언어로 프랑스어를 채택했으며 스스로 프랑스어권에 속함을 인정한 것이 그 예가 된다. 〈표 2〉에서는 아프리카 지역의 프랑스어 사용 국가 중 프랑스어를 공용어 또는 공동 공용어로 채택한 국가의 상황을 볼 수 있다.

〈표 2〉 아프리카의 프랑스어 공용어 사용 현황(최은순 2003)

프랑스어 단일 공용어 사용 국가	프랑스어 공동 공용어 사용 국가명(공용어)
베냉, 부르키나파소, 중앙아프리카공화국, 콩고공화국 코트디부아르, 가봉, 기니, 말리 니제르, 세네갈, 토고	브룬디(프랑스어/키툰디어), 카메룬(프랑스어/영어), 코모르(프랑스어/아랍어), 콩고-자이르(프랑스어/영어), 지부티(프랑스어/아랍어), 마다가스카르(프랑스어/마다가스카르어), 르완다(프랑스어/영어/르완다어), 세이셸(프랑스어/영어/크레올어), 차드(프랑스어/아랍어)

한국의 경우, 일본의 지배를 받으면서 조선어 사용을 금지당하고

행정, 교육 등 공식적 상황에서 일본어를 사용할 것을 강요받았다. 특히 1937년 중일전쟁이 발발하면서 전시국가 총동원령이 공포되고, 일본은 전쟁에 투입할 인적 자원을 양성하기 위해 조선에서의 국어(일본어) 교육을 강화하였다. 비록 이러한 식민 정책의 영향을 받았지만, 한국은 1945년 국가 독립 이후 일련의 언어 정책에 관한 논의를 거쳐 민족의 언어인 한국어를 되찾았다. 그 결과 오늘날 한국에서는 한국어가 단일 공용어이자 국어로서 지위를 갖고 있다.

2) 언어 자료 계획

한 언어가 공식 언어로 선택된 다음에는 그 언어의 구조를 고정하거나 고치려는 노력을 하는데, 이러한 활동을 **언어 자료 계획**(corpus planning)이라고 한다. 한 언어가 공식적, 표준적인 지위를 획득하고 교육 기능을 담당하게 되면 **철자법**(orthography) 정비가 뒤따랐다. 이것이 언어 자료 계획의 기초 작업이다. 철자법에서는 일반적으로 어떤 문자를 사용해야 할지를 정하고, 그것을 이용하여 어떻게 표기해야 올바르게 쓰는 것인지에 대해서도 논한다.[3]

언어 자료 계획은 정부, 또는 언어를 지키기 위해 결성한 모임이 주체가 되어 문법이나 발음을 표준화시키려는 노력을 하기도 한다. 어떤 정해진 기준을 가지고 언어를 표준화시키고 올바른 언어 사용 방법을 제시하고자할 때 그들은 '규범주의'에 그 근간을 둔다. 그리고 이른바 규범주의자들은 자신이 행하는 이러한 활동을 '언어 순화'라 칭한다.

---

[3] 한글 표기법의 역사로 볼 때 훈민정음 창제 당시에는 음소적 표기 방식이 제안되었으나, 여러 차례 표기 방식이 개정되면서 현재는 형태 음소적 표기 방식을 택하고 있다. 오늘날 한글을 이용한 표기에 대한 규정은 한글 맞춤법에 명시되어 있다.

○ 규범주의

언어를 사용하는 데는 규칙이 있어야 하며 그 규칙은 유일해야 한다는 관념이 **규범주의**(normativism, prescriptivism)이다. 규범주의를 지지하는 이들은 기술주의적 관점에 반대한다.[4] 그들은 학교 문법 및 외국어 교육 문법 체계를 명확히 정립해야 하고, 규범에 맞게 언어를 가르쳐야 하며 사회 구성원들은 규범에 맞는 언어를 구사해야 한다고 주장한다. 규범을 지키고자 하는 것이 때로는 전통에 대한 고수로 해석되기도 한다. 그러면 규범주의의 목적은 '전통을 지키는 것'일까?

외국어로서 영어를 가르치는 교사들은 영어식과 미국식 철자법이 달라서 어려움을 겪는다. 그들은 둘 이상의 표기형을 모두 허용하는 것이 혼란스러울 뿐 아니라 교육적으로도 문제가 있다고 말한다. 그러면 영어에서 철자법은 언제부터 생겨났을까. 과거 영국 엘리자베스 여왕 1세 시절(재위 기간 1558년~1603년)의 출판물만 해도 철자법 규정이 따로 존재하지 않아서 같은 단어가 한 작품, 심지어는 한 페이지 내에서도 다양한 방법으로 표기되었다고 한다. 그러다가 인쇄와 교육이 발달하면서 규범에 대한 요구가 필요해졌고 오늘날의 철자법으로 발달한 것이라고 한다. 영어에 국한된 내용이기는 하나 철자법의 역사가 생각보다 길지 않으며 따라서 이를 '전통의 고수'라고 하기는 어렵다는 것을 알 수 있다.

규범주의적 태도가 전통과 관계된 것은 아니라고 해도 다소 보수적이라는 점은 부인할 수 없다. 정해진 규칙을 고수하고 그에 대한 일탈을 허용하지 않으려는 것이 규범주의의 기본적인 관점이기 때문이다.

---

4) **기술주의**(descriptivism)에서는 언어사회 내에서 실제로 사용되고 있는 모든 언어를 기술하고, 사용 가능한 변이형들을 교육시켜야 한다고 주장한다.

또한 규범주의에서는 옛것이라서가 아니라 이미 한 사회에서 약속된 방식이며 많은 구성원이 공유하고 있기 때문에 지켜야 한다고 보는 이들도 많다.

규범주의적 관점에서 실수하기 쉬운 부분은 사투리, 즉 표준 방언 외의 방언 사용에 대해 편견을 갖는 것이다. 표준어가 아닌 사투리를 사용하는 것이 교육 정도가 낮고 언어 능력이 부족한 탓이라고 보는 경우가 대표적이다. 어떤 사회에서는 심지어 이러한 인식을 대중에게 강요하는 경우도 있다. 그러나 이미 많은 언어학자들이 주장한 대로 모든 언어는 평등하다. 다시 말해 방언과 표준어 사이에 우열 관계는 없으며 각 언어들이 상대적 가치를 지니고 있다는 사실이 중요하다.

약속된 언어 규범을 지키는 것은 중요하다. 그러나 실제 언어생활에 존재하는 것들이 규칙에 어긋난다는 이유로 무조건 부정하거나 배척하는 태도는 지양해야 한다.

○ 언어 순화

일반적으로 **언어 순화**(language purification)의 개념은 외래어 남용에 대한 비판 의식에서 비롯된 '토착어 장려 운동'이라 할 수 있다. 즉, '그 언어의 토착 어휘를 갈고닦아 쓰자'는 것이 언어 순화의 핵심이다. 물론 '남용'과 '적절한 사용'을 구별할 명확한 기준을 제시하기는 어렵다. 이 부분은 아직도 언어 순화와 관련하여 해결해야 할 문제로 남아 있다.

'순화'의 주류는 아니지만 언어 사용자에 대한 심성적 평가가 순화 운동의 필요를 결정짓는 기준이 되는 경우도 있다. '거친 표현', '비속어' 등을 사용하지 말라는 주장이 바로 그것이다. 그런데 이런 부류의 언어가 마땅히 순화되어야 한다고 보는 사람들도 있지만, 다른 한 편에서는 언어 사용자의 '분노, 경멸감, 수치심' 등을 표현하는 말이 있다는 것은 지극히 당연한 것이라고 주장한다. 따라서 그러한 언어는 굳이 다른 언어로 바꾸어 말할 수 있는 것도 아니고 그럴 필요도 없다고 말한다.

이 밖에도 '순화'라는 개념 속에는 '정확한 발음과 표현', '방언 퇴치', '현학적 표현 비판' 등의 다양한 주장이 혼재해 있다.[5] 한국은 35년 동안의 식민 통치에서 벗어나면서 일본어의 잔재를 없애고 한국어의 표현력을 높이기 위해 대대적인 국어 순화 운동을 벌였다. 대한민국은 정부 수립 직후부터 한글 사용에 관한 정책을 적극적으로 실시하였고, 그 결과 1948년 '한글전용에 관한 법률'을 제정·공포하고 공용문서에서는 한글전용을 실시할 것을 법률로 정하였다. 이 밖에도 1960년대에는 한글학회를 중심으로 어려운 한자어를 쉬운 고유어로 바꾸는 작업을 지속했다.

한글 전용 세대가 본격적으로 사회 활동을 하기 시작한 1970년대 이후에는 국어 순화의 범위를 생활 용어, 언론 용어, 학술 용어, 법률 용어, 건축 용어, 스포츠 용어, 종교 용어까지 넓히는 한편, 비속어를 이른바 '고운 말'로 다듬는 작업도 순화 운동에 포함시켰다. 또한 1976년 이후에는 문교부의 '국어심의회' 안에 국어 순화 심의 기구인 '국어 순화분과위원회'를 신설하고 '국어 순화 자료집'을 발간하기 시작하였다.

국립국어원에서는 한자어나 외래어를 순화하는 작업을 지속적으로 해 오고 있는데, '인사차 들렀습니다'와 같은 표현에서 '-차'를 '-하러'

---

5) 국어 순화는 한자로 國語 純化 또는 國語 醇化로 쓴다. 민현식(2003:36)에서는 각각을 영어의 'purifiaction'과 'refinement'와 대응시키면서, 전자를 이상(理想) 개념으로, 후자를 방법(方法) 개념으로 구별한다(조태린 2019:7).

로, '헤드셋'(headset)은 '통신머리띠'로 바꿔 쓰자고 발표한 것 등이 그 예가 된다. 물론 이러한 시도는 언어공동체에 의해 받아들여지기도 하지만 항상 성공적인 것은 아니다.[6]

▌ 언어 보존과 언어학자의 관계

스위스는 독일어, 프랑스어, 이탈리아어, 로망슈어 등 네 개의 공용어를 사용하고 있다. 그런데 2000년대 들어 국민들의 영어 사용률이 높아지면서 영어가 특정 영역에서 지배적인 언어가 되었고, 사회적으로는 마치 정보화 격차처럼, 영어를 잘하는 사람과 그렇지 못한 사람들 사이에 언어 격차가 발생하였다. 스위스에서는 'whistle blower(내부 고발자), laptop(랩톱), roaming(로밍), task force(태스크 포스), shampooing(머리 감기), facial lifting(주름 제거)' 등의 영어식 표현을 쓰지 않고는 생활하기 어려울 정도로 영어가 국민의 일상적인 언어생활 속에 파고들었다. 이에 스위스의 언어학자 200여 명은 토론회를 갖고 이러한 문제를 어떻게 해결할 것인가를 논의하였다. 언어학자들은 특히 재정, 과학 등 특정 분야에서 영어가 지배적인 언어가 되고 있다는 점을 지적하고 이것이 '언어 단일화'로 나아가지 않도록 대응 방안을 모색해야 한다고 주장했다.

이처럼 언어학자들은 언어에 대한 연구 외에 언어의 변질, 변화 혹은 타언어로부터 기존의 언어가 침해받는 것에 대해 문제를 제기하고 그것을 해결하려는 사회 참여 활동도 하고 있다.

관련 기사 "스위스 언어학자들 '영어 침략 막자'", 연합뉴스(2009.12.9.)

---

6) 이와 관련하여 김일환(2019:62-68)에서는 국립국어원에서 주관하는 국어 순화 정책의 하나인 '다듬은 말'을 대상으로 하여 이 말들이 언론에서 실제로 얼마나 사용되는지 조사하였다. 그 결과 130개의 다듬은 말 중 15% 정도만이 정착한 것으로 분석된다고 발표하였다. 이는 순화 정책이 실제 언어생활에서 받아들여지는 정도가 그다지 높지 않음을 보여주는 결과라고 할 수 있다.

3) 언어 습득 계획

한 사회 내에서 언어의 지위가 결정되면 특정 언어의 교육에 대한 정책이 논의되기 마련이다. 이를 **언어 습득 계획**(language acquisition planning)이라 한다. 언어 습득 계획은 학교 교육이나 혹은 다른 교육의 장에서 어떤 언어를 가르칠지 결정하고 실행에 옮기는 일련의 과정을 다룬다. 언어 습득 계획의 목적은 특정 언어의 사용자 수를 늘리는 것과 함께 그 언어의 사용 능력을 향상시키는 데 있다.

대부분의 교육제도에서는 사회 구성원이 표준어를 읽고 쓸 수 있도록 교육하는 것을 가장 먼저 실시한다. 이중 언어 혹은 다언어 사회라면 언어 사회 구성원들이 둘 이상의 언어를 읽고 말할 수 있도록 교육해야 한다. 특히 이중 언어 사회는 아동이 집에서 가족과 사용하는 언어(주로 구어로 실현)와, 사회에서 사용하도록 요구되는 언어(문어와 구어로 실현)가 다르기 때문에 이 두 언어를 모두 익혀야 할 상황에 놓인다. 이 경우에 국가나 정부는 관련된 구성원을 위해 효율적 언어 습득 방법을 제공해야 하며 이를 위한 언어 정책도 필요하게 된다.

언어 습득 계획의 대상이 되는 언어는 공용어일 수도 있고, 제2언어 혹은 외국어일 수도 있다. 또는 국민의 문해력을 높이는 것 역시 이 단계에서 다루어진다. 정부에서 국민들 간에 특정 언어로 읽고 쓸 수 있는 능력을 비슷한 수준, 혹은 높은 수준으로 향상시키고자 한다면 이것이 언어 습득 계획에 해당된다. 이러한 의미에서 한국의 언어 습득 정책은 자국어 교육(국어 교육)과 외국어 또는 제2언어로서의 한국어 교육 등이 포함된다.

2. 한국어 교육 정책

정책(policy)은 국가가 특정한 목적을 실현하기 위해 그 대상에게 취하는 제반의 행정 행위를 가리킨다. 여기에는 법률 제정, 제도 정비, 과제 수립 및 추진, 과제 평가 등이 포함된다. 정책이 갖는 이러한 의미를 고려할 때 **한국어 교육 정책**은 '국가가 정한 목적을 실현하기 위하여 한국어 교육 대상자에게 행하는 제반 행정 행위'를 가리킨다고 할 수 있다.

오랜 시간 동안 한국은 인종, 민족, 문화적으로 동질적인 사회로 간주되어 왔다. 따라서 사회 통합에 대한 요구가 다민족·다인종 사회에 비해 더 높거나 심각하지는 않았다. 그러나 국내에 이주하는 외국인의 수가 크게 늘고, 이주자 중에 장기 체류, 혹은 영구 거주를 목적으로 하는 이들 역시 증가하였으므로 한국 사회에서도 한국어 사용에 관한 문제를 통합적 차원에서 고민하게 되었다.

2.1. 국내 한국어 교육 정책

한국의 언어 정책은 국어기본법에 그 내용이 구체화되어 있다. 2005년도에 제정된 국어기본법은 국민의 국어 능력을 증진하는 것을 기본 목표로 삼는다. 이는 기본적으로 국가의 인적 자원 개발에 초점을 맞춘 것이라고 할 수 있다. 그러나 지난 20여 년간의 급격한 인구학적, 문화적 변화 가운데 외국인 노동자, 결혼 이민자, 탈북자, 기타 소수자들이 증가하면서 이들이 한국 사회에 적응하고 자기 계발을 이룰 수 있도록 정부와 민간이 함께 언어 정책적 차원의 노력을 해야 할 필요가 생겼다.

한국에 거주하는 외국인 주민 수는 2019년 12월 기준 250여만 명에

달한다. 2009년에 처음으로 1백만 명을 넘긴 이후 10년 만에 두 배 이상 증가한 것이다. 유형별로는 장기 체류 외국인(외국인근로자, 외국국적동포, 결혼이민자 등)이 약 80%, 귀화자가 약 8%, 외국인주민 자녀가 약 11%인 것으로 조사되었다.

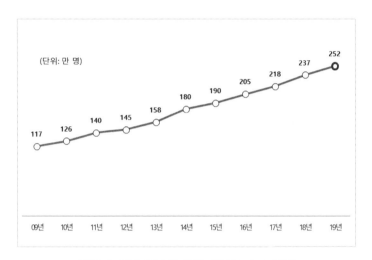

⟨그림 1⟩ 국내 외국인 주민 현황(2019.12 기준)

⟨표 3⟩ 등록외국인 국적(지역)별 현황

국적별	계	중국	베트남	우즈베키스탄	필리핀	캄보디아	네팔	기타
인원	1,249026	521,086	187,400	56,137	44,577	43,174	41,055	355,597
비율	100%	41.7%	15.0%	4.5%	3.6%	3.5%	3.3%	28.5%

(2020.4.30. 기준, 단위: 명)

국내에서 한국어 교육 정책을 계획하고 실행에 옮기기 위해서는 다양한 한국어 교육의 수요 계층에 대한 고려가 필요하다. 국제결혼을 통해 한국인과 가정을 이루어 살고 있는 결혼 이민자와 가족, 외국인 노동자, 학위 과정 및 비학위 과정의 유학생, 북한 이탈 주민 등이 모두 한국어 교육이 수요 계층이다. 이 가운데 결혼 이민자, 다문화 가정의 자녀, 외국인 노동자에 대해 자세히 살펴보도록 한다.

1) 결혼 이민자

결혼 이민자의 사전적 의미는 '결혼을 통하여 자기 나라를 떠나 다른 나라로 이주하여 사는 사람'을 뜻하며, 체류 외국인 중 '국민의 배우자 체류 자격'을 가진 외국인이 여기 속한다. 한국에서는 대한민국 국민과 혼인한 적이 있거나 혼인 관계에 있는 재한 외국인들을 결혼 이민자라 일컫는다. 국내 결혼 이민자 수는 2019년 기준 16만여 명이며 그 중 여성이 13만 7천여 명, 남성이 2만 8천여 명으로, 여성이 남성보다 월등히 많은 것으로 집계되었다. 결혼 이민자는 2009년 이래 2014년 이전까지 가파른 증가 추세를 보였으나, 2014년도 정부에서 국제결혼 건전화를 위해 결혼이민 사증발급심사강화 및 국제결혼 안내프로그램 이수 의무화 조치를 취하면서 증가율이 약간 둔화된 상황이다.

〈표 4〉 결혼 이민자 현황(2019 출입국·외국인정책 통계연보, 법무부)

		2010	2013	2016	2019
합계		141,654	150,865	152,374	166,025
성별	남자	18,561	22,039	23,856	28,931
	여자	123,093	128,826	128,518	137,094

(단위: 명)

많은 결혼 이민자는 한국어 구사능력이 없는 상태에서 한국에서의 결혼 생활을 시작하고 일상생활에서부터 여러 종류의 어려움을 겪고 있다. 특히 결혼 이민자는 대부분 한국에서 가정을 먼저 꾸리고 가족을 돌보는 일부터 시작한다. 따라서 어학연수생이나 유학생처럼 한국어 교육기관에서 체계적이고 지속적인 한국어 수업을 받기는 어려운 것이 현실이다.

2012년 여성가족부의 다문화가족 실태조사에서는 결혼 이민자들이 겪는 어려움 중 언어 문제(21.1%)가 가장 큰 것으로 나타났다. 언어 문제 중에서도 특히 부부 및 가족 간의 의사소통이나 육아, 경제 활동에 필요한 한국어를 배우고 싶어하는 것으로 확인되었다. 결혼 이민자 중 많은 수는 자녀를 낳아 양육해야 하는 상황이므로 특히 한국어에 대한 요구와 동기가 매우 강하다는 점이 특징이다. 또한 사회적으로는 그들의 한국어 능력이 우리 사회의 다음 세대 구성원의 학업 능력과 교육 수준을 좌우할 수 있기 때문에 중요하게 다루어진다.

이러한 이유에서 결혼 이민자를 고려한 한국어 교육 정책 수립과 시행이 더욱 활성화되어야 한다. 결혼 이민자의 대부분이 여성이라는 점에서 현재 결혼 이주 여성을 위한 한국어 교육은 여성가족부와 국립국어원이 주축이 되어 지원하고 있다. 여성가족부에서는 수준별, 언어권별 한국어 교재를 발간하였고 다문화가족지원센터를 통해 한국어 수업을 제공하고 찾아가는 서비스, 아동 양육 사업 등을 지원해 왔다.[7]

---

7) 현재 국립국어원에서는 이주민을 위한 한국어 교재를 지속적으로 발간하고 있는데, 이 가운데 사업이 가장 활성화된 분야가 결혼 이민자를 위한 교재 개발 분야이다. 국립국어원(www.korean.go.kr)의 배움 마당, 한국어 교재 부분에서는 「결혼 이민자와 함께 하는 한국어」 1~6권이 개발되어 웹에서 사용 가능하다(현재 교재는 총 6권 중 4권까지 개발되어 사용 가능, 지침서는 2권까지 개발됨). 또한 기관이나 단체의 한국어 교실에 참여하기 어려운 결혼 이민자를 위해 배우자와 함께 공부

지방자치단체와 사회통합프로그램 등을 통해 결혼 이민자들이 한국어 교육을 빋을 수 있는 기회를 확대하기 위해 노력하고 있다.

2) 다문화 가정 자녀

한국의 정책에서 말하는 다문화 가정은 이주민 가족(북한 이탈 주민, 이주 노동자, 유학생 등) 및 한국 여성과 결혼한 이주 남성으로 구성된 가족, 한국 남성과 결혼한 이주 여성으로 구성된 가족을 가리킨다(Kim, Moon, Kim, & Park, 2010). 따라서 '다문화 가정 자녀'란 다문화 가족에서 태어나고 성장하는 자녀를 일컫는다. 기존에 '혼혈아, 혼혈인'이라는 말이 차별적 의미를 갖고 있다는 지적에 따라 가치 중립적인 용어로서 '다문화 가정 자녀'라는 말이 사용되기 시작하였으며 '다문화 학습자' 또는 '다문화 배경 학생' 등도 같은 대상을 지칭하는 유사한 말이다.

다문화 가정 자녀라고 하면 보통 외국인 어머니에 한국인 아버지 사이에서 태어나 한국에서 자라는 아이들을 떠올린다. 오늘날 다문화 가정이 여성 결혼 이민자와 한국인 남성의 결혼으로 이루어진 가정 형태가 압도적으로 많기 때문에 나타난 현상이다. 그런데 다문화 가정 자녀의 범위는 좀 더 포괄적이다.

다문화 가정 자녀의 유형

① 국제결혼을 한 부모 사이에서 태어나 한국에서 자란 자녀
② 국제결혼을 한 부모 사이에서 태어나 외국에서 성장한 경험이 있는 자녀

할 수 있도록 개발한 교재로 「알콩달콩 한국어」(베트남어 편, 중국어편)가 있다. 교재는 모두 인터넷에서 내려 받아 사용할 수 있다.

③ 외국인 부모의 자녀[8]

④ 외국인 부모에게서 태어났으나 부 혹은 모의 재혼으로 다문화가정의 일원이 된 자녀

⑤ 한국인 부모에게서 태어났으나 부 혹은 모의 재혼으로 다문화가정의 일원이 된 자녀

〈표 5〉 다문화 학생수 및 비율 증가 추이(교육부, 2017)

	2012	2013	2014	2015	2016	2017
다문화 학생 수 (A)	46,954	55,780	67,806	82,536	99,186	109,387
전체 학생 수 (B)	6,732,071	6,529,196	6,333,617	6,097,297	5,890,949	5,725,260
다문화 학생 비율 (A/B*100)	0.70%	0.86%	1.07%	1.35%	1.68%	1.90%

〈표 5〉에서 다문화 학생수와 비율 증가 추이를 살펴볼 수 있는데 일반 학령 인구(초중고)는 매년 약 20만 명씩 감소하는 반면, 다문화 학생 수는 증가 추세에 있는 것을 볼 수 있다. 이를 통해 일선 학교에서 다양한 배경을 가진 다문화 학생의 비율이 지속적으로 증가할 것임을 예측할 수 있다(오성배, 2019).

오늘날 다문화 가정 자녀를 위한 정책은 주로 ①에 해당하는 자녀들을 기준으로 정책 의제를 설정하고 대응책을 마련해 왔다. 그러나 최근에는 이른바 중도 입국 자녀로 불리는 ③에 대한 연구와 지원도 활성화되고 있다. 다문화 가정 대상의 교육에서는 부모의 한국어 의사소통 능력의 부족이 자녀의 언어 발달이나 인지 발달에 영향을 미치

---

[8] ③에 해당하는 아동 가운데 부모의 나라에서 생활을 하다가 일정한 나이가 되어 한국에 들어오는 경우가 있다. 그런 경우에는 이들을 '중도 입국 자녀'로 부르기도 한다.

고 학습 부진이나 학교 부적응으로까지 이어지는 경우가 많다는 데 주목한다. 즉, 불완전한 한국어 능력이 학습 도구어로서의 기능을 다하지 못할 뿐 아니라 정체성을 형성하는 데도 부정적 영향을 미칠 수 있어 각별한 주의가 필요하다.

실제로 오늘날 다문화 가정 자녀들은 일반 교과 학습 외에도 한국어를 완전히 습득해야 하는 이중 부담을 안고 있는 동시에, 부족한 한국어 능력이 학습 부진으로 이어져 심리적 위축을 겪게 된다고 한다. 또한 또래 아이들로부터의 따돌림이나 놀림 등으로 인해 학교생활에 어려움을 겪고 있는 것으로 보고되고 있다. 이러한 상황은 아동의 학습 동기를 저하시키고 결국은 심한 학습 장애를 겪는 등 악순환으로 이어지고 있다.

다문화 가정 자녀를 위한 한국어 교육 정책으로는 교육부와 여성가족부에 의해 실시된다. 교육부는 중도입국자녀 등 한국어와 한국문화에 익숙하지 않은 다문화 학생의 학교 적응력을 높이기 위해 예비학교를 운영하고 있으며, 전국 시도교육청에서는 다문화 가정 자녀를 위한 교육 지원 사업을 담당하고 있다. 또한 KSL(Korean as a Second Language) 교육과정을 개발하여 실시하고 있다. 여성가족부에서는 수준별, 언어권별 한국어 교재를 발간하였으며 결혼이민자가족지원센터를 통해 한국어 교육, 찾아가는 서비스, 아동 양육 사업 등을 실시해 왔다.

국립국어원에서는 한국어 교육 진흥 사업을 추진하고 있다. 사업의 기본 내용은 다문화 가족 대상 단계별 맞춤형 한국어 교육과정, 교육 자료의 개발 및 보급, 한국어 학습 매체별 콘텐츠 개발, 다문화가족 자녀 대상 방문학습 활용, 교육방송 개발 등이 있다. 이러한 사업을 통해 국내 거주 외국인 급증에 따른 다문화사회로의 변화에 대비하는 것을 목적으로 한다.

3) 외국인 근로자

외국인 근로자는 외국인 중 국내에 체류하면서 국내 소재의 사업장에 취업하여 일하는 사람을 말한다. 외국인 근로자에는 산업 기술 연수생도 포함된다. 2020년 법무부 발표에 따르면 취업 자격을 얻어 국내 체류 중인 외국인 근로자는 56만여 명에 하여 국내 거주 외국인 가운데도 상당한 비중을 차지한다.

2004년 당시 고용허가제를 도입할 당시의 외국인 근로자에 대한 고용정책은 단기 순환 원칙에 기반을 두고 그들의 정주화를 금지하는 것을 기조로 내세웠다. 따라서 '단기간 체류 후에 모국으로 돌아갈 사람'들이라는 인식이 강해 외국인 근로자가 사회통합정책 및 한국어 교육 정책에서 소외되어 온 것이 사실이다. 그러나 최근 외국인 근로자에 대한 고용 정책에 변화가 생겨 단기 순환 원칙이 사실상 사라졌다. 이와 함께 외국인 근로자의 체류가 장기화하는 경향이 생기면서 이들을 사회통합의 관점에서 보다 적극적으로 포용해야 한다는 주장이 제기되고 있다.[9]

외국인 근로자의 한국어 능력은 정확한 의사소통이 필수적인 작업 현장에서 사고 발생 가능성을 낮추는데 핵심이 된다. 즉, 언어가 안전

---

[9] 법무부에서는 2009년부터 사회통합프로그램을 운영하면서 한국에 체류하는 외국인에게 한국어, 한국문화, 한국사회이해 등의 교육을 제공한다. 교육은 자발적인 신청에 의해 이루어지는데 교육을 이수한 자는 귀화 신청을 하거나, 영주자격을 신청할 때 필요한 일정 요건에 대해 인정을 받는다. 그리고 귀화나 영주자격이 아니더라도 특정 체류자격을 신청할 때 필요한 요건에 대한 인정의 혜택을 부여함으로써 교육의 목적이 이민자 사회통합정책의 역할을 수행하도록 하고 있다(법무부, 2019).

과 직결되는 분야인 것이다. 또한 한국인 동료들과 의사소통을 원활히 함으로써 정보에서 소외되지 않고 협력적 관계를 유지하는 데도 한국어 능력과 한국문화에 대한 이해는 필수적이다.

고용허가제 실시와 더불어 한국어 시험이 필수 조건이 되면서 외국인 근로자가 입국 전부터 한국어를 공부하고 오는 경우가 늘었다. 특히 베트남, 필리핀, 인도네시아, 태국 등은 한국어 교육을 받을 기회가 많은 나라인데 이들 국가에서 들어온 근로자 수가 늘어나면서 외국인 근로자의 한국어 교육 경험 역시 증가하고 있다. 이는 고용 정책의 변화가 한국어 정책과 맞물리면서 외국인 근로자의 국내 생활의 양상을 바꾸었다고 평가된다.

지금까지 국내 한국어 교육 정책이 각 주요 대상에 대해 어떠한 정책을 실시하고 있는지 살펴보았다. 한국 사회가 점차 다양한 문화와 언어를 수용하고 있으며 그 속도 역시 매우 빠르다는 것은 주목해야 할 부분이다. 또한 전 세계적인 추세의 하나로, 국내 이주민의 수는 앞으로 더욱 증가할 것으로 전망된다. 이는 한국 사회가 필연적으로 겪게 될 변화이므로 우리가 보다 능동적으로 대처할 필요가 있다. 다양한 배경을 가진 이주민을 우리 사회에서 포용하고 이들 스스로가 한국 사회의 일원이라는 의식을 갖게 하기 위해서는 보다 적극적이고 현실적인 한국어 교육 정책을 마련해야 할 것이다.

2.2. 국외 한국어 교육 정책

국외 한국어 교육 상황을 이해하기 위해서는 학습자 유형에 대해 살펴볼 필요가 있다. 학습자 유형을 나눌 때는 거주 지역, 모어/모국어, 연령, 학습 목적 등이 중요한 변수가 된다. 그리고 무엇보다 학습자가 한국계인지 여부도 정책 결정에서 중요하다. 국외 한국어 교육을 담당하는 기관과 대상을 정리하면 〈표 6〉과 같다. 이 책에서는 이 가운데 국외에서 외국인 대상으로 한국어와 한국문화 교육을 맡고 있는 세종학당에 대해 자세히 살펴보도록 한다.

〈표 6〉 국외 한국어 교육기관 및 담당 부처

담당 부처	교육부		외교부	문화체육관광부	
기관명	한국학교	한국교육원	한글학교	한국문화원	세종학당
대상	한국계(아동 · 청소년 및 성인)			비한국계(성인)	

세종학당

21세기 들어 한국어 학습에 대한 수요가 크게 증가하였다. 특히 동아시아에서 시작되어 동남아시아 지역으로 수요가 커진 것이 주목된다. 영어 중심의 국제화와 서구 문화 중심의 문화 획일화가 주를 이루던 상황에서 한국어와 한국 문화가 확산되는 것은 세계 문화의 다양성을 유지한다는 측면에서도 매우 귀중하고 가치 있는 일이다. 현재 세계 주요 국가들은 자국어와 자국 문화를 보급하고 확산하면서 언어 문화의 영향력을 강화하기 위해 노력하고 있다. 〈표 7〉에서는 세계 주요 국가들이 자국어와 문화를 보급하기 위해 설립한 교육기관의 현황을 살필 수 있다.

<표 7> 세계 주요 국가의 자국 언어 및 문화 보급 기관 현황

국가	교육 기관	설립 연도	설치 현황(기준 연도)
프랑스	알리앙스 프랑세즈	1883년	136개국 919개소(2020)
영국	브리티시 카운슬	1934년	108개국 177개소(2021)
독일	괴테 인스티튜트	1951년	98개국 157개소(2020)
중국	공자학원(학당)	2004년	155개국 공자학원 530개소, 공자아카데미 1129개소(2019)

한국 정부에서 설치한 한국어 보급 기관은 **세종학당**(King Sejong Institute)이며 2021년 1월 기준 76개국에 213개소가 설치되어 있다. 세종학당의 교육은 한국어 의사소통 능력 향상을 위한 기본 교육과정과 각 학당의 특수한 요구에 맞춘 특별 교육과정으로 운영된다. 교육과정과 교재 개발은 전반적으로 국가 개발 교육과정인 '국제 통용 한국어 교육 표준 모형'에 근거하며, 크게 한국어와 한국 문화 과정으로 구성된다.

한국어 수업에는 세종학당의 표준 교재인 〈세종한국어 1~8권〉 외에도 〈세종한국어 회화 1~4권〉, 〈비즈니스 한국어 1~2권〉 등 다양한 교재가 쓰이고 있으며 문화교육을 위한 교재로 〈세종한국문화 1~2권〉, 특수 목적 교재로 〈여행한국어〉 등이 사용되고 있다. 최근에는 〈세종학당 사이버 한국어 교육과정(초급~고급)〉을 비롯한 다양한 온라인 학습용 콘텐츠를 개발하여 제공하고 있다. 최근에는 한류 콘텐츠를 활용한 한국어 학습 콘텐츠, 시각 장애인을 위한 한국어 교육 및 교원 교육, 입국 전 결혼 이민자 및 이주 노동자를 위한 한국어 교육 등 외국어로서의 한국어 교육 정책을 다양한 방면에서 실행에 옮기고 있다.

3. 한국어 교육 정책의 과제

3.1. 한국어 교육 정책의 목표

한국어 교육 정책의 목표를 설정함에 있어 가장 중요한 것은 일방적인 보급, 혹은 다른 민족, 다른 나라 문화에 대한 흡수·종속, 한국 문화로의 동화의 관점을 버리고 문화 다양성을 존중하고 상호주의적 관점(interculturalism)에서 공존을 위한 소통과 교류, 나눔이라는 인식을 전제로 해야 한다는 점이다.

이러한 인식을 바탕으로 '한국어와 한국 문화의 보존과 발전'을 한국어 교육 정책의 궁극적인 목적으로 설정할 수 있을 것이다. 또한 그 하위 목표로는 첫째, 한국어를 학습하고자 하는 외국인들의 한국어 의사소통 능력 지원, 둘째, 재외동포의 한민족 공동체 형성의 수단 제공 지원, 셋째, 한국 문화와 타문화와의 상호 교류를 통한 한국 문화의 보급 지원 등으로 나눌 수 있다(이병규, 2008).

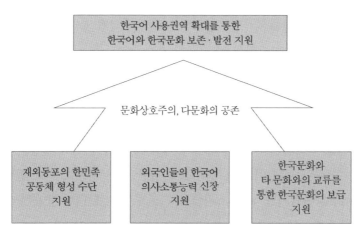

〈그림 3〉 한국어 교육 정책의 목적과 이념(이병규 2008:12)

한국어의 세계적 확산은 국가 경쟁력을 높이기 위한 수단으로서도 매우 중요하다. 그러나 무엇보다도 그 이면에는 다양한 문화를 존중하고 문화간 교류로 새 시대의 문화를 창출하고자 하는 마음이 깔려 있어야 한다.

3.2. 교재 및 교육과정의 다양화

지금까지 한국어 교육 대상자의 수가 늘고 요구와 학습 목적이 다양해짐에 따라 교재와 교육과정 개발도 다양화되어 왔다. 교육과정 개발에 있어서는 국제통용 한국어 표준 교육과정 개발뿐 아니라 학습자의 다양한 학습 목적과 요구에 맞는 특성화된 교육과정의 개발이 함께 이루어져 왔다. 교실 수업이 어려운 학습자를 위한 학습지 교육 및 방문 교육을 위한 교육과정을 개발해야 하며 교실 수업에 참여하더라도 수업을 들을 시간이 부족한 학습자를 위한 단기 교육과정, 주말 교육과정 등을 더 다양하게 개발할 필요가 있다.

교재의 경우 수준별(초·중·고급), 언어권별(영어·일본어·중국어·베트남어·타갈로그어·몽골어 등), 대상별(유아·청소년·성인, 외국인노동자·여성결혼이민자·해외 교포 등), 학습 목적별(일반, 학문, 관광, 의료, 문화 등), 학습 내용 및 기능(문법, 어휘, 발음, 읽기, 쓰기, 말하기, 듣기 등), 매체(교실 교수, 방문 교수, 웹, 전화 등)로 교재 개발에서 큰 발전을 이루어 온 것이 사실이다. 그러나 아직도 한국어 학습자의 수와 유형에 비해 교재의 종류가 충분하다고 하기는 어렵다. 한국어 교육 연구진에 의한 교재 개발도 더욱 활발히 이루어져야 하겠지만 국가 차원에서의 교재 개발에 대한 체계적 지원이 필요하다.

3.3. 교원 양성 및 재교육 강화

기존에는 다문화 가정 구성원에 대한 교육이나 외국인 근로자에 대한 한국어 교육이 비전문 인력에 의한 자원봉사 차원에서 이루어졌던 경우가 많았다. 그러나 한국어 교원 자격 취득자가 늘면서 교육자의 전반적인 자질이나 수준이 높아진 점은 고무적이라고 할 수 있다. 교원 양성을 위한 교육과정이나 재교육을 위한 연수 프로그램 등도 과거에는 주로 대학기관의 유학생 대상 정규 프로그램에 기준이 맞추어져 있었으나 최근에는 국립국어원을 중심으로 기존의 대학 기관 교원을 위한 재교육과 함께 사회통합프로그램의 교원을 위한 재교육도 실시하고 있어 많은 개선이 있어 왔다.

그러나 한국어 교육의 상황과 대상은 매우 다양하고 그들을 지도하는 한국어 교원이 지녀야 할 자질도 상황에 따라 다르다고 할 수 있다. 기초적인 한국어학 및 언어학적 지식은 대부분의 교원에게 필수적인 부분이다. 그러나 교육 대상의 특성에 대한 적합한 교수 기술 등에 대해서는 여전히 수요가 높은 상황이다.

결혼 이민자를 대상으로 지도할 때는 그들의 생애주기에 대한 이해가 필수적이다. 다문화 가정 자녀를 지도할 때는 아동, 청소년의 발달 심리에 대한 이해가 필요하며 해외 교포 자녀를 대상으로 할 때도 이 부분은 공통적이다. 그러나 교포 자녀를 지도하는 교원에게는 한국문화에 대한 지식과 문화 실행 능력이 더욱 요구된다.

현재의 한국어 교원 양성 교육과정(학위과정 및 비학위과정)에서 이 모든 것을 포괄할 수는 없다. 따라서 교원들이 겪는 현장의 문제와 어려움에 대한 의견을 수렴하고 이를 해결해 주는 편이 실제적이고 합리적이다. 또한 각 현장에 정책 지원을 효율적으로 하기 위해서는 한국어 교육만을 전담하는 전문기관의 설치도 고려되어야 한다.

- 언어 정책 및 한국어 정책, 한국어 교육 정책에 대해 더 알고 싶으면 다음 자료를 참고하시오.

김일환·이상혁(2020), 『언어 정책-사회언어학의 핵심 주제』, Spolsky, B.(2004), *Language Policy*, 고려대학교 출판문화원.

김희숙(2011), 『21세기 한국어정책과 국가경쟁력』, 소통.

박창원(2017), 『한국의 국어정책 연구』, 지식과교양.

신동일(2017), 『접촉의 언어학-다중언어사회의 교육과 정책』, 커뮤니케이션북스.

이건범 외(2013), 『쉬운 언어 정책과 자국어 보호 정책의 만남 삶의 속내부터 복지 정책까지』, 피어나.

이광석(2016), 『국어정책론 정책으로서의 행정언어』, 역락.

조항록(2010), 『한국어 교육 정책론』, 한국문화사.

조항록(2010), 『한국어 교육 현장의 주요 쟁점』, 한국문화사.

최용기(2010), 『한국어 정책의 이해』, 한국문화사.

- 참고문헌

강현석 외(2014), 『사회언어학: 언어와 사회, 그리고 문화』, 글로벌콘텐츠.

국립국어원(2008), 『세종학당 논총』, 글누림.

김일환(2019), 「빅데이터 시대의 신어」, 새국어생활 29권 3호, 국립국어원.

김일환·이상혁(2020), 『언어 정책-사회언어학의 핵심 주제』, Spolsky, B.(2004), *Language Policy*, 고려대학교 출판문화원.

김중섭(2010), 『한국어 교육의 이해』, 하우.

민현식(2003), 국어정책 60년의 평가와 반성, 선청어문 31, 37-74.

설동훈(2006), 「이주민의 한국어 교육을 둘러싸고 선결해야 할 조건」, 『국내 이주민 대상 한국어교육 정책 수립을 위한 심포지엄 자료집』, 한국어세계화재단.

안희은(2019), 「한국어 교육 정책의 발전 방향 고찰」, 『예술인문사회융합멀티미디어논문지』 9(5), 55-64, 인문사회과학기술융합학회.

오성배(2018), 「중도입국, 외국인 학생을 위한 교육지원 도움 자료」, 중앙다문화

교육센터.

이광석(2006), 「정책학의 관짐에서 본 국어 정책의 의미와 방향」, 『한글』 271, 한글학회, 161-204.

이병규(2008), 「국외 한국어 교육 정책론 정립을 위한 탐색」, 『한국어교육』, 1-29.

전은주(2009), 「다문화 학습자와 일반 학습자의 국어과 교수·학습에 관한 비교 연구」, 『국어교육학연구』 34, 국어교육학회, 117-150.

정희원(2013), 「한국의 다문화 사회화와 언어 교육 정책」, 『새국어생활』 23(4), 국립국어원.

조태린(2006), 「국어'라는 용어에 대한 비판적 고찰」, 『국어학』 48, 국어학회, 363-394.

조태린(2019), 한국어 언어 순수주의와 국어 순화, 국문학 144, 한국어문학회, 115-139.

최은순(2003), 「프랑스어권 흑아프리카 지역과 프랑스어」, 『불어불문학연구』 56, 한국불어불문학회, 1019-1033.

Spolsky, B.(1998), *Sociolinguistics*, Oxford introduction to Language Study.

Swann J. et al.(2004), *A Dictionary of Sociolinguistics*, Alabama University.

교육부(2017), 〈교육 기본 통계〉, 교육부.

외교부(2019), 〈2019 벨기에 개황〉, 외교부, 외교 간행물.

색인